湖北省社科基金一般项目（后期资助项目）成果（项目编号：HBSKJJ20233438）

民办高校教师职业幸福感研究

陈金平 ◎ 著

华中科技大学出版社
http://press.hust.edu.cn
中国·武汉

内容提要

本书探讨了民办高校教师职业幸福感"是什么"(结构内涵)、"怎么样"(水平现状)、"为什么"(影响机制)、"怎么办"(提升策略)。采用心理学和管理学理论,运用质性与量化相结合的混合研究方法,对一定数量的民办高校教师进行了访谈和问卷调查。研究发现,民办高校教师职业幸福感由职业认同感、育人成就感、自我实现感、人际和谐感和工作愉悦感组成,具有精神性和内在性特征,受外部环境、工作资源、工作要求和个体特征等多方面影响。基于此,本书提出了政府管理思路转变、民办高校发展逻辑调整和教师幸福意识提升等策略。本书适用人群广泛,包括民办高校教师、高等教育管理者、教育政策制定者、教育研究者以及关心教育发展的公众等。

图书在版编目(CIP)数据

民办高校教师职业幸福感研究/陈金平著. -- 武汉:华中科技大学出版社,2025.3.
ISBN 978-7-5772-1322-4
Ⅰ. G645.16
中国国家版本馆 CIP 数据核字第 2025JK6581 号

民办高校教师职业幸福感研究 陈金平 著
Minban Gaoxiao Jiaoshi Zhiye Xingfugan Yanjiu

策划编辑:肖丽华
责任编辑:苏克超
封面设计:王 琛
责任校对:张汇娟
责任监印:周治超

出版发行:华中科技大学出版社(中国·武汉)　　电话:(027)81321913
　　　　　武汉市东湖新技术开发区华工科技园　　邮编:430223
录　　排:华中科技大学惠友文印中心
印　　刷:武汉科源印刷设计有限公司
开　　本:710mm×1000mm　1/16
印　　张:13.75
字　　数:293千字
版　　次:2025年3月第1版第1次印刷
定　　价:88.00元

本书若有印装质量问题,请向出版社营销中心调换
全国免费服务热线:400-6679-118　竭诚为您服务
版权所有　侵权必究

前　言

我国政府提出,到2035年要实现"广大教师在岗位上有幸福感"。提升教师职业幸福感成为我国教育事业发展的时代命题。当前,我国民办高校正处于从规模扩张向质量提升的转型时期,师资队伍建设是转型成败的关键,师资队伍建设的重要抓手在于提升教师职业幸福感。民办高校教师已成为全国高校教师队伍的重要组成部分,其职业幸福感值得关注。但是,目前学界对民办高校教师职业幸福感的研究较为缺乏。本研究旨在对民办高校教师职业幸福感开展系统深入的探究,为提升民办高校教师职业幸福感、推动民办高校高质量转型发展提供理论基础和实践指引。

本研究在系统梳理教师职业幸福感已有研究的基础上,通过探索幸福、幸福感、职业幸福感等本源性概念,采用积极心理学幸福理论、工作要求-资源理论和个体-环境匹配理论等具体理论,按照探索式研究设计,运用质性与量化相结合的混合研究方法,探索民办高校教师职业幸福感的结构内涵(是什么)、水平现状(怎么样)、影响机制(为什么)和提升策略(怎么办)。具体而言,首先针对"是什么""怎么样""为什么"这三个核心问题,对21名民办高校教师进行了访谈,通过主题分析法对结构内涵、通过扎根理论分析法对影响机制进行初步分析;然后设计问卷,在26所民办高校开展了问卷调查,获得2053份有效问卷,并对问卷调查数据进行相应的统计分析;最后,根据统计分析结果并结合访谈资料,阐述民办高校教师职业幸福感的结构内涵(回答"是什么")、水平现状(回答"怎么样")、影响机制(回答"为什么"),并在此基础上提出提升策略(回答"怎么办")。为了便于呈现研究结果,全书结构以此"四个回答"为顺序进行排列,而非根据研究开展过程的先后顺序进行排列。

研究发现,民办高校教师职业幸福感是由职业认同感、育人成就感、自我实现感、人际和谐感和工作愉悦感组成的一个完整系统,精神性和内在性是其较鲜明的特征。据此,可以将民办高校教师职业幸福感定义为:教师在教育工作中认同教师职业、获得一定育人成就并实现自我价值、感受到和谐人际关系和工作愉悦的一种积极心理体验。民办高校教师职业幸福感与公办高校教师职业幸福感在本质上和特点上没有根本的区别,只是在不同的工作环境中其表现形式存在一定差异。民办高校教师职业幸福感整体水平不高,处于一般水平,均值为5分制下的3.57分;其中,职业认同感最高,育人成就感其次,自我实现感和人际和谐感居中,工作愉悦感最低。在影响因素方面,民办高校教师职业幸福感主要受到外部环境、工作资源、工作要求和个体特征四个方面的影响,其中外部环境起到支撑作用,工作资源起到保障作用,工作要求起到制约作用,个体特征起到调节作用。民办高校教师职业幸福感当前呈现水平不高的主要原因是外部环境支撑力度不够、学校工作资源保障不力、学校工作要求全责备、教师能力和心理资本不强。为此,本研究提出如下提升策略。①政府管理思路从"区别对待"转向"一视同仁",具体而言就是推动社会对民办高校教师形成正确认知、保障民办高校教师的福利待遇得到落实、促进民办高校教师的职业发展与时俱进。②民办高校发展从"经济逻辑"趋向"教育逻辑",具体而言就是加大办学的经费投入、实行民主的内部治理、建设系统的培训机制、设置合理的工作要求。③教师幸福意识从"自轻迷茫"走向"乐观进取",具体而言就是乐观地接纳民办高校、平和地面对工作环境、主动地提高专业能力。

本研究聚焦民办高校教师这个具有一定独特性的群体,研究对象具有一定新颖性;构建了民办高校教师职业幸福感组成维度和影响机制的理论模型,并开发了民办高校教师职业幸福感测量量表,具有一定的理论贡献和独特性;在测量民办高校教师职业幸福感时,采用根据其组成维度开发的量表,并将问卷数据与访谈资料相结合进行分析,测量方法具有一定创新性,结果相对较为准确,提出的策略也具有一定针对性。但是,本研究在分析民办高校教师职业幸福感的影响因素和原因时主要侧重于教师的主观感知因素,未考虑学校的地理位置和当地的经济发展水平等客观因素,因此研究结果只反映民办高校教师职业幸福感的总体情况,未能反映地域差异性;同时,本研究侧重于探索民办高校教师职业幸福感,与公办高校教师职业幸福感的比较不够充分和深入。未来的研究还需进一步深化,针对民办高校教师职业幸福感和公办高校教师职业幸福感开展更多比较研究。

目　　录

第一章　导论　/ 1

一、选题缘由　/ 1

二、研究背景与概念界定　/ 6

三、研究目的与意义　/ 15

四、研究问题与方法　/ 16

五、框架结构与技术路线　/ 20

第二章　文献综述　/ 25

一、教师职业幸福感内涵结构的相关研究　/ 26

二、教师职业幸福感水平现状的相关研究　/ 29

三、教师职业幸福感影响因素的相关研究　/ 35

四、教师职业幸福感提升策略的相关研究　/ 49

五、研究述评与启示　/ 55

第三章　民办高校教师职业幸福感的理论基础　/ 61

一、幸福　/ 62

二、幸福感　/ 69

三、职业幸福感　/ 77

四、本研究采用的具体理论　/ 80

第四章　民办高校教师职业幸福感的结构内涵　/ 87

一、民办高校教师职业幸福感组成维度的实证研究　/ 87

二、民办高校教师职业幸福感结构内涵的理论阐释 / 111

三、民办高校教师职业幸福感结构内涵解析与比较 / 117

第五章 民办高校教师职业幸福感的水平现状 / 121

一、民办高校教师职业幸福感总体水平 / 122

二、民办高校不同教师群体职业幸福感水平 / 134

三、民办高校教师职业幸福感水平现状特征与比较 / 144

第六章 民办高校教师职业幸福感的影响机制 / 149

一、民办高校教师职业幸福感影响机制的实证研究 / 149

二、民办高校教师职业幸福感影响机制的理论阐释 / 168

三、民办高校教师职业幸福感水平不高的原因分析 / 171

第七章 民办高校教师职业幸福感的提升策略 / 187

一、政府管理思路：从"区别对待"转向"一视同仁" / 187

二、民办高校发展：从"经济逻辑"趋向"教育逻辑" / 190

三、教师幸福意识：从"自轻迷茫"走向"乐观进取" / 193

第八章 结论与讨论 / 197

一、研究结论 / 197

二、贡献与不足 / 198

参考文献 / 201

第一章 导 论

幸福是人生的根本目的,是人类永恒的追求。亚里士多德曾说,幸福是人类存在的目标和终点。美国心理学之父、哲学家、教育学家威廉·詹姆斯(William James)在他的著作《宗教经验种种》(*The Varieties of Religious Experience*)开篇写道:"如果我们要问人类主要关心的是什么? 我们应该能听到一种答案:幸福;一部人类文明史,从伦理学意义上说就是一部人类不断追求自身幸福生活的历史。"21世纪是幸福的世纪,是一场触及生活方方面面的深刻革命。① 进入21世纪以来,促进人民幸福已成为国际社会的普遍共识。2007年,多家国际组织和国家政府联合发布《超越GDP倡议》(*Beyond GDP Initiative*),提出把人民幸福作为21世纪人类生活质量的重要指标;2012年,联合国大会将每年的3月20日确定为"国际幸福日"。我国对于人民幸福的认识近年来也达到了前所未有的高度,人民幸福被写在了我们党和国家的旗帜上。"国家富强、民族振兴、人民幸福"的中国梦激励着人们不断追求幸福、谈论幸福、研究幸福。

教师幸福是人民幸福的重要组成部分。2018年1月发布的《中共中央 国务院关于全面深化新时代教师队伍建设改革的意见》明确提出,到2035年要实现"广大教师在岗位上有幸福感、事业上有成就感、社会上有荣誉感,教师成为让人羡慕的职业"。提升教师职业幸福感成为我国教育事业发展的时代命题,既是近年来我国教师教育政策的价值取向,也是全体教师和全社会的殷切期盼,还是面向2035教育现代化改革的研究重点。民办本科高校教师已占全国普通本科高校专职教师的五分之一,成为我国高等教育师资队伍的重要组成部分。《中共中央 国务院关于全面深化新时代教师队伍建设改革的意见》和《中华人民共和国民办教育促进法》明确规定民办学校教师与公办学校教师具有同等的法律地位,并将维护民办学校教师权益、保障和落实其与公办学校教师的同等权利作为重要任务。当前民办高校正处于从规模扩张向质量提升转型的关键时期,人们日益关注民办高校教师队伍的建设与发展,民办高校教师职业幸福感问题也逐渐进入教育研究者的视野。

一、选题缘由

教育要发展,教师是关键。教师是教育事业最珍贵、最重要的资源,是教育系统

---

① 陆小娅. 与幸福相关的科学——读《心理学与生活》[N]. 中国青年报,2003-12-25(6).

中最重要的构成,也是影响教育质量最关键的因素。① 哈佛大学有句名言:学校的荣誉,不在于它的校舍和人数,而在于它一代又一代素质优良的教师。在教师的职业成长中,生命的健康状态、生活的优秀品质和生存的道德信仰构成三位一体的生命实践,教师的生命意蕴在于教师幸福。②

(一)教师职业幸福至关重要

教师是太阳底下最光辉的职业,不仅具有传道、授业、解惑的职责,还承担着用心灵去浇灌心灵、用灵魂去唤醒灵魂、用生命去感动生命的使命。人的生命价值在于人生有意义。人的本质属性是超越生命的目的性,是让生活变得有意义。对于教师个体而言,对幸福的追寻是人生获得意义、获得价值的根本保证。工作对于人而言是至关重要的,如果教师不能从教育工作中获得职业幸福,不能"幸福地教",就会失去工作动力而出现职业倦怠,难以在工作中取得成就,也就难以实现人生价值、获得人生意义。幸福就是这种有意义确证的生命状态。③ 幸福的教师更加富有创造力,职业生活更加具有多彩的意义,人生也更有价值。

教师的职业幸福不仅关系到教师的人生,而且会影响学生的成长。只有教师"幸福地教",学生才会"幸福地学";只有幸福的教师,才能培养出幸福的学生。教师具有职业幸福是培养幸福学生的前提,因为教师的工作对象是活生生的人,教育是一种心灵的影响。"教育的本质意味着,一棵树摇动另一棵树,一朵云推动另一朵云,一个灵魂唤醒另一个灵魂"。教师是学生学习和模仿的榜样,对学生的成长和发展具有潜移默化的影响。如果教师不幸福,没有积极乐观的生活态度和催人奋进的精神风貌,甚至以痛苦、悲伤、沮丧、灰暗、抑郁的神情去面对学生、去教育学生,是不可能培养出积极阳光、健康幸福的学生的;如果学生从小就没有形成健康的人格和幸福的心态,将来长大成人走入社会也难以变得幸福,我们的国家、我们的社会又何谈"人民幸福"的宏伟目标呢? 费尔巴哈说:幸福必须是生活的,生活必须是幸福的。生活和幸福原本就是一个东西。一切的追求,至少一切健康的追求都是对于幸福的追求。教育生活必须是幸福的,教师必须要有职业幸福,学生才会变得幸福,我们的社会才会变得和谐、幸福。

另外,越来越多的研究表明,教师职业幸福不仅对教师的人生意义和学生的健康成长具有重要意义,而且对有效教学、学生学业成就、学校整体效率和整个教育质量都具有重要的影响。教师是学生能否取得学业成就和成功的重要因素,而教师的有效教学起到重要作用。一项基于英国100所学校的调查研究发现,教师的职业幸

---

① Cochran-Smith M. The politics of teacher education and the curse of complexity[J]. Journal of Teacher Education,2005,56(3):181-185.
② 刘燕楠,李莉.教师幸福:当代教师发展的生命意蕴[J].教育研究与实验,2019(6):53-56.
③ 檀传宝,班建武.绿色教育师德修养:做一个配享幸福的教育家[M].北京:北京师范大学出版社,2014.

福感和积极的职业身份是教师进行有效教学的基础。[1] 可以说,只有职业幸福感较高的教师才是有效的教师。当教师享有较高的职业幸福感时,他们才能展现出较好的教学才能,从而在教室开展创造性的教学、与学生构建良好的师生关系、促进学生不断取得进步和成功,并提高整个学校的效率。还有调查发现,如果教师职业幸福感较低,则他们在教室几乎无法有效开展教学活动[2][3],并且会出现频繁离职、表现不佳、经常缺岗、效率降低等问题,从而影响整个教育系统的运转和质量[4][5]。因此,教师职业幸福对于教育事业而言至关重要,提升教师职业幸福感已成为教师教育、学校管理和现代教育改革的一个重要目标。

(二)教师职业幸福感有待提高

虽然教师职业幸福如此重要,但现实情况是教师的工作压力越来越大,教师职业倦怠的比例和教师离职人数不断创历史新高,相当一部分教师的职业幸福感并不高,甚至消失。根据经济合作与发展组织(OECD)在全球开展的调查,教师职业当前呈现出教师数量短缺、流失率增高、吸引力下降、招聘新教师困难等特点。在一些国家,有30%~65%的教师在从教前5年内就选择辞职或者准备辞职[6],有70%的在职教师声称他们的健康状况受到工作的严重影响[7][8]。有学者甚至认为,教育已成为一个陷入危机的行业。[9]

中国教师工作压力增大也时常见诸报端。2005年,中国人民大学对8699名中国教师的工作压力、职业倦怠和心理健康状况进行调查发现,34.60%的教师觉得工作压力非常大,47.60%的教师认为压力比较大(两项相加达到被调查教师总数的82.20%),49.70%的教师感觉自己有明显的情绪枯竭症状,68.20%的教师认为自

---

[1] Day C, Sammons P, Stobart G, et al. Teachers matter: connecting work, lives and effectiveness[M]. London: Open University Press, 2007.

[2] Betoret F. Self-efficacy, school resources, job stressors and burnout among Spanish primary and secondary school teachers: a structural equation approach[J]. Educational Psychology, 2009, 29(1): 45-68.

[3] Skaalvik E, Skaalvik S. Job demands and job resources as predictors of teacher motivation and well-being[J]. Social Psychology of Education, 2018, 21(5): 1251-1275.

[4] Borman G, Dowling N. Teacher attrition and retention: a meta-analytic and narrative review of the research[J]. Review of Educational Research, 2008, 78(3): 367-409.

[5] Ronfeldt M, Loeb S, Wyckoff J. How teacher turnover harms student achievement[J]. American Educational Research Journal, 2013, 50(1): 4-36.

[6] McCallum F, Price D, Graham A, et al. Teacher wellbeing: a review of the literature[M]. Sydney: Association of Independent Schools of NSW, 2017.

[7] Hong J Y. Pre-service and beginning teachers' professional identity and its relation to dropping out of the profession[J]. Teaching & Teacher Education, 2010, 26(8): 1530-1543.

[8] Lovewell K. Every teacher matters: inspiring well-being through mindfulness[M]. St Albans, Herts: Ecademy Press, 2012.

[9] Hiver P. Tracing the signature dynamics of language teacher immunity: a retrodictive qualitative modeling study[J]. The Modern Language Journal, 2017, 101(4): 669-690.

已没有什么成就感,86%的教师出现轻微工作倦怠、58.50%的教师出现中度工作倦怠、29%的教师出现高度工作倦怠。① 2012年第28个教师节到来之际,武汉《楚天金报》和大楚网对全国5022名教师进行调查发现,31%的教师感觉自己不幸福,46%的教师感觉一般,只有4%和19%的教师觉得自己很幸福和比较幸福。2013年,《中国教师报》在全国开展的为期半年的"教师幸福指数调查"显示:三分之二的受调查教师普遍感到工作辛苦、精神疲惫、报酬偏低,幸福指数偏低。② 2018年,一项针对全国高校英语教师的调查发现,高校英语教师职业幸福感均值为2.93(总值为5),最小值为1.15。③ 有学者对我国2002年至2019年间的51篇采用总体幸福感量表(GWB)测量教师主观幸福感的研究报告(共包括13600名教师)进行横断历史的元分析发现,我国内地教师主观幸福感在过去的18年间呈逐年下降的趋势,教师主观幸福感的均值下降了7.43%,下降幅度介于中效果量与大效果量之间。④ 这些数据表明,相当一部分教师的职业幸福感是不高的,还有待提升。更为深层次的问题在于,缺乏对教师的人文关怀和精神关怀。长期以来,知识、技术本位的教师观把教师定位为课程知识的"代言人"和教学的"熟练技师",忽视了教师作为主体人的存在,消解了教师作为鲜活的生命个体在教育教学活动中的生命激情和多维感情,使其难以体验职业生涯中的内在幸福⑤,这是需要引起高度关注的重要问题。

(三)民办高校教师职业幸福感值得关注

我国民办高校自改革开放之后开始兴办,此后历经早期萌芽、快速发展、转型分类三个阶段,已经从高等教育的补充力量发展成为我国高等教育事业的重要组成部分。教育部公布的教育统计数据显示,2023年我国民办本科高校数量为391所(含独立学院164所),占全国普通本科高校1242所的31.48%,接近三分之一;全国民办本科高校教职工人数达到345455人,占全国普通本科高校教职工总数1996956人的17.30%,其中自有专任教师数量达到254947人,占全国普通本科高校专任教师总数1347414人的18.92%,接近五分之一。

民办高校教师已成为我国高校教师队伍的重要组成部分,但他们存在身份地位不清、缺乏认同感,待遇保障不足、缺乏获得感,参与管理不多、缺乏归属感,培训进修不够、缺乏进步感,学生基础较弱、缺乏成就感等问题,尤其是他们在社会地位、薪酬待遇和发展空间等方面与公办高校教师还存在一定差距,他们难以享受到高校教

---

① 金忠明,林炊利.走出教师职业倦怠的误区[M].上海:华东师范大学出版社,2006.
② 王占伟.教师离幸福还有多远[N].中国教师报,2013-03-20(1).
③ 李斑斑.高校英语教师职业幸福感研究[M].北京:中国社会科学出版社,2018.
④ 辛素飞,梁鑫,盛靓,等.我国内地教师主观幸福感的变迁(2002~2019):横断历史研究的视角[J].心理学报,2021,53(8):875-889.
⑤ 闫守轩,朱宁波.教师教育中生命体验的缺失及回归[J].全球教育展望,2011,40(12):61-66.

师应有的各种荣光。可以说,民办高校教师处于整个高校教师队伍的"底部位置"[①]。

首先,民办高校教师有较强的工作不安全感。民办高校教师自身权益和物质利益还得不到法律的充分保障,加之一些民办高校自身缺乏长远的发展规划,学校领导层频繁更迭,导致教师没有归属感,并出现工作不安全感。尤其是近年来高职院校快速发展,民办高校的生源这一生命线受到一定威胁,民办高校倒闭现象开始进入人们的视野,更加加剧了他们的工作不安全感。

其次,民办高校教师有较大的工作压力。民办高校教师大多比较年轻,工作经验不足,且缺乏系统性的在职培训,却常年肩负着繁重的课堂教学任务和课程建设任务。不少民办高校教师的年课时量在500以上,有的在600以上,还有少数教师常年在640左右,不少教师戏称自己是"上课机器"。除课堂教学之外,民办高校教师还要完成课外辅导、竞赛指导、创业指导、实习指导、毕业论文指导等工作。近年来,民办高校对教师提出了越来越高的科研任务要求。有的学校还要求教师包干负责学生的招生和就业等其他任务。与此相关的是对工作任务的考核评价,且考核结果与经济利益直接挂钩。这些均给他们带来较大的工作压力。

最后,民办高校教师普遍认为薪酬水平偏低。2017年,一项关于湖北省10所民办高校教师工资的调查显示,90%具有副教授职称的教师年龄在40岁以上,年收入却只有8万~10万元,具有讲师职称的教师大部分年收入为6万~8万元,讲师以下的教师年收入在6万元以下;总体上90%以上教师的年收入低于8万元。[②] 2022年6月,笔者对武汉市5所民办高校的137名教师进行问卷调查发现,约70%的副教授年收入为10万~15万元、30%的副教授年收入在10万元以下,90%的讲师年收入为5万~10万元。这比2017年的水平有一定增长。但由于近年来物价上涨,且民办高校教师的住房公积金和医疗保险标准较低,他们仍然面临着较大的生活压力。上述因素严重影响了民办高校教师的心理感受。有调查显示,民办高校教师存在较高程度的职业倦怠和情绪衰竭[③],呈现出较高的离职倾向和职业不稳定性[④],他们的职业幸福感不高[⑤],比公办高校教师的职业幸福感要低[⑥]。所以,民办高校教师的职业幸福感需要引起更多关注。

[①] 卢威,李廷洲.走出体制吸纳的误区:增强非营利性民办高校教师职业吸引力的路径转换[J].中国高教研究,2020(10):62-68.

[②] 刘美云.民办高校青年教师发展问题研究[M].武汉:武汉大学出版社,2019.

[③] 闫丽雯,周海涛.民办高校教师职业倦怠水平及影响因素分析[J].国家教育行政学院学报,2018(2):76-82.

[④] 白文昊.民办高校教师职业吸引力的贫乏与提升[J].黑龙江高教研究,2018,36(10):37-41.

[⑤] 蔡清雅.民办高校教师职业幸福感影响因素及提升对策研究——以泉州市民办高校为例[D].泉州:华侨大学,2015.

[⑥] 孙惠敏,王云儿.民办高校教师身份差异对幸福感的影响研究[J].黑龙江高教研究,2012,30(5):80-83.

（四）民办高校教师职业幸福感研究比较缺乏

不管是在国内还是国外，学界对教师职业幸福感的研究主要是针对中小学教师，高校教师职业幸福感研究总体上比较有限。我国民办高校发展历史还比较短，关于民办高校教师的研究成果还不多，关于民办高校教师职业幸福感的专门研究更少。

2025年3月，笔者以"民办高校""教师"和"幸福"为主题词在中国知网上检索，没有找到CSSCI期刊论文和博士论文，仅找到3篇中文核心期刊论文、42篇中文普通期刊论文和5篇硕士论文；且直接研究民办高校教师职业幸福感的只有3篇中文核心期刊论文、28篇中文普通期刊论文和3篇硕士论文。以同样的主题词在读秀和超星图书网上搜索，没有找到相关的中文图书。与此同时，笔者以 private, teacher, wellbeing or well-being or well being 为主题词在 Web of Science 核心合集数据库、Wiley-Blackwell 期刊全文数据库、Springer 期刊全文数据库、Education Research Complete 教育学全文数据库、SAGE 人文社科期刊库、ProQuest 学位论文全文检索平台进行搜索，发现直接研究民办高校（私立大学）教师职业幸福感的仅有1篇 SSCI 期刊论文和1篇 ESCI 期刊论文，另有2篇关于国外私立学校（非高校）教师职业幸福感的期刊论文。这些都表明，对于民办高校（私立大学）教师的职业幸福感，不管是在国内还是在国外，相关研究都比较缺乏。

恩格斯说，每个人都追求幸福，这是颠扑不破的原则，是无须加以证明的。民办高校教师也是如此。当前我国民办高校正在经历从规模扩张到质量提升的转型时期，如何建设高质量的教师队伍，尤其是如何提升教师的职业幸福感，需要更多有针对性的专门研究。教师职业幸福感是一个复杂的概念，分析其概念内涵、现状和特点及影响机制和提升策略，需要开展大量的、深入系统的研究。但目前学界对于民办高校教师职业幸福感"是什么（结构内涵）""怎么样（水平现状）""为什么（影响机制）"和"怎么办（提升策略）"还知之甚少。

幸福是所有教师道德范畴如教师的公正、仁慈、义务、良心、人格的起点、归宿以及联系它们的纽带。[①] 鉴于教师职业幸福至关重要、教师职业幸福感有待提高，民办高校教师职业幸福感值得关注，民办高校教师职业幸福感相关研究却比较缺乏，有必要对民办高校教师职业幸福感这一主题开展系统的深入研究，既为民办高校教师理解自身职业幸福并在工作中体验到幸福提供路径指南，也为我国民办高校提升教师职业幸福感、促进民办高校教师幸福快乐地工作提供理论基础和实践指引。

二、研究背景与概念界定

我国民办高校发展历史不长，人们对民办高校和民办高校教师了解不多，因此

---

① 檀传宝.教师伦理学专题——教育伦理范畴研究[M].北京:北京师范大学出版社,2010.

有必要对这两者作简单的介绍,并分析其特点。其中,分析民办高校是为本研究提供背景知识,有利于了解研究对象所处的工作环境;分析民办高校教师是提供相关信息,有利于了解研究对象的群体特征。

(一) 民办高校

我国古代将民间办学称为"私学",将民间举办的学校称为"私塾"。到了民国时期,这种教育形式受到西方国家"私立教育"的影响越来越走向正规化,并且也被称为"私立教育",民间力量举办的学校被称为"私立学校"。但我国目前的"民办教育"与古代的"私学",以及民国时期和西方国家的"私立教育"是存在一定差异的,没有后者那样的办学自主权和社会地位。可以说,我国民办教育是处于公办教育和私立教育之间的一个概念。它虽然也属于世界私立教育体系,却是我国社会主义政治制度和以公有制为主体的经济制度下的一种独特的教育形态,且民办教育的名称不宜用私立教育替代,民办学校也不能说成私立学校。准确地讲,自1952年国家实行教育制度改革将私立学校改造成公办学校之后,我国就没有私立教育和私立学校了。民办教育和民办学校的诞生则是在改革开放之后。

1. 发展历程

我国民办高校的发展历程大体可分为早期萌芽阶段、快速发展阶段、转型分类阶段。

1) 早期萌芽阶段(1978—1991年)

中共十一届三中全会召开之后,我国经济社会发展对各类专业人才的需求急剧增加,但当时公办学校数量有限,还不能满足人们学知识、学技能的热切期望。因此,当时一些具有时代责任感并且热心于教育事业的社会人士和离退休教师自发开办补习学校和技能培训学校,催生了当时的民办教育。这一时期的民办高等教育主要采用文化补习、技能培训、自学助考和函授辅导等非学历教育形式。

2) 快速发展阶段(1992—2009年)

1992年初,邓小平在南方谈话中指出,改革开放胆子要大一些,敢于试验。这为我国教育体制改革奠定了基调。1993年出台的《民办高等学校设置暂行规定》使民办高校的发展有规可依,民办高等教育也开始从非学历教育向学历教育转变。随后,专科层次学历教育的民办高校、本科层次学历教育的民办本科高校和公助民办形式的二级学院如雨后春笋般快速发展。2006年《教育部关于"十一五"期间普通高等学校设置工作的意见》规定,独立学院可以逐步转设为独立建制的民办普通高等学校。2008年即有4所独立学院成功转设为民办普通本科高校。这样,从政策上来看,民办高校从专科升为本科、从独立学院转设为普通高校,或者单独申办专科和本科层次的民办高校,均走上了规范化的快速发展道路。

3) 转型分类阶段(2010年至今)

我国民办教育最初是由热心社会公益的有识之士发起的,并无过多的营利动机。后来,不少民办学校带有"育人＋营利"的二元办学目的。2010年颁布的《国家中长期教育改革和发展规划纲要(2010—2020年)》明确提出,要积极探索营利性和非营利性民办学校分类管理,并开展对营利性和非营利性民办学校分类管理试点,由此开启了对民办教育进行分类管理的序幕。与此相呼应,教育部从2012年开始启动对《中华人民共和国民办教育促进法》的修订调研工作。该法经过全国人民代表大会常务委员会分别于2013年6月29日、2016年11月7日和2018年12月29日进行了修订,从法律上明确对民办教育按照营利性和非营利性进行分类管理。我国民办教育从此进入了分类管理的新阶段。截至2025年3月,全国已有31个省(自治区、直辖市)颁布了落实《中华人民共和国民办教育促进法》的具体实施文件,在土地差价、税收优惠、财政扶持、教师待遇、补偿奖励等方面按照营利和非营利进行分类扶持和管理。民办高校也按营利和非营利开始分化,走上不同的发展道路。当前仍然处于转型分类这一阶段。

经过改革开放以来40多年的发展,民办教育已经成为我国社会主义教育事业的重要组成部分。民办高等教育规模不断扩大,质量不断提升,为满足人民群众对高等教育的多样化需求、为促进社会经济发展培养应用型人才做出了历史性贡献。当前,民办高校正处于从规模扩张向质量提升的转型时期,也正处于改革和发展的春天。

2. 主要特征

我国民办教育作为改革开放之后出现的一种新型民间办学形态,不仅与公办教育存在较大差异,而且与我国历史上的私立教育和国外的私立教育也有区别。我国民办高校具有以下几个主要特征。

1) 办学体制公管民办

我国民办高校与公办高校及私立大学最显著的区别就是其办学体制,突出的特点是政府从立法、规划、招生、拨款等方面进行宏观管理,举办者负责进行法人内部治理。随着我国关于民办教育的法律法规不断完善,政府层面从外部对民办高校进行监管越来越规范。尤其是《中华人民共和国民办教育促进法》经过三次修订之后,中央政府和地方政府相继出台了针对民办高校在税收、土地、招生等方面的优惠政策。另外,各地近年来纷纷落实向民办高校选派党委书记制度,加强党对民办高校的领导。在民办高校内部治理方面,最突出的特点是实行董事会领导下的校长负责制。根据《中华人民共和国民办教育促进法》,民办高校的董事会拥有聘任和解聘校长、修改学校章程、筹集办学经费、决定教职工的工资标准等重要职权,是民办高校的决策机构。董事会的董事长通常由举办人担任。聘请的校长负责运营、管理学校日常事务,对学校的学科建设、专业发展、教学安排和招生就业等工作拥有较大的自主权。有的学校董事长兼任校长。与此同时,根据中共中央办公厅2016年12月29日印发的《关于加强民办学校党的建设工作的意见(试行)》,党组织在民办高校起到监督作用,决定并落实学校党的建设和思想政治工作,并对学校发展等重大事项也参与部分决策。因此董事会与党委互相协作、密切配合。当然,在实际运行过程中,董事会的法人治理机制有时并未完全落实,客观上存在着举办人"个人治理"或者"家族式管理"模式。这主要是由我国民办高校大部分是投资办学所决定的,民办教育事实上是我国市场经济的一部分,其发展必然要经历资产积累的过程。正是由于投资要追求回报的经济逻辑和"谁出钱谁说了算"的行动逻辑,举办人在学校运行过程中必然会从"节流"的角度和实现个人教育理想的角度推行个人主张,这就容易导致校长权力受限、教师民主参与程度低,教学安排急功近利、追求短期效益的状况。所以,未来民办高校治理要实现现代化,政府还要进一步加强宏观政策指导,行业协会和社会组织也要起到监督和评价作用,民办高校内部则要努力实现利益相关者共治,进一步健全法人治理结构,建立"董(理)事会领导、校长行政、党委保证、教授治学、民主管理"的现代民办大学制度。

2) 办学经费来源有限

与公办高校主要由国家财政拨款、历史上的和国外的私立大学靠收取高额学费并获得社会捐资等经费来源途径不同,民办高校的办学经费主要来自举办者前期的投资和后期的学费收入。虽然《中华人民共和国民办教育促进法》明确规定民办高校举办者可以自愿选择登记为营利性或者非营利性两种类型,但相关法律并未对"非营利性"进行具体的界定和严格的监督,加之大部分民办高校举办者当初兴办民办高校时抱有投资的目的,而且的确投入了相当数额的资金,所以必然会追求一定的经济回报,或者偿还当初的贷款和经济投入。民办高校的经费来源又主要依赖学费。因此,有限的学费收入既要支付投资人的经济回报,又要满足学校发展所需的软硬件需求,还要保障学校日常运行的经费开支。近年来,虽然一些地方政府对民办高校开始给予一定数额的生均拨款,并且设立了民办高校财政扶持资金,但这些总体上仍然只占民办高校经费来源的15%以内。相关法律明确规定民办高等教育与公办高等教育同属公益性事业,但公共财政对民办高校的扶持力度明显不足。虽然民办高校的学费标准稍高,但在国家物价规定范围之内的学费余出部分与国家财政对公办高校的投入相差甚远。另外,还有一些民办高校谋求上市。这些上市的民办高校面临更多的外部资金风险。股东的利益诉求会直接压缩学校的运行开支,而且一旦股市出现震荡,会直接影响民办高校的运转资金。这些因素均导致民办高校经费严重短缺,进而影响到软硬件设施和教学资源建设以及教师待遇等一系列相关问题,也不利于民办高校高质量发展。

3) 教育质量相对偏低

民办高校由于发展历史较短,前期主要集中于规模扩张,所以导致内涵不够,教育质量相对偏低。教育质量的核心要素在于师资力量。但民办高校的师资力量整体上偏弱,表现在专职教师数量不足,需要长期聘请兼职教师;教师流动性较大,尤其是部分年轻教师成长到一定阶段后就跳槽离职;教师学历层次整体偏低,大部分民办高校教师为硕士毕业生,还有部分为本科毕业生,拥有博士学位的教师比例较小;领军人才较为缺乏,学科带头人和名师较少,也难以吸引高层次人才加盟;教师发展空间受限,不少教师长年忙于课堂教学,少有机会参加业务培训和学术交流,导致视野狭窄,业务能力难以提高,直接影响教育科研质量。加之民办高校为了积累资金,靠学费滚动发展,就尽可能地降低招生标准、扩大招生规模,片面追求大而全的专业设置,学校硬件设施又无法同步增加、无法满足教学需要,致使教育质量下滑。近年来,民办高校逐步从规模扩张向质量提升转型,不断加强内涵建设。2016年修订的《中华人民共和国民办教育促进法》也将促进办学质量提升作为管理和监督的重要工作。不少民办高校大力加强师资队伍建设和学科专业建设,深化与行业企业合作,并积极开展与海外高校合作,向应用型高校转型,教育质量得以稳步上升。但整体而言,民办高校进一步优化内部治理结构、提升教育质量的内涵式发展还面临诸多挑战,还有很长的路要走,提升教育质量对于民办高校而言是一项长期而艰巨的任务。

(二)民办高校教师

民办高校的发展壮大在很大程度上依赖教师队伍的发展壮大。随着民办高校的发展,民办高校教师队伍也不断发展,并呈现出一些独有的特征。这些特征是在其发展的历史过程中逐渐形成的,了解民办高校教师队伍的历史发展过程有助于理解其现状特征。

1. 发展历程

民办高校教师队伍经历了从无到有、从兼职为主到专职为主、从弱到强的发展历程,已经取得了不小的成绩;但时至今日,民办高校教师队伍在数量、质量、结构等方面仍然存在一些问题,制约着民办高校的高质量发展。

1)"兼职教师为主"时期

在初步探索时期,民办高校举办者大多靠租借场地、聘请高校有空余时间的教师兼职授课,开展文化补习和职业技术培训等非学历教育。教师队伍以高校在职教师兼职为主、退休教授专职为辅。

2)"专职教师逐步增多"时期

1993年颁布的《民办高等学校设置暂行规定》明确指出,每个专业至少应有2名具有副教授以上职称的教学骨干,还应配备有副教授以上职称的专职学科、专业负责人。这一硬性要求使得民办高校必须要拥有自己的专职教师。民办高校当时难以从社会上或者高校毕业生中招聘专职教师,就不断增加招聘公办高校退休教授作为专职教师。这一做法一直延续至今,成为我国民办高校师资队伍建设的一条宝贵经验。20世纪90年代末,我国高校开始大量扩招,高校毕业生不断增多并开始自主就业,企事业专业技术人员的流动也变得更加自由,一些经济条件较好并希望长期可持续发展的民办高校开始大量招聘专职教师。2003年开始施行的《中华人民共和国民办教育促进法》要求民办学校的设置要严格按照同级同类公办学校的设置标准执行。这一法律的出台促使民办高校大量招聘专职教师，充实自己的专职教师队伍，民办高校的专职教师队伍建设走上了快车道。

3）"专职教师为主"时期

"高质量"和"可持续"成为我国民办高校规模扩张到一定程度之后的必然目标，而强大、稳定的专职教师队伍是这两项目标的根本支撑。根据国家统计局的数据，2009年至2023年，民办高校数量从658所增加到789所，增幅为20%，而民办高校专职教师数量从22.20万人增加到43.52万人，增幅达96%，专职教师数量的增幅大大高于民办高校数量的增幅。2017年，民办高校招聘的年轻专职教师约占整个教师队伍的70%。[①] 这表明，民办高校专职教师队伍获得了极大发展，在数量上已经成为民办高校师资力量的主体。

上述三个时期与民办高校发展历程的三个阶段基本对应。这只是就民办高校专职教师队伍整体而言，不同地区、不同高校的专职教师队伍建设进度存在较大差异，但基本上均经历了这三个时期。

2. 主要特征

从上述发展历程可以看出，经过长期发展，民办高校教师队伍不断壮大，已成为我国高等教育师资力量的重要组成部分。当前，民办高校教师队伍具有以下几个主要特征。

1）组成结构多样

民办高校教师队伍在建设、发展过程中，注重吸收各种可以"为我所用"的专业技术人才，包括公办高校在职和退休教师、高校毕业生、企事业单位在职和退休技术人员，以及社会上具有教师资格和一技之长的人员，并根据国家政策对兼职和专职教师比例不断进行调整和优化，形成了当前独具特色的教师队伍组成体系。总体来看，民办高校教师队伍的构成相对复杂，主要有两大类四小类。第一大类为自有专任教师，即民办高校采用聘用制的人事合同关系所招聘的全职专任教师，这是民办高校相对固定的师资力量。这个大类又可以分为两个小类：一类是民办高校从人才市场上招聘的较为年轻的高校毕业生或企事业跳槽人员；另一类是从公办高校退休返聘的（副）教授、银龄教师。第二大类是兼职代课教师，他们与民办高校之间只是一种根据课时付酬金的劳动合约关系，不承担教学之外的科研、行政等任务。这个大类也可以分为两个小类：一类是社会上具有高校教师资格证的灵活就业人员（早期还包括在校硕士、博士研究生），他们大多比较年轻；另一类是其他高校或企事业单位在职教师、专业技术人员，他们的工作经验相对比较丰富。另外，有些民办高校还聘有客座教授和行业导师给学生定期或不定期讲课，指导学生的学习和就业。在过去，民办高校教师队伍的结构呈现出较为明显的"哑铃"型特征，即青年教师和退休教授数量较多，中年教师偏少。近年来，随着专职教师比例不断增大和青年教师

---

① 刘美云.民办高校青年教师发展问题研究[M].武汉:武汉大学出版社,2019.

不断成长,这一现象逐步得到改善,不少青年教师成长为中坚力量。

2）整体实力较弱

判断教师队伍的实力可以从教师的年龄、教龄、职称、学历和成果等方面进行综合分析。2019年在北京、山东、浙江、河南、宁夏等地进行的一项1027名民办高校专任教师参与的调查显示,40岁以下的教师占86.20%,教龄在10年以下的占85.40%,具有初级和中级职称的占88.10%,具有博士学位的仅占1.90%。[1] 笔者于2022年7月在5所民办高校进行问卷调查,获得137名专任教师的反馈,统计结果显示,40岁以下的占77.28%,教龄在10年以下的占59.09%,具有初级和中级职称的占78.03%,具有博士学位的仅占3.03%。在成果方面,2018年,民办高校获得2项高等教育国家级教学成果奖,仅占获奖总数452项的0.44%,民办本科院校在全国普通高校教师教学竞赛中获奖2项,仅占获奖总数18项的11.11%。2019年,全国756所民办高校中仅有22所(含1所民办高职)在14家教育类核心期刊上发表论文30篇,学校占同类高校总数的2.91%,发表论文数量占被统计论文总数1938篇的1.55%。[2] 2020年,民办高校获得全国社科基金立项11项,占当年总数4629项的0.24%,民办高校获得全国教育科学规划课题立项5项,占当年总数436项的1.15%。这些数据表明,民办高校教师绝大部分在40岁以下,教龄在10年以下,职称在副教授以下,具有博士学位的较少,教学成果不多。综合民办高校教师在年龄、教龄、职称、学历和成果等方面的数据来看,民办高校教师队伍的整体实力较弱。

3）总体数量不足

足够的教师数量是保证教学开展的基本前提。2004年教育部公布的《普通高等学校基本办学条件指标(试行)》规定,综合类院校的生师比达到18∶1为合格水平,22∶1则应限制招生。可以说,22∶1是本科高校办学中生师比指标的红线(聘请校外兼职教师经折算后计入教师总数,原则上聘请校外兼职教师数不超过专任教师总数的四分之一)。一项研究对11所民办高校2017—2018学年的数据进行统计后发现,其平均生师比为20.92∶1,非常接近22∶1的生师比红线,而且所有样本学校的生师比均超过了18∶1;另外,相当多专业的生师比远远超出红线,生师比最高的专业竟达到49.45∶1。[3] 这说明,民办高校教师数量不足。从民办高校教师日常的教学工作量也可窥见一斑。2021年,一项在全国22个省(自治区、直辖市)58所民办高校外语教师中开展的调查表明,周课时在10节及以上的教师占比达到74.34%,其中16节及以上的教师占比为25.07%,还有8.79%教师的周课时在20节及以上。[4]

---

[1] 景安磊.民办高校教师权益实现研究[M].北京:社会科学文献出版社,2019.

[2] 王小梅,王者鹤,周光礼,等.2019年全国高校高等教育科研论文统计分析——基于14家教育类期刊的发文统计[J].中国高教研究,2020(4):92-97.

[3] 吴萌.新时代广东省民办高校教师队伍建设刍议[J].辽宁教育行政学院学报,2021,38(2):38-42.

[4] Chen J P, Cheng H Y, Zhao D, et al. A quantitative study on the impact of working environment on the well-being of teachers in China's private colleges[J]. Scientific Reports,2022(12):3417.

这些数据均表明,民办高校在职教师日常的工作负荷是非常繁重的。事实上,他们还要完成科研任务和其他非课堂教学工作。造成民办高校在职教师日常工作负荷繁重的一个直接原因是教师数量不足,尤其是自有专任教师数量不足。

4) 薪酬福利偏低

《中华人民共和国民办教育促进法》明确规定,民办学校教师队伍管理和福利待遇由学校的举办者承担,这与公办学校教师的薪酬福利由国家财政保障是根本不同的。而与西方国家私立大学有相当数额的社会赞助和校友捐款不同,我国民办高校的经费来源主要依赖学费。营利性民办高校投资方首先要从中提取一定比例的"利润",没有转设的独立学院要将其中的20%~30%上交给母体高校,剩下的部分才用作办学经费。民办高校建校历史不长,校园设施、教学设备、办公条件还不完善,硬件建设需要大量的资金,日常的教育教学活动在费用上也必须得到保障,所以学校管理者即使想增加教职工的福利待遇,也常常是心有余而力不足。一项在北京、山东、浙江、河南、宁夏等地民办高校开展的教师调查显示,约80%的民办高校教师年平均工资低于公办高校教师年平均工资。[①] 除了工资之外,民办高校教师在"五险一金"、奖金、过节费、年度体检、子女入学、科研经费等方面,也落后于公办高校教师。民办高校教师偏低的福利待遇直接导致其身份认同感和组织归属感也较低。

5) 发展机会缺乏

我国高等院校教师专业培训的常见形式主要有学术讲座、课程教学研修班、科研工作坊、骨干教师研讨班、国内访问学者、国外访问学者、海外教师交流项目和脱产学历提升等。民办高校外部和内部的职业发展环境和条件对民办高校教师的专业发展均不利。首先,从外部看,由于民办高校不在公有制之内,所以有些教师发展项目和科研计划项目并不对民办高校教师开放,比如国家留学基金管理委员会资助的出国留学项目。即使民办高校教师能够参与一些研讨班、进修班和教学竞赛以及奖项评比,也经常被"歧视性"对待。虽然近年来这一现象逐步得到改善,"国培计划"和国内访问学者项目按计划分配名额到民办高校,但民办高校教师仍然难以获得与公办高校教师相同的发展机会。其次,在民办高校内部,由于教师发展意识淡薄、学校办学经费缺乏、教师忙于日常事务等原因,教师发展培训项目更加难以落到实处。民办高校大多基于急功近利的办学出发点,对教师普遍存在"重使用轻培养"的心态,同时也担心教师成长之后流失给学校本来就紧张的办学经费和师资力量带来损失,就不愿意制订长期、系统性的教师培养计划,没有形成健全的培训管理机制。系统规划不够、资金投入不足,就容易导致教师培训项目模式陈旧、质量不高,最终可能会把教师培训项目变成形式化的"面子工程",对教师发展不能起到实质性帮助。另外,民办高校的科研及学术氛围普遍不浓,与外界学术交流较少,也缺乏学术领军人物,这些都制约着教师的专业发展。因此,总体来看,民办高校教师的发展

---

① 景安磊.民办高校教师权益实现研究[M].北京:社会科学文献出版社,2019.

还面临诸多问题。

(三) 概念界定

本研究的对象是民办高校教师。这里涉及两个概念,一个是民办高校,另一个是民办高校教师。为了明确本研究的对象范围和具体所指,也为了行文方便,现对民办高校和民办高校教师这两个概念进行界定。

1. 民办高校

民办高校即民办高等学校。1993年发布的《民办高等学校设置暂行规定》将民办高等学校界定为"除国家机关和国有企业事业组织以外的各种社会组织以及公民个人,自筹资金,依照本规定设立的实施高等学历教育的教育机构"。2002年发布的《中华人民共和国民办教育促进法》将民办学校界定为国家机构以外的社会组织或者个人,利用非国家财政性经费,面向社会举办的学校及其他教育机构。所以综合来看,民办高校是指企业事业组织、社会团体及其他社会组织和公民个人利用非国家财政性经费,面向社会举办的高等学校。

民办高校主要有本科和专科(高职院校)两种层次。其中,民办本科高校又包括独立设置、具有颁发学历文凭资格的民办普通本科高校,以及公办普通高校与国家机构以外的社会组织或者个人合作、利用非国家财政性经费举办的实施本科学历教育的独立学院。

本研究所称的民办高校是指民办本科高校,包括民办普通本科高校和独立学院,但不包括专科层次的高职院校。2023年教育统计数据显示,我国民办本科高校数量为391所(含独立学院164所),占全国1242所本科院校的31.48%,接近三分之一,成为我国高等教育机构的重要组成部分。近年来,民办高校呈现多元化的发展趋势,比如2018年获教育部批准设立的西湖大学,是一所聚集一流师资、定位为研究型的民办本科高校,与绝大多数民办本科高校是不同的。本研究主要集中于一般的、以教学为主的民办普通本科高校和独立学院,不包括西湖大学等研究型民办高校。

2. 民办高校教师

"教师"这一名称是一个含义非常广泛的概念。从定义来看,教师是指向学生传授文化科学知识与技能和进行思想品德教育的专业人员。[①]《中华人民共和国教师法》第三条指出,教师是履行教育教学职责的专业人员。依此定义,教师在广义上往往指在学校工作人员的总称,既包括专门从事教学工作的任课教师,也包括学校的党政领导干部、行政人员和辅导员等。

本研究中所称的教师指狭义的教师,即承担课堂教学任务的专业教师,不包括学校的党政领导干部、行政人员和辅导员等未从事课堂教学工作的人员,但包括既

---

① 中国百科大辞典编委会.中国百科大辞典[M].北京:华夏出版社,1990.

承担课堂教学任务又担任一定行政职务的"双肩挑"人员。

本研究所称的民办高校教师是指民办本科高校从人才市场上招聘的自有专任教师，不包括兼职代课教师，也不包括从公办高校退休返聘的（副）教授、银龄教师。这部分教师大部分比较年轻，已逐步成为民办高校教师队伍的主体，也代表着民办高校未来长期的师资力量。

三、研究目的与意义

（一）研究目的

随着我国民办高校的快速发展，教师质量急需提升，关于民办高校教师职业幸福感的概念内涵、水平现状、影响因素和提升措施等问题亟须探明和解决。本研究旨在通过一系列的理论分析和实证研究，探索民办高校教师职业幸福感到底是什么，由哪些维度组成，具有什么特点，与公办高校教师职业幸福感相比有什么异同；弄清民办高校教师职业幸福感目前到底怎么样，处于什么水平状态，具有哪些特征，存在哪些问题；揭示民办高校教师职业幸福感受到哪些因素的影响，并有针对性地提出提升民办高校教师职业幸福感的有效策略，为提升民办高校教师职业幸福感、促进民办高校教师队伍建设、推动民办高校高质量发展提供理论支持和对策建议。

（二）研究意义

本研究探索民办高校教师职业幸福感，具有一定的社会意义、理论意义和实践意义。

1. 社会意义

建设和发展民办高等教育是党中央、国务院做出的一项重要战略部署，民办高校的发展壮大对培养我国经济社会发展所需要的高级应用型专业技术人才具有重要意义。但目前民办高校发展的最大瓶颈是师资问题。建设一支高素质、高水平的教师队伍是民办高校实现提升质量转型发展的关键，也是当前乃至今后一段时间较主要的工作任务之一。提升教师职业幸福感是教师队伍建设较主要的综合性抓手和途径。本研究基于一系列的基础性研究和调查分析，最后提出有针对性、切实有效的教师职业幸福感提升改进措施，对民办高校教师队伍建设将起到一定的推动作用，从而促进民办高校高质量发展，为社会培养更多、更好的应用型专门人才。另外，本研究通过对民办高校教师生存状态的调查描绘和深入分析，也能够唤起社会对民办高校教师的理解和支持，在一定程度上消除对民办高校和民办高校教师的误解和歧视，有利于进一步营造尊师重教的社会氛围，促进社会的和谐发展。因此，本研究具有一定的社会意义。

2. 理论意义

理论界对于人的幸福感到底是什么、受到哪些因素的影响，没有形成一致的认识。目前普遍的观点是幸福感具有主观性、文化性和情境性，需要放在一定的社会文化制度和工作环境中去界定和考察。民办高校具有自身独有的特征，民办高校教师所处的工作环境与公办高校教师和中小学教师均有一定差异。民办高校教师这个群体的职业幸福感的结构内涵和影响因素与其他群体的职业幸福感也应该不完全相同。本研究探索民办高校教师职业幸福感，并与公办高校教师进行比较，可以为幸福感和职业幸福感的研究提供一个新的例证，丰富关于职业幸福感的相关理论，并为后续其他关于职业幸福感尤其是教师职业幸福感的研究提供借鉴和参考。与此同时，教师幸福还是教师教育领域的一个重要本源性问题。教师发展的终极目标就是成为幸福的教师并培养出幸福的学生。只有幸福的教师才能培养出幸福的学生，因此研究教师的幸福问题至关重要。探讨教师职业幸福感可以丰富教师教育和教师发展理论以及相关学科知识，因此，本研究具有一定的理论意义。

3. 实践意义

提高教育质量主要靠教师。民办高校在发展过程中一直在摸索建设高水平教师队伍的有效方法和途径。如何建设教师队伍以提高教育质量呢？叶澜认为，没有教师的生命质量的提升，就很难有高的教育质量。[①] 教师职业幸福感是教师生命质量的直接体现。研究提升教师职业幸福感是建设高水平教师队伍的有效方法和途径。本研究分析民办高校教师职业幸福感的结构内涵、调查其水平现状、探究其影响因素，最后提出有针对性的提升措施，可以为教育行政部门和民办高校了解民办高校教师队伍的真实情况、制定出台民办高校教师管理政策和相关举措提供参考依据和管理启示。另外，教师自身如何获得职业幸福、如何增强职业幸福感也是一个非常现实的问题。民办高校教师需要对自身职业幸福感的结构内涵、水平现状、影响因素和提升措施有一定的了解，尤其是对自己应该怎么做要了然于心，才能谈得上采取行动去提升自己的职业幸福感。本研究将对这些问题进行深入剖析，可以为民办高校教师提供参考。因此，本研究具有一定的实践意义。

四、研究问题与方法

（一）研究问题

目前学界对民办高校教师职业幸福感"是什么""怎么样""为什么""怎么办"还知之甚少。而这四个方面代表着一个科学问题的不同侧面，是深入系统研究一个科学问题通常遵循的四个环节和步骤。本研究将围绕这四个方面展开，从理论走向实践，由此确定本研究的四个研究问题如下。

第一个问题，民办高校教师职业幸福感是什么？即：民办高校教师职业幸福感是由哪些维度组成的，具有什么特征，其定义是什么，以及民办高校教师职业幸福感

---

① 叶澜,白益民,王枬,等.教师角色与教师发展新探[M].北京:教育科学出版社,2001.

的结构与公办高校教师职业幸福感的结构相比有何异同等相关问题。这是关于民办高校教师职业幸福感的本源性问题,也是后续其他研究的前提性问题。只有弄清民办高校教师职业幸福感是什么,对它有基本的认识和了解,才能根据它的组成维度设计合适的量表测量它的水平高低,然后进一步探索它的影响机制和提升措施。

第二个问题,民办高校教师职业幸福感怎么样?即:民办高校教师职业幸福感总体水平如何,各个维度幸福感水平如何,他们的职业幸福感呈现出什么特征;然后进一步探讨民办高校不同人口属性特征教师群体的职业幸福感的特征和差异,以及本研究与其他关于民办高校教师职业幸福感水平现状的调查相比的异同等相关问题。这是关于民办高校教师职业幸福感的现实样态问题,是后续提出改进措施的基础。只有弄清民办高校教师职业幸福感目前到底处于什么水平状态,哪些维度幸福感较高、哪些维度幸福感较低,不同人口属性群体的民办高校教师有什么差异,才能准确呈现民办高校教师的生活状态,对他们的职业幸福感做出客观的分析判断。

第三个问题,民办高校教师职业幸福感为什么处于现在的水平?即:民办高校教师职业幸福感受到哪些因素影响,不同因素影响民办高校教师职业幸福感的机制是什么,导致民办高校教师职业幸福感呈现出当前水平现状的具体原因是什么。这是关于民办高校教师职业幸福感处于当前水平状态的内在成因问题。只有弄清到底哪些因素制约着民办高校教师职业幸福感的提升,找到根本原因,才能为提升措施的提出提供可靠的依据,后续提出的措施才会有针对性,也会更加有效。

第四个问题,民办高校教师职业幸福感怎样提升?这是关于民办高校教师职业幸福感的实现路径和支持条件问题,也是本研究的实践意义之所在。本研究根据前面理论分析和实证研究的结果提出有针对性的实践策略。

上述四个问题,从"是什么"到"怎么样",再到"为什么",最后落脚于"怎么办",遵循从理论探索走向实践指导的研究进路,形成对民办高校教师职业幸福感进行系统深入研究的完整闭环。

(二)研究方法

针对上述四个研究问题,本研究既要说明民办高校教师职业幸福感是什么和怎么样,又要解释为什么,还要讲出怎么办,所以单一的研究方法难以全面、深刻地理解和阐释这些教育现象和教育问题。本研究在文献分析的基础上,采用探索式研究设计和质性与量化相结合的混合研究方法。当研究者需要开发并且验证测量工具,或需要确认重要的未知变量,或者缺乏指引的架构或理论时,最适合采用探索式设计,先通过质性方法展开研究,然后进行后续的量化检验。[①] 学界目前对民办高校教师职业幸福感还知之甚少,对其组成结构还不明晰。本研究需要首先探索其结构,再开发出相应的测量量表,然后再测量其水平现状,最后分析其影响机制,因此采用

---

① Creswell J W, Clark V P L. Designing and conducting mixed methods research[M]. 2nd ed. Washington D. C. : Sage Publications Inc. ,2010.

探索式研究设计是比较合适的。

对于文献分析,笔者赞同某些学者的观点,认为做文献综述是研究的一个过程,而不是一种研究方法。[①] 应该说,任何学术研究都会从搜索、梳理已有文献出发,在了解相关研究的进展情况和研究空白基础上开展自己的研究。做文献分析是做好当前研究的一项基础性工作,或者说是第一个阶段,而非当前研究具体怎么做的一种方法。所以本研究包含文献综述,但不把"文献研究法"列为一种研究方法。

质性与量化相结合的混合研究方法有三种混合模式:以质性为主的混合、以量化为主的混合,以及质性与量化基本均衡的混合。[②] 本研究采用质性与量化基本均衡的混合研究方法,既凸显教育研究的科学性,又注重教育中人的因素,力求做到科学主义和人文主义相融合。其中,质性研究主要是初步生成民办高校教师职业幸福感"是什么"和"为什么"两大问题的理论假设,因为质性研究能够在定量研究之外"指向本土中层理论的建构",为教育研究提供新的视角。[③] 之所以说质性研究形成的理论只是本研究的理论假设,是因为理论通常具有临时性特征,理论提供的是对被研究世界的一种解释性图像,而不是真实面貌[④],质性研究中访谈的教师人数有限,极少数人的感受并不一定是普遍的规律和存在。因此,质性研究形成的理论还需要通过量化研究进行检验。量化研究的目的就是检验这两大研究结论,与之相互校验,并分析民办高校教师职业幸福感的现实样态。质性研究和量化研究的方法又分为数据收集方法和数据分析方法。幸福感是个体的一种心理感知和评价,是个体心理状态的一种反映。因此,本研究采用直接与教师本人进行半结构化访谈和由教师本人直接填写问卷的方法收集数据,以反映教师内心的真实感受。在获取一手数据之后,再根据不同的研究目的分别对访谈数据进行主题分析和扎根理论分析,对问卷调查数据进行相应的统计分析。

本研究的方法体系如表1-1所示。

表 1-1　本研究的方法体系

研究类型	数据收集方法	数据分析方法	解决的问题
质性研究	访谈法	主题分析	提出教师职业幸福感组成维度理论假设
		扎根理论分析	提出教师职业幸福感影响因素理论假设

---

① 刘军强.写作是门手艺[M].桂林:广西师范大学出版社,2020.
② 徐锦芬,李霞.国内外二语教师研究的方法回顾与反思(2000~2017)[J].解放军外国语学院学报,2018,41(4):87-95,160.
③ 杨帆,陈向明.中国教育质性研究合法性初建的回顾与反思[J].教育研究,2019,40(4):144-153.
④ Charmaz K. Grounded theory[M]//J A Smith, R Harre, L Van Langenhove. Rethinking methods in psychology. London:Sage,1995.

续表

研究类型	数据收集方法	数据分析方法	解决的问题
量化研究	问卷法	探索性因子分析	分析问卷的信度
		验证性因子分析	检验、修正教师职业幸福感组成维度
		描述性统计分析	分析教师职业幸福感及各维度的均值与标准差
		独立样本 T 检验	分析教师职业幸福感的性别差异
		方差分析	分析教师职业幸福感的其他人口属性差异
		结构方程模型	检验教师职业幸福感的影响效应
		层次回归分析	检验教师职业幸福感的调节效应

本研究采用质性研究和量化研究混合交叉在一起解决同一个问题,而非按照先后顺序线性对应地运用一种方法解决一个问题,然后运用另一种方法解决另一个问题。这也是质性研究方法和量化研究方法深度融合的一种体现。其中,数据收集是解决所有问题的基础性共同工作,而数据分析则是在后面解决具体的每个问题时所进行的工作。因此,下面笔者将简要阐述数据收集的过程,数据分析则在后续章节中解决具体研究问题时进行阐述。

1. 访谈法

访谈法是一种质的研究(又称"质性研究")方法。质的研究是以研究者本人作为研究工具,在自然情景下采用多种资料收集方法对社会现象进行整体性探究,使用归纳法分析资料以形成理论,通过与研究对象互动对其行为和意义建构获得解释性理解的一种活动。[①] 幸福感反映的是人的一种心理功能状态和生活质量[②],属于比较私人性的话题,而且本研究的第一个研究问题"是什么——民办高校教师职业幸福感的结构内涵"、第二个研究问题"怎么样——民办高校教师职业幸福感的水平现状"和第三个研究问题"为什么——民办高校教师职业幸福感的影响机制",均需要他们敞开心扉,表达内心的真实想法和体验,涉及教师的个人情感。因此,笔者选择"一对一"的个别直接访谈方式,整个访谈过程不受第三者的影响,以保证在比较轻松的氛围中私下倾听他们的心声。这既是为了获取较真实的数据,也是研究伦理的需要。

在获取一手访谈文本资料之后,将根据研究问题的需要采用不同的方法对文本资料进行分析。探索民办高校教师职业幸福感的结构主要采用主题分析法,探索民办高校教师职业幸福感的影响机制则采用扎根理论分析法。这两者在操作流程上区别不大,但主题分析法是从原始数据中识别、提炼主题,并通过主题来分析研究问题,而扎根理论分析法是从资料中寻找反映事物本质的核心概念,然后通过这些概

---

① 陈向明.质的研究方法与社会科学研究[M].北京:教育科学出版社,2000.
② 苗元江.心理学视野中的幸福——幸福感理论与测评研究[D].南京:南京师范大学,2003.

念之间的联系建构相关的理论。① 对于民办高校教师职业幸福感的结构,重在探明它由哪些维度组成,并不需要进一步弄清各个维度之间的相互作用关系,所以采用主题分析法较为适切;而对于民办高校教师职业幸福感的影响机制,不仅需要探明有哪些影响因素,还需要弄清这些因素是如何产生影响的,相互之间有何种联系,所以采用扎根理论分析法较为适切。

2. 问卷法

问卷调查是量化研究中收集数据的一种重要途径和十分有效的方法。问卷法可以通过较大范围的社会调查了解研究对象的真实情况和一般想法,从而有助于发现教育生活中普遍存在的客观规律,为分析问题和解决问题提供现实依据和数据支撑。本研究前期通过访谈和主题分析、扎根理论分析,了解民办高校教师对于职业幸福感的体验和认识以及职业幸福感受到哪些因素影响的判断和感知,形成"是什么"和"为什么"两大问题的理论假设。但这些教师的体验是不是所有民办高校教师的普遍感受,基于他们的感知归纳出的民办高校教师职业幸福感组成维度和影响机制是不是客观存在的一种普遍规律,还需要通过问卷调查和统计分析进行检验,最终还可能对前面的研究结论进行修正,找到真正的"是什么"和"为什么"。在此基础之上,才能提出有针对性的民办高校教师职业幸福感提升措施。从提出问题,到形成理论假设,到检验结果,再到得出结论,形成研究的闭环,从而使得整个研究更加严密、更加可信。

五、框架结构与技术路线

(一) 框架结构

本研究的框架结构如下。

第一章是导论,主要阐明研究缘由,介绍民办高校和民办高校教师的背景信息,同时对民办高校和民办高校教师进行概念界定,以明确范围;另外,阐述研究的目的与意义,研究问题和研究方法,以及全书的框架结构与技术路线。

第二章是文献综述,主要围绕教师职业幸福感"是什么""怎么样""为什么""怎么办"四个方面,对国内外相关研究成果进行梳理,分析研究的进展和不足,找出可研究的空间,论证本研究的必要性和重要性,为本研究的设计和开展提供参考。

第三章是民办高校教师职业幸福感的理论基础,主要从哲学视角对幸福、从心理学视角对幸福感和从管理学视角对职业幸福感等一些本源性的概念进行探讨,从学理上厘清它们的内涵、结构、特征等要素。在这些分析的基础上,提出本研究探索民办高校教师职业幸福感所采用的主要理论,为本研究的后续开展提供理论依据和分析框架。

第四章是民办高校教师职业幸福感的结构内涵,探索民办高校教师职业幸福感

---

① 范明林,吴军,马丹丹.质性研究方法[M].2版.上海:格致出版社,2018.

的组成维度和主要特征,并给出相应的定义。研究首先对民办高校教师开展访谈,获取民办高校教师对于职业幸福感的理解和体验的相关资料,并对访谈资料进行质性分析,提出民办高校教师职业幸福感组成维度的理论假设;然后根据这些维度设计问卷,在民办高校教师中开展问卷调查,再对问卷数据进行统计分析,检验并修正前面的理论假设;最后结合质性研究和量化研究的结果总结民办高校教师职业幸福感的结构,并阐释其内涵特征,回答"是什么"。

第五章是民办高校教师职业幸福感的水平现状。根据问卷中整体职业幸福感和各个维度职业幸福感的数据和教师人口属性特征数据,进行交叉分析,并结合访谈资料中教师的个人描述,相互佐证,阐述民办高校教师职业幸福感的水平现状,按不同人口属性客观描述不同群体教师职业幸福感的现实样态,回答"怎么样"。

第六章是民办高校教师职业幸福感的影响机制,探索民办高校教师职业幸福感受到哪些因素影响,以及具体的影响机制是什么。采取以质性研究提出理论假设、以量化研究检验与修正理论的思路,首先通过访谈获取民办高校教师对于哪些因素影响他们职业幸福感的陈述资料,然后运用扎根理论分析法归纳出影响因素,提出理论假设;其次将这些影响因素设计到问卷中并开展问卷调查,再对问卷数据进行统计分析以检验与修正前述假设;最后,结合质性研究和量化研究的结果总结阐述民办高校教师职业幸福感的影响机制和主要原因,回答"为什么"。

第七章是民办高校教师职业幸福感的提升策略,主要根据前面影响因素和主要原因的结论,从政府、学校和教师个人三个方面提出有针对性的提升策略,将前面探索分析的结论应用到具体的实践之中,回答"怎么办"。措施力争做到针对性强,能够真正解决问题。

第八章是结论与讨论,主要是对本研究的成果做总结,讨论其创新与贡献,同时分析局限与不足,并指出未来的研究方向。

(二)技术路线

本研究分以下三个阶段展开。

1. 理论准备阶段

第一阶段为理论准备阶段。首先,在阐述研究背景和分析研究对象的基础上,阐明本研究的研究问题、研究方法和研究思路;其次,对中外关于教师职业幸福感的已有文献进行分析,论证本研究的研究空间和创新可能性;最后,探索哲学视野中的幸福、心理学视野中的幸福感、管理学视野中的职业幸福感等本源性概念,为本研究奠定基础,并确定本研究采用的主要理论。

2. 实证研究阶段

第二阶段为实证研究阶段,分为质性研究和量化研究两个环节。在质性研究环节收集和分析访谈资料,形成关于民办高校教师职业幸福感组成维度和影响因素的理论假设;在量化研究环节开展问卷调查并对问卷数据进行统计分析,检验并修正前面的假设。最后,结合质性研究和量化研究的结果,阐述民办高校教师职业幸福感的结构内涵、水平现状和影响机制。

1）质性研究

开展质性研究的目的是对民办高校教师职业幸福感的组成维度和影响机制形成理论假设,并了解民办高校教师对于职业幸福的感性认识。首先,根据这些目的编制访谈提纲,题目的数量和内容要能够完整反映这些信息;然后,确定访谈对象,开展正式访谈,在访谈的过程中要同时开展编码分析,并根据"理论饱和"原则确定最终的访谈人数;最后,对访谈文本资料进行主题分析以提出民办高校教师职业幸福感组成维度的初步理论,进行扎根理论分析以提出民办高校教师职业幸福感影响机制的理论假设。

2）量化研究

开展量化研究有三个目的:一是检验民办高校教师职业幸福感组成维度的理论假设;二是描述民办高校教师职业幸福感的现状水平和主要特征;三是检验民办高校教师职业幸福感的影响因素和影响机制的理论假设。在分析的时候,与质性研究的结果相互补充和印证。

第一步,首先以质性研究关于组成维度和影响机制的结论和相关理论基础为依据设计调查问卷;然后选取一定数量的民办高校教师开展预调研并对初始问卷进行信效度检验,根据检验的结果调整问卷,以使得问卷的信度和效度均符合要求;最后,在民办高校教师中选取样本开展正式问卷调查,并收集、整理好问卷数据。

第二步,对问卷中的组成维度数据进行统计分析,检验质性研究中对民办高校教师职业幸福感组成维度的理论假设,根据统计分析的结果进行修正,提出民办高校教师职业幸福感的结构模型,并阐释其内涵和特征。

第三步,进一步分析问卷中的组成维度数据,将整体职业幸福感和各个分维度职业幸福感的数据与教师的人员属性特征数据进行交叉分析,阐述民办高校教师职业幸福感的总体特征和分维度特点,以及不同教师人群的水平差异;同时,结合访谈文本资料,相互佐证。

第四步,分析问卷中影响因素的相关数据,检验质性研究中对民办高校教师职业幸福感影响机制的理论假设,根据分析结果进行修正,提出最终的影响机制模型,并结合访谈文本资料阐述民办高校教师职业幸福感呈现出当前水平的主要原因。

3. **策略提出阶段**

第三阶段为策略提出阶段。在完成上述质性研究和量化研究之后,基于民办高校教师职业幸福感的水平现状和主要特征,根据本研究所发现和检验的主要影响因素、影响机制和主要原因,提出有针对性的民办高校教师职业幸福感提升策略,最后总结本研究成果并进行讨论。

需要说明的是,本研究的实证部分需要先开展访谈,获取关于结构内涵、水平现状和影响因素的文本资料,然后对这些文本资料进行相应的质性分析;根据质性分析的结果再设计问卷,然后开展问卷调查,获取关于结构内涵、水平现状和影响因素的数据资料;最后,将访谈的文本资料和问卷的数据资料相结合,再逐一分析、回答上述研究问题。因此,本研究实际开展的步骤与分析、回答研究问题的顺序并非完全一致。为了清晰、完整地呈现研究内容的分析过程,本文在结构安排上采取按四个研究问题分章节的顺序逐一展开的做法,在第四章集中阐述访谈和问卷调查的实施情况,后面的章节主要针对研究问题对获取的数据展开具体分析,不再交代数据的获取过程。

研究技术路线图如图 1-1 所示。

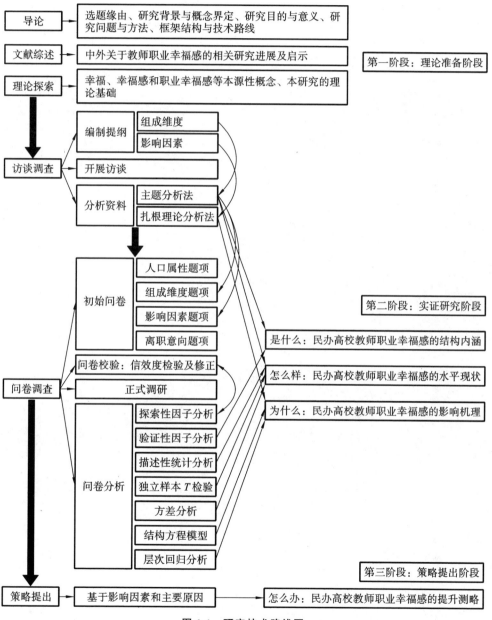

图 1-1　研究技术路线图

第二章 文献综述

教育学界对教师幸福感的关注始于20世纪八九十年代。从国内外关于教师职业幸福感研究的文献来看,学者们对这一概念所使用的名称呈现出多样化的特点,主要有教师幸福感、教师综合幸福感、教师专业幸福感、教师工作幸福感、教师职业幸福感、教师幸福、教师的幸福等,甚至在很多文献中也用"教师主观幸福感"指代教师职业幸福感。有学者指出,因为"教师"本身是一个职业名词,"教师幸福(感)"这个概念容易使人误解为"教师的幸福(感)",而"教师的幸福(感)"不仅仅指教师的职业幸福,还包括其家庭幸福等,"教师幸福(感)"和"教师的幸福(感)"等概念会混淆教师的自然人身份和职业人身份。所以,使用"教师职业幸福感"这一术语更为准确和严谨。[①] 为了研究的严谨性,本研究使用"教师职业幸福感"这一名称,但搜索相关文献时则使用上述相关名称作为检索词。

笔者于2023年1月18日和2025年3月11日两次以"教师"和"幸福"为篇名检索词,在中国知网、维普、万方、读秀学术搜索、超星图书等中文学术数据库,以teacher+well-being 和 teacher+wellbeing 为篇名检索词,在 Web of Science、SpringLink、ScienceDirect、ProQuest、EBSCO 等外文学术数据库搜索期刊论文、硕博士论文和图书,发现中外学界对教师幸福这一主题的研究在2002年以前相对较少,在2002年经济合作与发展组织(OECD)实施"有效教师的吸引、发展与留任项目"后明显增加,并持续至今。以中国知网上面的中文硕博士论文和 ProQuest 上面的外文硕博士论文数量变化(见图2-1)为例,第一篇外文硕博士论文出现于2002年,第一篇中文硕博士论文出现于2003年,从2006年以后快速增长,国外相关研究增长尤其迅猛。可以看出,教师幸福这一研究主题自21世纪以来越来越受到关注,迄今仍然是中外学界的一大研究热点。这与教育研究中的人文观照转向、愈发重视教师的精神关怀这一大背景是相一致的。

以国外 SSCI/SCI/A&HCI 期刊论文与博士论文、国内 CSSCI 及中文核心期刊论文与博士论文为主,以中英文专著、教材、论文集等图书为辅,并适当参考中外文普通期刊和硕士论文进行分析,可以看出相关研究日益丰富和深入,研究对象涵盖幼儿教师、小学教师、中学教师、中职教师和高校教师,还有专门针对新手教师和女性教师的幸福感研究;研究内容包括教师职业幸福感的概念定义、现状测量、实现路

---

① 王传金.教师职业幸福研究——以C市的小学教师为例[D].上海:上海师范大学,2008.

图 2-1 "教师幸福"主题中外文硕博士论文数量变化图

径、支持条件等方面;研究视角从教育学不断扩大到心理学、社会学、经济学和哲学,运用多学科理论对教师职业幸福感进行综合分析;研究方法从最初的理论思辨和简单的量化测量发展到质性研究,以及量化与质性相结合的混合研究。

总体上看,已有文献主要以公办学校教师为研究对象,关于民办(私立)学校教师职业幸福感的研究相对较少;目前学界对民办(私立)学校教师职业幸福感还知之甚少,远不如对公办学校教师职业幸福感的了解。因此,本章将重点从教师职业幸福感较为重要的四个方面,即"是什么——教师职业幸福感的结构内涵""怎么样——教师职业幸福感的水平现状""为什么——教师职业幸福感的影响因素""怎么办——教师职业幸福感的提升策略",对已有的中外重要文献进行综述,分析研究进展和不足,找出可研究的空间,论证本研究的必要性和重要性,并为本研究的设计和开展提供参考。

一、教师职业幸福感内涵结构的相关研究

幸福是非常复杂的问题,幸福感极具主观性,所以教师职业幸福感的概念既具有复杂性又具有主观性。正因为如此,教师职业幸福感的概念定义和结构内涵迄今没有形成一致的观点。已有研究主要从定义内涵和组成维度两个方面进行探讨。

(一)教师职业幸福感的定义内涵

教师职业幸福感涉及"教师职业幸福"和"教师职业幸福感"两个概念,教师职业幸福感是教师对职业生活中的幸福的感受和体验。

对于教师职业幸福,学者们普遍认为是教师在职业生活中的一种积极或良好的生存状态,对其界定主要从幸福感的"实现论"和"快乐论"两大流派展开。其中,偏向"实现论"的定义注重教师职业理想的实现;偏向"快乐论"的定义则强调教师的愉悦情绪;还有的定义将两者兼顾。比如,偏"实现论"的定义,檀传宝认为,教师职业幸福是教师在自己的教育工作中自由实现自己的职业理想的一种教育主体生存状态。[①] 偏"快乐论"的定义,爱尔特曼(Aelterman)等认为,教师职业幸福是教师的个人需要和期望与众多具体环境因素之间和谐的一种积极情绪状态。[②] 两者兼顾的定义更多一些,比如,陈艳华认为,教师职业幸福是教师在自己的教育工作中,基于对幸福的正确认识,通过自己的不懈努力,自由实现自己的职业理想、实现自身和谐发展而产生的一种自我满足、自我愉悦的生存状态。[③] 王传金提出,教师职业幸福是教师在教育工作中,实现自己的职业理想、体味人生价值并获得自身发展的精神愉悦状态。[④] 曹众认为,教师职业幸福是教师在正确认识幸福的基础上,通过自己的不懈努力实现自己的职业理想,实现自身和谐、自由发展而产生的一种自我满足、自我愉悦的生存状态。[⑤]

对于教师职业幸福感,学者们也做出了诸多界定,基本上均涉及教师对自身职业幸福状态的感受和体验。比较有影响力的主要有以下几种。高延春认为,教师职业幸福感是教师在自己的教育工作中,自身的职业理想得到一定程度实现时产生的一种自我满足感和自我愉悦感。[⑥] 肖杰认为,教师职业幸福感是教师以自身的标准对所从事的工作产生的持续稳定的快乐体验。[⑦] 刘次林认为,教师职业幸福感主要是指工作给教师带来的快乐感和满足感,在这个过程中教师能够实现自己的职业理想和潜能,需要也能得到满足。[⑧] 苗元江、朱晓红、赵姗等认为,教师职业幸福感就是教师能自由发挥潜能、满足自我物质性和精神性需要、实现自我理想和自身价值的体验。[⑨] 爱克顿(Acton)和格拉斯哥(Glasgow)认为,教师职业幸福感是教师在与同事和学生协作过程中形成的个人对专业成就感、满意感、目标感和愉悦感的一种感受。[⑩] 经济合作与发展组织(OECD)对于教师职业幸福感的定义是:教师从教育工作

---

① 檀传宝. 论教师的幸福[J]. 教育科学,2002(1):39-43.

② Aelterman A, Engels N, Van Petegem K, et al. The wellbeing of teachers in flanders: the importance of a supportive culture[J]. Educational Studies, 2007, 33(3):285-297.

③ 陈艳华. 谈教师的幸福[J]. 济南大学学报(社会科学版),2003(1):78-81.

④ 王传金. 教师职业幸福研究——以C市的小学教师为例[D]. 上海:上海师范大学,2008.

⑤ 曹众. 中小学音乐教师职业幸福感研究[D]. 长沙:湖南师范大学,2011.

⑥ 高延春. 谈教师幸福的特点及其实现[J]. 教育与职业,2006(14):71-73.

⑦ 肖杰. 小学教师职业幸福感的调查与思考——以大庆小学教师为例[D]. 上海:华东师范大学,2004.

⑧ 刘次林. 幸福教育论[M]. 北京:人民教育出版社,2003.

⑨ 苗元江,朱晓红,赵姗,等. 追寻卓越——教师幸福感探究[J]. 中小学心理健康教育,2011(18):4-7.

⑩ Acton R, Glasgow P. Teacher wellbeing in neoliteral contexts: a review of the Literature[J]. Australian Journal of Teacher Education, 2015, 40(8):99-114.

中所获得的意义感和满足感,具体而言就是教师对与工作和职业相关的环境在认识、情绪、健康和社交等方面做出的反应。① 这些界定均强调了"感"的含义,即教师对职业生活中良好生存状态的感受和体验。

可以看出,中外学者对教师职业幸福和教师职业幸福感的定义虽然存在一定差异,但有一个共同点,就是均指向教师职业生活中的一种积极或正面的情感,这是幸福(感)的核心;只不过不同学者强调的侧重点不同就出现了不同的定义,有的强调教师的主观幸福感,有的强调教师的心理幸福感,有的则强调教师的社会幸福感。这也说明,教师职业幸福感包含多个方面的内容。因此,为了对教师职业幸福感这一概念有更深入、更具体的理解,不少学者尝试将其分解为不同的组成维度,从剖析其内在结构的角度探索其内涵意蕴。

(二) 教师职业幸福感的组成维度

中外学者从理论演绎或者实证归纳的路径提出了教师职业幸福感不同的组成维度,构建了不同的概念框架,并对中小学教师、幼儿教师和高校教师的职业幸福感组成维度进行了探讨。针对中小学教师或者以中小学教师为调查对象的研究最多,比较有影响力的主要有以下几种。霍尔姆斯(Holmes)较早提出,教师职业幸福感包括生理幸福感、情绪幸福感、心理和智力幸福感、精神幸福感。② 德祖卡(Dzuka)和达尔伯特(Dalbert)将教师职业幸福感分为三个维度:总体生活满意度、积极情绪和消极情绪。③ 此后,国外研究教师职业幸福感开始从多学科对其概念进行界定。范·霍恩(Van Horn)等将教师职业幸福感分为情感幸福感、社交幸福感、专业幸福感、认知幸福感、身心幸福感。④ 科利(Collie)等将教师职业幸福感分为工作量幸福感、组织幸福感和学生互动幸福感。⑤ 经济合作与发展组织(OECD)基于在全球的调查和以往的文献提出了四维度教师职业幸福感概念框架,主要包括认知幸福感、主观幸福感、身心幸福感、社交幸福感。⑥ 伍麟、胡小丽、邢小莉等借鉴图恩·W.塔里斯(Toon W. Taris)等的教师职业幸福感结构框架,并根据中国实际情况构建与验证了中小学教师职业幸福感模型,包含五个维度:情感(主观情感、工作满意、组织承诺和情感衰竭)、动机(抱负、能力、自主性)、社会支持(学生、同事、领导三方面的支持)、

---

① OECD. The Teachers' well-being conceptual framework: contributions from TALIS 2018 (OECD Teaching in Focus, No. 30)[M]. Paris: OECD Publishing, 2020.

② Holmes E. Teacher well-being: looking after yourself and your career in the classroom[M]. London: Routledge Falmer, 2005.

③ Dzuka J, Dalbert C. Student violence against teachers[J]. European Psychologist, 2007, 12(4): 253-260.

④ Van Horn J E, Taris T W, Schaufeli W B, et al. The structure of occupational well-being: a study among Dutch teachers[J]. Journal of Occupational & Organizational Psychology, 2004, 77(3): 365-375.

⑤ Collie R J, Shapka J D, Perry N E, et al. Teacher well-being: exploring its components and a practice-oriented scale[J]. Journal of Psychoeducational Assessment, 2015, 33(8): 744-756.

⑥ Viac C, Fraser P. Teachers' well-reing: a framework for data collection and analysis(OECD Education Working Papers, No. 213)[M]. Paris: OECD Publishing, 2020.

认知（教师对自己工作状态、职业成就等的认知）和身心幸福（健康及职业病情况）。[①]胡忠英从中外哲学的幸福观中归纳出结构框架，然后通过问卷调查和量化分析验证了小学教师的职业幸福感由教师专业身份认同感、教育教学满意感、人际交往和谐感、职业情境舒适感四维度组成。[②] 还有学者认为，教师职业幸福感的因素包括健康感、自主感、公正感、道德感、成就感、融洽感、归属感[③]，惬意感、满足感、实现感[④]。对于幼儿教师，比较有影响力的维度划分主要有以下几种。王钢通过问卷调查和量化分析验证了幼儿教师的职业幸福感由心理幸福感、情绪幸福感、社会幸福感和认知幸福感四个维度构成。[⑤] 针对高校教师的研究相对较少。张玉柱和金盛华通过访谈构建量表，并使用探索性因子分析和验证性因子分析方法对问卷调查结果进行研究发现，高校教师职业幸福感是一个包括学生发展、友好关系、工作满意、工作成就、工作自主、价值实现的六因子模型。[⑥]

可以看出，中外学者对教师职业幸福感的维度区分，有的侧重于主观体验，有的侧重于潜能发挥，有的侧重于育人价值和职业伦理，提出的概念框架存在一定差异，而且高校教师与中小学教师职业幸福感的结构也有区别。总体来看，教师职业幸福感的组成维度包含教师的正面情感和认知心理。正面情感主要有组织归属感、工作愉悦感、情境舒适感、人际和谐感、主观幸福感等；认知心理主要有身心健康感、工作成就感、工作满意感、工作自主感、职业认同感和自我实现感等。

二、教师职业幸福感水平现状的相关研究

一些调查研究表明教师职业幸福感不高。但教师职业幸福感的水平现状到底如何？有何特征？不同群体教师有何差异？这是讨论提升对策的前提性问题。中外学者对此开展了大量调查研究。研究方法包括质性研究方法、量化研究方法和混合研究方法。有统计显示，国外研究以量化研究方法居多，比例占到90%以上。[⑦] 国内研究尽管没有准确的统计数据，但主要使用自陈式量表法。[⑧] 幸福感测量是探索教师职业幸福感水平现状最直接、最直观的方式。尽管不同研究采用的测量量表不同，对结果难以直接进行比较，但从总体高、中、低及具体维度的一些水平和差异仍然可以获得大致的了解。

[①] 伍麟,胡小丽,邢小莉,等.中学教师职业幸福感结构及其问卷编制[J].心理研究,2008,1(2):47-51.
[②] 胡忠英.教师幸福感结构的实证研究[J].全球教育展望,2015,44(4):86-94.
[③] 吴全华.教师教育生活幸福感的构成与满足方式[J].华南师范大学学报(社会科学版),2008(5):83-91,159-160.
[④] 刘世杰,马多秀.教师教育幸福感的提升路径[J].教育评论,2012(5):36-38.
[⑤] 王钢.幼儿教师职业幸福感的特点及其与职业承诺的关系[J].心理发展与教育,2013,29(6):616-624.
[⑥] 张玉柱,金盛华.高校教师职业幸福感的结构与测量[J].心理与行为研究,2013,11(5):629-634.
[⑦] 裴淼,李肖艳.国外教师幸福感研究进展[J].教师教育研究,2015,27(6):93-98,106.
[⑧] 罗小兰,王静.近十年我国教师主观幸福感研究综述[J].教育学术月刊,2016(12):72-77.

(一) 教师职业幸福感已有测量量表分析

为了准确地测评教师职业幸福感,首先需要确定的就是合理的测量工具。由于学界对教师职业幸福感的组成维度尚未形成一致结论,而教师职业幸福感的测量量表又是根据组成维度设计的,所以目前国内外关于教师职业幸福感的已有测量量表多种多样,很难说哪些量表是权威量表。总体来看,国外对于幸福感、职业幸福感、教师职业幸福感的研究起步较早,开发的测量工具更多、更全,而国内由于从20世纪末才开始研究教师职业幸福感,所以自主研制的本土化测量量表相对较少,大多借用国外量表,或进行一定程度的本土化改造。从使用情况来看,国内外用于测量教师职业幸福感的量表主要有以下四种类型。

第一种,通用型综合量表。这种量表是基于心理学编制的用于测量人的总体幸福感/心理健康的综合性工具,适用于各种职业的人群。比较有影响力的主要有:"Oxford Happiness Inventory (OHI)"[1]、"Campbell Index of Well-being"[2]、"General Well-being Schedule(GWBS)"[3]、"WHO-5 Well-being Index"[4]、"General Well-being: Flourishing Scale"[5]、"PERMA Profiler"[6]、"Mental Health Continuum"[7]、"Memorial University of Newfoundland Scale of Happiness (MUNSH)"[8]、"Warwick Edinburgh mental wellbeing scale(WEMWBS)"[9],以及国内学者苗元江编制的"综合幸福感问卷"[10]。还有以主观幸福感或心理幸福感替代整

---

[1] Argyle M, Martin M, Crossland J. Happiness as a function of personality and social encounters[M]//J P Forgas, J M Innes. Recent advances in social psychology: an International perspective. North Holland: Elsevier Science Publishers, 1989.

[2] Campbell A. Subjective measures of well-being[J]. American Psychologist, 1976, 31(2): 117-124.

[3] Dupuy H J. The general well-being schedule[M]//I McDowell, C Newell. Measuring health: a guide to rating scales and questionnaire. 2nd ed. Oxford: Oxford University Press, 1977.

[4] World Health Organization, Regional Office for Europe. Wellbeing measures in primary health care: the depcare project[R]. Copenhagen, Denmark WHO Regional Office for Europe, Report on a WHO Meeting, Stockholm, 12-13 February 1998.

[5] Diener E, Wirtz D, Tov W, et al. New well-being measures: short scales to assess flourishing and positive and negative feelings[J]. Social Indicators Research, 2010, 97(2): 143-156.

[6] Butler J, Kern M L. The PERMA-Profiler: a brief multidimensional measure of flourishing[J]. International Journal of Wellbeing, 2016, 6(3): 1-48.

[7] Keyes C L M, Wissing M, Potgieter J P, et al. Evaluation of the mental health continuum[J]. Clinical Psychology & Psychotherapy, 2008, 15(3): 181-192.

[8] Albert K, Stones M J. The measurement of happiness: development of the memorial university of newfoundland scale of happiness(MUNSH)[J]. Journal of Gerontology, 1980(6): 6.

[9] Stewart-Brown S L, Platt S, Tennant A, et al. The Warwick-Edinburgh mental well-being scale (WEMWBS): a valid and reliable tool for measuring mental well-being in diverse populations and projects[J]. Journal of Epidemiology & Community Health, 2011, 65(Suppl 2): A38-A39.

[10] 苗元江. 心理学视野中的幸福——幸福感理论与测评研究[D]. 南京: 南京师范大学, 2003.

体幸福感的量表，比如"Ryff's Scale of Psychological Wellbeing"①，"Scale of Emotional Habitual Subjective Well-being"②，以及国内学者邢占军编制的"中国城市居民主观幸福感量表"③等等。

第二种，通用型分维度量表。这种测量工具由幸福感各个组成维度的测量量表混合而成，也适用于各种职业的人群。比较典型的分维度测量量表主要有："Maslach Burnout Inventory（MBI）"④，"Positive and Negative Affect Schedule（PANAS）"⑤，"Satisfaction with Life Scale（SWLS）"⑥，"Utrecht Work Engagement Scale（UWES）"⑦，"Job Satisfaction Scale"⑧，"Perceived Stress Scale"⑨，等等。在具体的测量过程中将这些分维度测量量表搭配使用。

第三种，教师幸福感综合量表。在国内外关于教师职业幸福感研究的文献中，教师幸福感、教师综合幸福感、教师工作幸福感、教师职业幸福感等术语基本上是通用的，甚至在很多文献中用"教师主观幸福感"指代教师职业幸福感。所以，尽管研究者开发教师职业幸福感测量量表时所使用的名称稍有差异，量表的功能和适用范围却是基本相同的。这类量表主要有："Teacher Wellbeing Scale"⑩，"Teachers' Wellbeing"⑪，"Teacher Affective Wellbeing"⑫，"The School Wellbeing Profile"⑬，

---

① Ryff C D. Happiness is everything, or is it? explorations on the meaning of psychological well-being [J]. Journal of Personality and Social Psychology, 1989, 57(6): 1069-1081.

② Dzuka J, Dalbert C. Vývoj a overenie validity škál emocionálnej habituálnej sub-jektívnej pohody (SEHP)[J]. Československá Psychologie, 2002, 46(3): 234-250.

③ 邢占军. 中国城市居民主观幸福感量表的编制研究[D]. 上海：华东师范大学, 2003.

④ Maslach C, Jackson S E, Leiter M P. Maslach burnout inventory manual[M]. 3rd ed. Palo Alto: Consulting Psychologists Press, 1996.

⑤ Watson D, Clark L A, Tellegen A. Development and validation of brief measures of positive and negative affect: the PANAS scales[J]. Journal of Personality and Social Psychology, 1988, 54(6): 1063-1070.

⑥ Diener E, Emmons R A, Larsen R J, et al. The satisfaction with life scale[J]. Journal of Personality Assessment, 1985, 49(1): 71-75.

⑦ Schaufeli W B, Salanova M, Gonz'alez-Rom'a V, et al. The measurement of engagement and burnout: a two sample confirmatory factor analytic approach[J]. Journal of Happiness Studies, 2002(3): 71-92.

⑧ Caprara G V, Barbaranelli C, Borgogni L, et al. Efficacy beliefs as determinants of teachers' job satisfaction[J]. Journal of Educational Psychology, 2003, 95(4): 821-832.

⑨ Cohen S, Kamarck T, Mermelstein R. A global measure of perceived stress[J]. Journal of Health Social Behavior, 1983, 24(4): 386-396.

⑩ Collie R J. understanding teacher well-being and motivation: measurement, theory, and change over time [D]. Vancouver: University of British Columbia, 2014.

⑪ Parker P D, Martin A J. Coping and buoyancy in the workplace: understanding their effects on teachers' work-related well-being and engagement[J]. Teaching and Teacher Education, 2009, 25(1): 68-75.

⑫ Warr P B. The measurement of well-being and other aspects of mental health[J]. Journal of Occupational Psychology, 1990(63): 193-210.

⑬ Konu A, Lintonen T. School wellbeing in grades 4-12[J]. Health Education Research, 2006, 21(5): 633-642.

"Teacher Subjective Wellbeing Questionnaire(TSWQ)"①、"PISA 2021 Teacher Questionnaire"②，以及国内学者编制的"中学教师职业幸福感量表"③、"高校教师职业幸福感问卷"④、"中国中小学教师综合幸福感测评量表"⑤，等等，还有不少博士和硕士论文作者自编的教师职业幸福感测评量表。

第四种，教师幸福感分维度量表。这种测量工具与第二种类似，但主要由适用于教师的各种幸福感维度测量量表组成。有代表性的分维度测量量表主要有："Teacher Stress Scale"⑥、"Teacher Self-Efficacy Scale"⑦，以及国内学者编制的"中小学教师职业倦怠量表"⑧，等等，而且这种量表经常与通用型分维度量表搭配使用。

上述四种幸福感测量量表极大地丰富了教师职业幸福感测评手段，有助于人们客观评估教师职业幸福感的高低程度。其中，第一种和第三种属于综合性量表，侧重于幸福感的完整性；第二种和第四种是合成式量表，侧重于幸福感的某些方面，具有各自的优势和特点。正是由于当前测量量表的多样性，尤其是测量内容和指标、计分方法的差异，导致使用不同量表测评的不同教师群体，甚至是同一教师群体的职业幸福感难以做具体的比较，有时使用不同量表测评同一教师群体的职业幸福感还会出现较大的差异。另外，第一种和第二种是普遍适用于一般人群的幸福感测量量表，没有涉及教师职业的情景性和独特性，对教师群体的特征关注不够，也就降低了这两种量表的适用性和准确性。第四种是教师职业幸福感不同方面量表的合成，但教师职业幸福感毕竟是一个完整的概念，拼凑的量表合在一起可能难以反映其完整性和内在逻辑联系，导致这种合成的量表缺乏有效性和准确性。因此，相对而言，第三种量表测量教师职业幸福感最为适切，它既注重幸福感概念的完整性，又考虑到教师职业情景的特殊性，测量的有效性和准确性相对较高。但是，这种完整性和准确性又是相对的，不存在适用于所有教师群体的、绝对权威的量表，这是因为不同群体教师的职业幸福感结构是不完全相同的，而测量量表的结构又是根据职业幸福

---

① Renshaw T L, Long A C, Cook C R. Assessing teachers' positive psychological functioning at work: development and validation of the teacher subjective wellbeing questionnaire[J]. School Psychology Quarterly, 2015,30(2):289-306.

② Viac C, Fraser P. Teachers' well-being: a framework for data collection and analysis(OECD Education Working Papers, No. 213)[M]. Paris:OECD Publishing,2020.

③ 伍麟,胡小丽,邢小莉,等.中学教师职业幸福感结构及其问卷编制[J].心理研究,2008,1(2):47-51.

④ 张玉柱,金盛华.高校教师职业幸福感的结构与测量[J].心理与行为研究,2013,11(5):629-634.

⑤ 姚茹,孟万金.中国中小学教师综合幸福感量表的编制[J].教育研究与实验,2021(4):88-96.

⑥ Boyle G J, Borg M G, Falzon J M, et al. A structural model of the dimensions of teacher stress[J]. British Journal of Educational Psychology,1995,65(1):49-67.

⑦ Schwarzer R, Jerusalem M. Scales for measuring teacher and student characteristics: documentation of the psychometric procedures of the scientific evaluation of the pilot project "Self-Effective Schools"[M]. Berlin: Freie Universität Berlin,1999.

⑧ 伍新春,齐亚静,余蓉蓉,等.中小学教师职业倦怠问卷的进一步修订[J].中国临床心理学杂志,2016,24(5):856-860.

感的结构来设计的。通用型量表只能笼统地反映教师职业幸福感的大致情况,要想准确地测量一个教师群体的职业幸福感,就需要采用根据其职业幸福感的结构而开发的有针对性的量表。

可以看出,已有关于教师职业幸福感的测量量表都有自身鲜明的特色,要么注重幸福感概念的完整性,要么侧重教师职业情景的特殊性。但是,有些测量量表并没有把教师职业幸福感的结构与影响因素区分开,测量的并不是幸福感的水平而是其影响因素;同时,这些量表主要是根据中小学教师职业幸福感的组成维度设计的,并不完全适用于高校教师群体。对民办高校教师职业幸福感结构内涵的探索是编制量表的前提,只有深入、准确地弄清民办高校教师职业幸福感的组成维度,才能开发出合适的量表,对民办高校教师职业幸福感的测量和评价才是客观的、准确的。这些量表均经过实践检验,具有较好的信度和效度,量表中绝大部分题项可以较为准确地反映某个维度或概念的含义,设置的问题可以满足对幸福感维度或子概念探索的需要。所以,这些量表在设计思路和具体题项方面可为本研究的问卷设计提供参考。

(二)公办学校教师职业幸福感水平现状

关于教师职业幸福感的相关文献较多,且大部分调查研究和实证研究均涉及教师职业幸福感的水平现状,尤其是公办中小学教师和公办高校教师两个群体。通过相关的综述类文章和范围较广的调查研究即可窥见一斑。尽管不同的研究使用的量表和计分系统不尽相同,但经过一定技术处理和折算仍可进行比较。首先,有研究表明,公办中小学教师职业幸福感处于中等或偏上水平,比公办高校教师职业幸福感要低。有学者于2016年对我国前10年关于教师主观幸福感的文献进行统计发现,37.04%的研究显示中小学教师主观幸福感水平较高(中等偏上水平),25.92%的研究显示中小学教师主观幸福感水平一般(中等水平),37.04%的研究显示中小学教师主观幸福感水平较低(低于中等水平);而68.75%的研究表明高校教师主观幸福感水平较高(中等偏上水平),31.25%的研究显示高校教师主观幸福感水平一般(中等水平)[①]。另有学者对2002年至2019年间的51篇研究报告(共包括13600名教师)进行元分析发现,我国教师主观幸福感在逐年下降,均分从2002年的80.63分下降到2019年的73.20分。尤其是中小学教师,他们的主观幸福感比高校教师要低,且随年代下降的趋势更明显。[②]《中国教师发展报告2020—2021:中小学教师职业幸福感发展态势、面临挑战与提升举措》对全国33590名中小学教师进行问卷调查发现,他们的职业幸福感均值为5点计分制的3.68分;如果换算成百分制,则为73.60

---

① 罗小兰,王静.近十年我国教师主观幸福感研究综述[J].教育学术月刊,2016(12):72-77.
② 辛素飞,梁鑫,盛靓,等.我国内地教师主观幸福感的变迁(2002~2019):横断历史研究的视角[J].心理学报,2021,53(8):875-889.

分,与前文结论基本相同,处于中等偏上水平。① 从国外的情况来看,一份对2000年至2019年国际上发表的98篇关于教师职业幸福感的研究论文进行统计的综述文章显示,大部分教师的总体职业幸福感处于中等偏上水平。② 这一发现可以通过一项具体的调查得到验证。2018年,一项对286名意大利中学教师开展的调查显示,38.70%的教师的职业幸福感较高,53.10%的教师处于中等水平,8.20%的教师的职业幸福感较低。③ 其次,有研究显示,高校教师职业幸福感水平处于中等偏上水平。2017年在徐州开展的一项高校教师职业幸福感调查显示,男教师得分为77.83±15.50,高于全国常模水平;女教师得分为72.38±14.90,与全国常模水平持平。④ 2020年,一项对河南省地方本科高校249名教师开展的调查则显示,他们的职业幸福感总体上属于中等水平,但没有给出具体的分值。⑤

从上述分析可以看出,国内外公办学校教师的职业幸福感总体上处于中等偏上水平,其中高校教师的职业幸福感比中小学教师稍高。从历史变化的角度看,教师职业幸福感有随年代不断下降的趋势。但是,不同研究的结论存在一定差异。

(三)民办学校教师职业幸福感水平现状

中外关于民办(私立)学校教师职业幸福感的研究整体上偏少,高质量的调查研究就更少,迄今没有检索到国外关于私立学校教师职业幸福感水平的高质量论文。国内研究的方法仍然以量化为主,因此通过梳理相关的调查研究可以获得相关的信息。我国的民办学校大体可以分为民办中小学和民办高校,这两者虽然办学体制基本相同,但两种学校的教师职业幸福感水平存在差异。首先,研究表明,民办中小学教师的职业幸福感居于中上等水平。2013年,一项在湖南省14个市州对1630名民办中小学校教师开展的调查显示,教师主观幸福感均值超过理论均值,43.92%的教师认为自己幸福,36.24%的教师选择一般,19.84%的教师表示不幸福。⑥ 2019年,一项对5所民办小学的341名教师进行的调查显示,43.60%的教师感到非常幸福或者幸福,45.50%的教师认为一般,只有10.90%的教师感觉不幸福或者不太幸福。⑦

---

① 李广,柳海民,梁红梅,等.中国教师发展报告2020—2021:中小学教师职业幸福感发展态势、面临挑战与提升举措[M].北京:科学出版社,2022.

② Hascher T,Waber J. Teacher well-being:a systematic review of the research literature from the year 2000-2019[J]. Educational Research Review,2021(34):100411.

③ Capone V,Petrillo G. Mental health in teachers:relationships with job satisfaction, efficacy beliefs, burnout and depression[J]. Current Psychology,2018,39(5):1757-1766.

④ 王霞,张开利,张付芝,等.高校教师主观幸福感的实证分析[J].当代教育科学,2017(9):28-32.

⑤ 刘亮军,郭凤霞.高校教师主观幸福感与教学质量的关系——基于中部省域地方本科高校教师的实证研究[J].高教探索,2020(8):94-100.

⑥ 杨敏.民办学校教师主观幸福感的实证研究——以湖南省为例[J].湖南科技大学学报(社会科学版),2013,16(3):177-181.

⑦ 雷莹子.民办小学教师职业幸福感研究——以江西省宜春市为例[D].南昌:江西科技师范大学,2019.

另有学者对民办中学教师和公办中学教师的职业幸福感进行对比研究。一项于2017年对昆明市117名民办中学教师和191名公办中学教师开展的调查研究显示，教师主观幸福感的均值分别为百分制的69.74分和74.10分，处于中等偏上水平，且公办中学教师的主观幸福感总体上高于民办中学教师。[①] 其次，已有研究对民办高校教师职业幸福感的考察存在一定差异。2010年，一项对218名民办高校教师开展的问卷调查发现，他们的幸福感均值为3.29（5点计分制），显著低于事业编制教师。[②] 2020年，一项对河南省176名公办本科高校教师和73名民办本科高校教师开展的调查却显示，民办高校教师的职业幸福感与公办高校教师没有显著差异，均为中等水平。[③] 2020年对252名民办高校教师进行的另一项调查也显示，他们的工作幸福感整体均值为3.08（5点计分制），基本处于中等水平。[④] 采用经济合作与发展组织（OECD）2020年发布的《教师职业幸福感：数据收集与分析框架》中的测量工具，于2021年1月在全国22个省（自治区、直辖市）的58所民办高校对外语教师进行的一次大范围的调查发现，民办高校外语教师职业幸福感均值为3.67（5点计分制），其中身心健康幸福感最低（3.10），且标准差最大，一些教师存在比较严重的失眠、眩晕、疲劳、头疼等身心症状。[⑤]

上述研究表明，民办中小学教师的职业幸福感居于中上等水平，但比公办中学教师要低；而民办高校教师的职业幸福感居于中等偏上水平，从数字上看应该比民办中小学教师的职业幸福感要低。

三、教师职业幸福感影响因素的相关研究

由于教师职业幸福感的组成结构较为复杂，涉及教师个人内在和外部诸多方面，所以其影响因素也纷繁复杂，形成了一个多层次的、庞大的影响因素体系。纵观中外关于教师职业幸福感影响因素的研究文献，所有的影响因素均可归为客观因素和主观因素，这也是历史唯物主义在分析人类社会活动时对参与活动的诸种因素的基本划分。其中，客观因素是不依赖人的精神而存在、不以人的意志为转移，与个人感情和意见无关的事物本来面目，包括教师的人口属性变量因素（如年龄、性别等）和情景性客观因素（比如学校的规模与类别等）；主观因素是个体根据自身的经验和

---

① 李晶.公办中学与民办中学教师主观幸福感的比较研究——以昆明市为例[D].昆明：云南师范大学，2017.
② 孙惠敏,王云儿.民办高校教师身份差异对幸福感的影响研究[J].黑龙江高教研究,2012,30(5):80-83.
③ 刘亮军,郭凤霞.高校教师主观幸福感与教学质量的关系——基于中部省域地方本科高校教师的实证研究[J].高教探索,2020(8):94-100.
④ 徐星星.提升民办高校教师组织支持感与工作幸福感的实证研究[J].当代教育论坛,2020(5):80-88.
⑤ Chen J P,Cheng H Y,Zhao D,et al. A quantitative study on the impact of working environment on the well-being of teachers in China's private colleges[J]. Scientific Report,2022(12):3417.

思维对外界进行判断的一种思考方式,包括教师的个人特质因素(如教师的性格、自我效能感等)和情景感知因素(如教师的工作满意度和对学校氛围的感知态度等)。据此,可以首先构建教师职业幸福感影响因素框架(见表 2-1),然后依次回顾相应的研究文献。

表 2-1 教师职业幸福感影响因素框架

类属	特征	次类属	包含因素
客观因素	不以教师个人意志为转移,与教师个人感情和意见无关的客观事实	人口属性因素	教师的性别、年龄、学历、教龄、职称等
		情景客观因素	学校所处的学段、地理位置和类别,以及学生的层次及构成等
主观因素	教师自身的思维及以此判断教育情景的思考方式	个人特质因素	教师的性格、教育理想、师德、自我效能感、心理资本等
		情景感知因素	工作满意度及对学校工作要求和工作资源的感知态度等

当然,上述不同类属和次类属之间并不是截然孤立和无关的,而是交互、融合的关系。这些因素共同对教师职业幸福感产生影响,而不是某一两个因素起作用,只不过不同的教师群体感知到的具体因素存在强弱程度的不同而已。

(一)客观因素——人口属性因素

幸福感是个人的心理感受,因人而异。已有研究对不同人口属性特征群体教师的职业幸福感进行量化比较时,发现性别等人口属性因素对教师职业幸福感的影响是非常复杂的,不同的研究由于选择样本的差异,得出的结论并不一致,甚至完全相反。

第一,在性别方面,一些研究发现男教师整体上比女教师幸福(如王霞等[1]、Huang & Yin[2] 等);另一些研究则发现女教师整体上比男教师幸福(如姚茹[3]、Yıldırım[4]);还有的研究发现教师总体职业幸福感并无性别差异,只是在职业幸福感的不同维度方面有所区别(如谭贤政等[5]、Mehdinezhad[6] 等)。当然,这些研究抽取

---

[1] 王霞,张开利,张付芝,等.高校教师主观幸福感的实证分析[J].当代教育科学,2017(9):28-32.
[2] Huang S, Yin H. Teacher efficacy and affective well-being in Hong Kong: an examination of their relationships and individual differences[J]. ECNU Review of Education, 2018(2):102-126.
[3] 姚茹.中国中小学教师幸福感现状调查与教育建议[J].中国特殊教育,2019(3):90-96.
[4] Yıldırım K. Main factors of teachers professional well-being[J]. Educational Research and Reviews, 2014,9(6):153-163.
[5] 谭贤政,卢家楣,张敏,等.教师职业活动幸福感的调查研究[J].心理科学,2009,32(2):288-292.
[6] Mehdinezhad V. Relationship between high school teachers' wellbeing and teachers' efficacy[J]. Acta Scientiarum Education, 2012,34(2):233-241.

的调查对象存在较大的差异,有幼儿园和小学教师,也有中学和中职教师,还有高校教师;有沿海发达城市的教师,也有落后山区的教师;有教师地位和收入较高的国家的教师,也有教师地位和收入较低的国家的教师;有刚入职的新教师,也有即将退休的老教师。研究结论出现差异可能与选取的样本不同有关。另外,有研究发现,由于教师在不同的学校或者处于不同的职业阶段,其职业发展空间是有差异的,所以容易出现不同学校和不同职业阶段的男教师或女教师的职业幸福感不同。女教师比较看重教师职业的独特优势,容易有较高的职业幸福感。而男教师在工作中期待更高的薪资待遇、更高的职业目标、更高水平的职业追求,当专业发展空间较小时,其职业幸福感较低;当职业发展空间扩大时,其职业幸福感显著增强。[①] 这说明,整体而言,女教师职业幸福感相对较高且较稳定,男教师的职业幸福感随专业发展空间波动的态势更为明显,在某些职业环境、某个生涯阶段可能非常高,在某些情况下可能非常低。

第二,在婚姻方面,尽管心理学的相关研究表明,在日常生活中已婚人群往往比单身或离婚人群更加幸福,但已有研究在考察教师职业幸福感与婚姻状态的关系时得出了不一致的结论。有的研究发现,已婚教师的总体职业幸福感高于未婚教师(如何根海[②]、Lau 等[③])。但有的研究发现,已婚教师的总体职业幸福感低于未婚教师(如许慧等[④]、公丕民等[⑤])。有的研究发现,婚姻状态对教师总体职业幸福感影响不大,只在某些维度存在差异(如姬杨[⑥]、Liang 等[⑦])。大多数学者认为,已婚教师有稳定的家庭,能够获得更多的情感、经济等社会支持,也更容易获得归属感和成功的保障,所以整体上职业幸福感会更高;但他们可能在精力和身体方面不如未婚教师,所以有时(部分维度)职业幸福感未必高于未婚教师,尤其是跟刚入职的未婚新教师相比。

第三,在年龄和教龄方面,国内研究和国外研究的结论差异较大。国外研究发现,教师的年龄/教龄与职业幸福感的关系呈现出四种形式:不相关(如 Mehdinezhad[⑧])、正

---

① 邓涛,李燕.专业发展空间对教师职业幸福感的影响:基于有调节的中介模型[J].现代教育管理,2021(9):81-89.

② 何根海.高校教师工作满意度问题的实证研究[J].国家教育行政学院学报,2013(4):3-9,1.

③ Lau P S, Wang B, Myers J E. Measuring the wellness of secondary school teachers in Hong Kong: adaptation of the Chinese 5F-Wel[J]. Measurement and Evaluation in Counseling and Development, 2017, 50(1-2):89-108.

④ 许慧,黄亚梅,李福华,等.认知情绪调节对中学教师职业幸福感的影响:心理资本的中介作用[J].教育理论与实践,2020,40(29):25-27.

⑤ 公丕民,博世杰,李建伟,等.高校教师主观幸福感研究[J].中国健康心理学杂志,2008(1):32-33.

⑥ 姬杨.高校教师主观幸福感及与人格特征的关系研究[D].长春:东北师范大学,2007.

⑦ Liang J L, Peng L X, Zhao S J, et al. Relationship among workplace spirituality, meaning in life, and psychological well-being of teachers[J]. Universal Journal of Educational Research, 2017(6):1008-1013.

⑧ Mehdinezhad V. Relationship between high school teachers' wellbeing and teachers' efficacy[J]. Acta Scientiarum Education, 2012, 34(2):233-241.

相关(如 Huang & Yin①)、负相关(如 Yıldırım②)和说不清(如 Pretsch 等③),因此情况相对较为复杂。国内研究对此的结论虽然不完全一致,但基本趋同,认为新教师和老教师的职业幸福感相对较高,中青年教师的职业幸福感最低,呈现 U 型曲线变化特征。例如,2008 年姜艳对苏州地区 870 名小学教师进行问卷调查发现,教师职业幸福感随教龄的增加呈现 U 型曲线变化,工作 0~1 年和 31 年以上的教师职业幸福感最高,而工作 11~20 年的教师职业幸福感最低。④ 2014 年苏勇对 122 名中学教师进行基于日重现法的研究发现,对中学教师幸福感最有影响的人口学变量是教龄,年老教师的幸福感最高,其次是年轻教师,最后是中年教师。⑤ 2020 年李广和盖阔对 31 个省(自治区、直辖市)的 33590 名中小学教师进行调查发现,我国中小学教师职业幸福感发展态势呈"U"字形,纵向动态发展曲折向上。⑥ 总体来看,我国教师职业幸福感随着年龄/教龄的增长大致呈现出"强—弱—强—更强"的变化趋势,年龄/教龄对教师职业幸福感的影响比较显著,且有比较固定的规律。

  第四,在学历方面,已有研究的结论也不一致,有的显示影响显著,有的显示影响不显著。首先,对于中小学教师而言,一项对中学教师⑦和一项对特殊教师⑧开展的调查均显示,学历对他们的职业幸福感影响不显著。另一项对全国中小学教师开展的大规模调查发现,具有硕士研究生学历的教师职业幸福感显著低于高中及以下、博士研究生、中专/技校、大学专科和大学本科学历的老师(具有研究生学历的教师在中学的比例相对更高,具有专科及以下学历的教师几乎均在小学工作)。⑨ 其次,对于高校教师而言,一项对高校女教师开展的混合研究显示,选择"有些幸福"或"比较幸福"的教师本科学历最多(100%),其次是硕士研究生学历(83.3%),博士研究生学历最少(72.7%)⑩,表明教师学历对职业幸福感有一定影响。另一项对高校

---

① Huang S, Yin H. Teacher efficacy and affective well-being in Hong Kong: an examination of their relationships and individual differences[J]. ECNU Review of Education, 2018(2):102-126.
② Yıldırım K. Main factors of teachers professional well-being[J]. Educational Research and Reviews, 2014,9(6):153-163.
③ Pretsch J, Flunger B, Schmitt M. Resilience predicts well-being in teachers, but not in non-teaching employees[J]. Social Psychology of Education, 2012,15(3):321-336.
④ 姜艳.教师职业幸福感研究[J].思想理论教育(上半月综合版),2008(5):75-78.
⑤⑦ 苏勇.基于日重现法的教师幸福感研究[J].教育研究,2014,35(11):113-118.
⑥ 李广,盖阔.中小学教师职业幸福感调查[J].教育研究,2022,43(2):13-28.
⑧ 王姣艳,万谊,王颖.特殊教育教师职业认同对职业幸福感的影响:一个有调节的中介作用机制[J].中国特殊教育,2020(3):35-41.
⑨ 梁红梅,高梦解.专业发展公平感对教师职业认知幸福感影响的实证研究[J].现代教育管理,2021(9):90-98.
⑩ 熊苏春,涂心湄,曾宪瑛.影响高校女教师幸福感因素的探究[J].教育学术月刊,2022(3):104-112.

教师开展的调查表明,教师学历总体上对职业幸福感的影响并不显著。[①] 国外有研究显示,学历与教师职业幸福感呈正相关(如 Veronese 等[②]),但也有研究显示不相关(如 Collie 等[③])。不少学者指出,教育系统非常复杂,选择同一学段、同一类型或相同职业环境的学校考察教师的学历对其职业幸福感的影响可能更有意义。

第五,在职称方面,已有研究的结论也不一致,有的显示影响显著,有的显示影响不显著。首先,对于中小学教师而言,一项对西部山区中小学教师的调查发现,不同职称教师的职业幸福感没有显著差异。[④] 另一项对 15 个城市 1442 名中小学教师的调查则显示,一级职称和二级职称教师的职业幸福感与高级职称教师相比存在显著差异,比后者明显要低。[⑤] 其次,对于高校教师而言,有研究发现职称对教师总体职业幸福感的影响不显著。[⑥] 对于高校女教师而言,并非职称越高职业幸福感就越高。[⑦] 但也有调查显示,不同职称的高校教师在职业幸福感方面存在差异[⑧],高校教师的职业幸福感随着职称的升高而上升,教授的幸福指数得分明显高于助教[⑨]。有不少质性研究表明,初级职称教师刚入教职,期待较多,职业幸福感往往较高,高级职称教师(尤其是正高级)经验丰富,地位较高,职业幸福感也较高;而中间的群体处于努力奋斗时期,他们面临的各种压力较大,所以职业幸福感相对较低。这与对教师年龄/教龄的研究结论基本一致,即表现为"强—弱—强—更强"的 U 型曲线变化特征。

上述分析表明,教师的人口属性特征对其职业幸福感的影响是非常复杂的,因研究对象的学段、地域、职业环境等因素的不同而呈现出不同的甚至相反的结论。相同人口属性特征的教师,因学校的地域、层次、类型等职业环境不同,职业幸福感可能存在较大的差异。所以,考察教师的人口属性特征对职业幸福感的影响应该考虑教师所处的独特职业环境才更有意义。另外,已有研究较少涉及民办高校这一独特的职业环境。民办高校教师的人口属性特征与他们的职业幸福感之间存在什么样的关系?已有研究还不能完整、准确地回答这一问题。因此,有必要探索在民

---

①⑥ 刘亮军,郭凤霞.高校教师主观幸福感与教学质量的关系——基于中部省域地方本科高校教师的实证研究[J].高教探索,2020(8):94-100.

② Veronese G,Pepe A,Dagdukee J,et al. Teaching in conflict settings:dimensions of subjective wellbeing in Arab teachers living in Israel and Palestine[J]. International Journal of Educational Development,2018(61):16-26.

③ Collie R J,Shapka J D,Perry N E,et al. Teacher well-being:exploring its components and a practice-oriented scale[J]. Journal of Psychoeducational Assessment,2015,33(8):744-756.

④ 朱海,宋香,周云,等.职业压力对西部山区中小学教师主观幸福感的影响:有调节的中介模型[J].心理与行为研究,2022,20(1):115-121.

⑤ 姚茹.中国中小学教师幸福感现状调查与教育建议[J].中国特殊教育,2019(3):90-96.

⑦ 熊苏春,涂心湄,曾宪瑛.影响高校女教师幸福感因素的探究[J].教育学术月刊,2022(3):104-112.

⑧ 蔡玲丽.高校教师职业幸福感的影响因素及增进策略[J].教育理论与实践,2010,30(36):39-41.

⑨ 王蓓,苗元江,黄海蓉,等.高校教师幸福感现状及影响因素[J].医学研究与教育,2011,28(3):49-54.

办高校这个职业环境中,教师的职业幸福感在性别、婚姻状态、年龄、学历、职称等人口属性变量方面具有何种差异。这也是研究民办高校教师职业幸福感的重要一环。

(二) 客观因素——情景客观因素

与教师相关的情景客观因素主要涉及学校、年级和学生,这也是不以教师意志为转移的一种客观存在,同时也会对教师职业幸福感产生影响。已有研究对不同学校、不同年级和不同学生特征的教师职业幸福感的差异进行了一些探索,但整体而言结论不完全一致。这些研究对学校的客观情况,比如学段、地域、学校性质等特征的关注更多一些。首先,在学段方面,结论不一致。比如,一项对上海337名中学、小学、幼儿园教师开展的主观幸福感影响因素调查表明,教师的主观幸福感水平随学段从幼儿园、小学、初中到高中不断增高而提升,并且小学/幼儿园教师的主观幸福感水平明显要低于高中教师。[①] 另一项在全国开展的大规模调查却发现,小学教师的职业幸福感水平最高,其次是初中教师,高中教师最低,而且小学教师的职业幸福感显著高于中学教师。[②] 国外的研究显示,学段与教师职业幸福感之间存在不相关、正相关、负相关和说不清等多种情况。这些结论不一的研究说明,学段这个单一变量对教师职业幸福感的影响非常有限。其次,在地域方面,结论也是不一致的。比如,上述大规模调查还显示,我国乡村教师的职业幸福感显著高于城市教师、县城教师和乡镇教师。另一份对广东省663名中小学教师实施的调查则表明,在城镇学校任职的教师和在乡村学校任职的教师在职业幸福感上没有显著差异。[③] 可见,学校的地理位置对教师职业幸福感的影响也不是绝对的。再次,在学校性质方面,大多数研究发现民办学校教师职业幸福感低于公办学校教师。比如,一项对深圳市9所小学(其中公办学校5所、民办学校4所)的400名在岗教师进行调查发现,深圳市小学教师的职业幸福感处于中等偏上水平,公办学校教师的职业幸福感显著高于民办学校教师。[④] 另一项对昆明市117名民办中学教师和191名公办中学教师开展的调查也显示,昆明市中学教师的主观幸福感处于中上等水平,且公办中学教师的主观幸福感总体上高于民办中学教师。[⑤] 国外有研究表明,私立学校教师的身份对其职业幸福感具有负面影响。一项采用总体幸福感量表对印度北部50名公立中学教师和私立中学教师开展的调查显示,65%的教师表示职业幸福感较低,其中私立中学

---

① 崔云.教师主观幸福感影响因素的调查研究[J].上海教育科研,2016(7):56-60.
② 李广,柳海民,梁红梅,等.中国教师发展报告2020—2021:中小学教师职业幸福感发展态势、面临挑战与提升举措[M].北京:科学出版社,2022.
③ 李清,李瑜,张旭东.中小学教师工作压力对心理生活质量的影响:心理弹性、自尊的中介作用[J].中国健康心理学杂志,2021,29(2):217-230.
④ 李吉.群体参照与小学教师职业幸福感——基于深圳的实证调查[J].教育学术月刊,2014(12):58-65.
⑤ 李晶.公办中学与民办中学教师主观幸福感的比较研究——以昆明市为例[D].昆明:云南师范大学,2017.

教师比公立中学教师更低,前者的压力和责任更大。在高校层次,尽管目前有一项小样本量的调查显示民办高校教师与公办高校教师的职业幸福感没有显著区别[①],但更多的研究认为,民办高校教师由于权益得不到保障,总感觉"低人一等",处于高校教师队伍的底部位置(如景安磊[②]、卢威等[③]),民办高校教师的幸福感显著低于公办高校教师[④]。综合这些研究成果来看,学校的办学性质对教师职业幸福感具有显著影响,民办学校教师职业幸福感要低一些。

此外,还有研究考察学校规模、班级规模、任教科目和任教年级等情况对教师职业幸福感的影响,但均出现不同结论。总体上看,已有研究探讨客观的教育情景对教师职业幸福感的影响,由于所选样本等因素的差异性,得出的结论并不一致,而且不同的客观情景因素对教师职业幸福感的影响程度也不一样。但是,已有研究仍然可以为不同客观情景下的教师职业幸福感的研究提供参考。另外,有一点基本上是可以肯定的,那就是已有研究能够表明民办学校与公办学校的性质对教师的职业幸福感具有显著影响,与公办学校教师相比,民办学校教师的职业幸福感要低一些,这与前面的结论是一致的。

(三)主观因素——个人特质因素

幸福感在本质上是个体的一种主观心理感受,因此带有强烈的主观性。个人特质在很大程度上影响着个人的主观感受,也必然会影响幸福感体验。综合中外研究来看,影响教师职业幸福感的教师个人特质因素主要集中在师德、性格与心态、专业发展、心理资本等方面。

第一,在师德方面,相关研究的结论比较一致,即均认为教师德性是教师职业幸福感最重要的影响因素。有学者从教师幸福的本质内涵界定出发,认为教师幸福是一种以德性能力为灵魂的主体心性能力,而师德作为教师师性与德性契合而成的一种内在品性,正是教师幸福的心性基础。因此教师要获得职业幸福感就必须有德性作为引导和支撑,师德修养和德性成长的过程就是教师职业幸福能力提升的过程。[⑤]还有学者认为,尚德敬业是教师幸福感的灵魂和精髓,师德师风和专业发展是教师幸福感特有的行业标配[⑥],师德不仅是教师职业道德的外在要求,更是教师获得职业

---

① 刘亮军,郭凤霞.高校教师主观幸福感与教学质量的关系——基于中部省域地方本科高校教师的实证研究[J].高教探索,2020(8):94-100.

② 景安磊.民办高校教师权益实现的问题、思路和措施[J].国家教育行政学院学报,2014(12):63-67.

③ 卢威,李廷洲.走出体制吸纳的误区:增强非营利性民办高校教师职业吸引力的路径转换[J].中国高教研究,2020(10):62-68.

④ 孙惠敏,王云儿.民办高校教师身份差异对幸福感的影响研究[J].黑龙江高教研究,2012,30(5):80-83.

⑤ 沈又红,黎钰林.教师幸福:一种基于师德的心性能力[J].湖南师范大学教育科学学报,2008(3):66-69,120.

⑥ 姚茹,孟万金.中国中小学教师综合幸福感量表的编制[J].教育研究与实验,2021(4):88-96.

成长的职业幸福感的内在需要①。一项对15个城市的1442名中小学教师进行的调查表明,专业理念与师德是教师幸福感元素中较靠前的元素。②还有学者提出,师德不仅是教师职业幸福感的重要内容,也是提升教师职业幸福感的主要手段。③ 在韩国曾有人对115名特教教师开展过一项师德与幸福感关系的研究,通过问卷调查和路径分析发现,教师的师德能够显著预测幸福感,师德与幸福感之间呈正相关。④ 这些研究实际上均体现了"德福一致"的哲学观点。一个人如果没有美德,就不可能获得幸福,人生的幸福体现在个人的善行之中,人不断提升个人美德的过程就是追求幸福的过程。教师也只有不断加强师德修养,才能获得职业幸福。

第二,在性格与心态方面,相关研究的结论不完全一致。2016年一项有300名内蒙古自治区高校青年教师参与的研究显示,在教师职业幸福感所有的影响因素中,个人因素比学校和社会因素的影响力更大,这说明内在人格特质对主观幸福感起决定性作用。⑤ 但是,在具体的性格方面,相关研究出现了不一致的结论。2007年在长春市开展的一项有250名教师参与的高校教师主观幸福感与人格特质关系的研究表明,教师的外向性格与正性情感、自述幸福感呈显著正相关,而精神质和神经质与之呈显著负相关。⑥ 但是,2018年一项以不同国家的大、中、小学语言教师为样本,以"大五人格"量表和积极心理学幸福感量表为测量工具的研究则显示,性格与教师职业幸福感之间存在不同的相关性,外向性与幸福感不相关,宜人性和情绪稳定性相关性最高,责任感和开放性也显著相关。⑦ 这说明中外研究的结论还有分歧,对于外向性格与幸福感之间是何关系还没有形成一致的观点。相对于性格,心态对幸福感的影响比较明晰。心态是指个体对事物发展的反应和理解表现出不同的思想状态和观点。有什么样的心态,就会对事情采取什么样的态度。心态可以分为积极心态和消极心态。积极心态是个体对待自身、他人或事物的积极、正向、稳定的心理倾向。⑧ 有学者提出,积极心态是综合幸福感的内核,也是教师幸福感的源泉和机制,积极向上的心态和善于心理平衡是确保教师幸福的调节杠杆。⑨ 2012年在挪威乡

---

① 周慧梅,班建武,孙益,等.高校师德考核办法存在的问题及对策建议——基于BJ市59所高校考核办法的文本分析[J].教师教育研究,2020,32(6):40-46.
② 姚茹.中国中小学教师幸福感现状调查与教育建议[J].中国特殊教育,2019(3):90-96.
③ 黄羽新.新时代教师职业幸福感提升思考[J].中学政治教学参考,2021(3):82-84.
④ Kim S-Y, Lim Y-J. Virtues and well-being of Korean special education teachers[J]. International Journal of Special Education, 2016, 31(1):114-118.
⑤ 王海娟.内蒙古高校青年教师主观幸福感与人格特质、职业认同的关系研究[J].内蒙古师范大学学报(教育科学版),2018,31(11):43-46.
⑥ 姬杨.高校教师主观幸福感及与人格特征的关系研究[D].长春:东北师范大学,2007.
⑦ MacIntyre P D, Ross J, Talbot K, et al. Stressors, personality and wellbeing among language teachers[J]. System, 2019(82):26-38.
⑧ 王铁征.积极心态对教师思想政治教育的促进意义[J].中国教育学刊,2021(S2):147-148.
⑨ 姚茹,孟万金.中国中小学教师综合幸福感量表的编制[J].教育研究与实验,2021(4):88-96.

村、城镇不同学校开展的一项研究显示,教师如何看待学校的氛围(心态)比学校的氛围本身更加重要,这些看法极大地影响着教师职业幸福感。[①] 近年来兴起的积极心理学主张开发人的积极心理素质以增进幸福感,也说明了积极心态对幸福感的重要影响。这些研究均表明,积极心态对教师职业幸福感起到至关重要的促进作用。

第三,在专业发展方面,已有研究的结论比较一致,即教师的专业发展与职业幸福感呈正相关,二者是双向互哺的关系。有学者提出,教师专业发展是获得职业幸福感的重要路径和载体[②],教师专业成长的过程是教师不断追求更高层次的职业幸福的过程[③]。一项对广州市1390名教师进行问卷调查和11位教师进行个案访谈的研究表明,教师的专业发展有助于教师更好地感悟到自己的价值,并由此产生一种满足感、愉悦感和幸福感。[④] 如果教师专业水平低下而又得不到发展,其就难以感受到教师幸福,即使有幸福感,也必然是空洞的、难以持久的。从个人角度来讲,教师要想获得专业发展,就必须参加教研活动。已有不少研究表明,教师的专业能力与职业幸福感呈正相关,即专业能力越强职业幸福感就越高(如熊万曦等[⑤])。熊川武认为教研是教师幸福之源,教研促使教师得到专业发展,增添工作胜任感和成就感,从而获得满足感和幸福感。[⑥] 一项对加拿大1343名新教师开展的实证研究表明,参加专业学习的教师与没有参加专业学习的教师在职业幸福感方面呈现较大差别,参加专业学习的教师的职业幸福感明显要高出很多。[⑦] 但是,教师要获得专业发展,一方面取决于教师个人的意愿,这是属于教师个人层面的主观因素;另一方面还取决于学校提供的机会,这是属于学校层面的情景因素。其中,教师个人的主观意愿起到非常大的作用。

第四,在心理资本方面,中外学者针对不同维度开展了大量研究,并取得了一致的结论,即教师积极心理资本与其职业幸福感水平呈正相关。心理资本是个体在成长和发展过程中表现出来的一种积极心理状态,是促进个人成长和绩效提升的心理

---

① Burns R A, Machin M A. Employee and workplace well-being: a multi-level analysis of teacher personality and organizational climate in Norwegian teachers from rural, urban and city schools[J]. Scandinavian Journal of Educational Research, 2013, 57(3): 309-324.

② 张倩,王红,吴少平. "主题引领的双微机制":让教师在专业成长中提升职业幸福感[J]. 中小学德育,2022(5):47-50.

③ 冯建军. 教育幸福:教师专业发展的重要维度[J]. 人民教育,2008(6):23-26.

④ 熊少严. 教师如何在专业成长中实现职业幸福——基于对广州市教师的调查[J]. 上海教育科研,2013(11):40-43.

⑤ 熊万曦,高文心,陈志文. 优秀人才在县域普通高中何以能"招得进、教得好、留得住"——以国家公费师范生教师为例[J]. 教师教育研究,2022,34(2):61-68.

⑥ 熊川武. 教研是教师幸福之源[J]. 上海教育科研,2004(5):1.

⑦ Kutsyuruba B, Godden L, Bosica J. The impact of mentoring on the Canadian early career teachers' well-being[J]. International Journal of Mentoring and Coaching in Education, 2019(4): 285-309.

资源。总体上看,许多研究均发现心理资本对教师职业幸福感有正向预测作用(如李亚云[①]、Soykan等[②]),其影响效应非常复杂,可以作为自变量,也可以作为中介变量,还可以作为调节变量[③]。从心理资本的不同维度看,已有研究显示,教师的自我效能感(如Zee & Koomen[④])、心理韧性(如Pretsch等[⑤])、情绪智力(如田瑾等[⑥])、自我管理(如Mattern等[⑦])等与职业幸福感呈显著正相关。

另外,还有研究探讨了其他的一些教师个人内在因素,但结论基本上均显示会对教师职业幸福感产生显著影响。可以看出,尽管中外研究对个别因素的结论不完全一致,但是绝大部分教师主观性的个人特质对教师职业幸福感有着显著影响,这是由人的性格等心理因素影响人的感受而决定的,是自然人的心理活动过程在教师职业中的体现。与此同时,纵观已有研究,研究对象有幼儿教师和中小学教师,以及公办高校教师,但是没有民办高校教师。民办高校教师个人特质对其职业幸福感有着什么样的影响?有没有什么特别之处?哪些因素影响显著?对这些问题还需要进一步探索。通过扩大研究对象的方式可以完善教师个体特质影响职业幸福感的相关理论,同时也为提升民办高校教师职业幸福感奠定理论基础。

(四)主观因素——情景感知因素

情景感知因素是教师在职业生活中对教师的心理活动和职业幸福感能够产生重要影响的外部环境和条件,教师对这些环境和条件的感知和评价是主观的,是因人而异的,这是与学校层次和学校性质等客观情景因素的重要区别。从已有研究来看,这些情景感知因素大体上可以分为学校因素、政府因素和社会文化因素,三者之间相互关联、互相影响。其中,探讨学校因素的研究成果较多,这说明学校的工作环境是学界关注的重点。

首先,学校因素纷繁复杂。已有研究显示,对教师职业幸福感产生影响的学校因素涉及学校的方方面面,包括工资待遇、工作负荷、管理方式、人际关系氛围、培训

---

① 李亚云.心理资本在高校教师职业幸福感与工作绩效间的中介作用[J].西北师大学报(社会科学版),2018,55(4):125-129.

② Soykan A, Gardner D, Edwards T. Subjective wellbeing in New Zealand teachers: an examination of the role of psychological capital[J]. Journal of Psychologists and Counselors in Schools, 2019, 29(2):130-138.

③ 靳娟.我国高校教师心理资本研究综述[J].中国政法大学学报,2021(5):65-73.

④ Zee M, Koomen H M Y. Teacher self-efficacy and its effects on classroom processes, student academic adjustment, and teacher well-being: a synthesis of 40 years of research[J]. Review of Educational Research, 2016, 86(4):981-1015.

⑤ Pretsch J, Flunger B, Schmitt M. Resilience predicts well-being in teachers, but not in non-teaching employees[J]. Social Psychology of Education, 2012, 15(3):321-336.

⑥ 田瑾,毛亚庆,田振华,等.变革型领导对教师幸福感的影响——社会情感能力与师生关系的中介作用[J].教育学报,2021,17(3):154-165.

⑦ Mattern J, Bauer J. Does teachers' cognitive self-regulation increase their occupational well-being? the structure and role of self-regulation in the teaching context[J]. Teaching and Teacher Education, 2014(43), 58-68.

进修等,就是广义上的学校工作环境。工作环境的质量已被证明是幸福感重要的驱动力量。[1] 学校工作环境本身是一个非常广泛的概念,近年来中外不少学者以工作要求-资源(JD-R)理论[2]为分析框架,将学校工作环境分为工作要求和工作资源两大类。其中,工作要求需要教师不断付出身体的和心智的努力,并往往会付出一定的生理/心理代价;相反,工作资源则是给教师提供的物质、精神和心理支持,以激励他们实现个人发展和工作目标。[3] 研究表明,工作要求增加教师负向情绪、降低工作满意度,而教师拥有的工作资源具有促进工作要求达成的功能,有助于降低工作要求对工作压力的触发程度,因而调节了工作要求与职业幸福感之间通过工作压力带来的影响。[4] 在工作要求方面,过重的工作任务会降低教师幸福感[5],对教师的考核评价可以促进教师不断改进教学以保证教学质量,但过多过严的考核评价会给教师带来较大的工作压力和较低的工作满意度[6]。高校教师的工作压力主要来自四个方面:工作-生活平衡方面的,比如较长的工作时间,家庭冲突,经济状况,个人健康状况等;组织机构方面的,比如工作任务量,角色冲突,缺乏支持,要求发表论文和科研成果的职称晋升,缺乏信任,缺乏回报和认可等;高等教育市场化方面的,比如各种大学排名转到教师身上的考核评比;其他方面的,比如政府的支持力度,技术的发展,资金来源等。[7] 研究显示,我国高校教师面临着较高的工作要求,致使职业幸福感大打折扣[8],约44%的教师认为教学工作量超负荷,缺乏积极的效能感及幸福体验。[9] 在工作资源方面,较高的工资待遇能够提高教师的生活质量,给教师带来物质和精神上的享受与满足。一项在全国开展的调查显示,在提高教师职业幸福感方面,工

---

[1] Cazes S, Hijzen A, Saint-Martin A. Measuring and assessing job quality: the OECD job quality framework(OECD Social, Employement and Migration Working Papers, No. 174)[M]. Paris: OECD Publishing, 2015.

[2] Bakker A B, Demerouti E. Job demands-resources theory: taking stock and looking forward[J]. Journal of Occupational Health Psychology, 2017, 22(3):273-285.

[3] Skaalvik E, Skaalvik S. Job demands and job resources as predictors of teacher motivation and well-being[J]. Social Psychology of Education, 2018, 21(5):1251-1275.

[4] 梁文艳. 工作要求、工作资源与教师的工作满意度——基于上海教师教学国际调查数据的实证研究[J]. 教育研究, 2020, 41(10):102-115.

[5] Bermejo-Toro L, Hernández-Franco V, Prieto-Ursúa M. Teacher well-being: personal and job resources and demands[J]. Procedia-Social and Behavioral Sciences, 2013, 84(2):1321-1325.

[6] Von der Embse N, Sandilos L, Pendergast L, et al. Teacher stress, teaching-efficacy, and job satisfaction in response to test-based educational accountability policies[J]. Learning and Individual Differences, 2016(50):308-317.

[7] Ohadomere O, Ogamba I K. Management-led interventions for workplace stress and mental health of academic staff in higher education: a systematic review[J]. Journal of Mental Health Training, Education and Practice, 2021, 16(1):67-82.

[8] 张伟. 高校教师学术动机:一个亟须深入探索的研究领域[J]. 中国人民大学教育学刊, 2022(2):16-32.

[9] 张继明. 大学教师学术职业发展的现实境遇及其治理之困——基于H省的调查研究[J]. 湖北社会科学, 2022(5):148-155.

资待遇问题依然是教师反映较为集中的焦点问题,他们对现行的工资水平与工资结构表现出不满意,认为劳动与回报之间长期处于失衡状态。① 国外的研究也表明薪资水平与教师离职率密切相关。② 高质量的培训进修可以使得教师提高专业能力,从而更好地完成工作任务,也是重要的工作资源。③ 领导和同事的认可、良好的关系和社会支持能够帮助教师克服困难、不断取得成就,从而提高教师的成就感和幸福感,也是重要的工作资源。④ 有研究证明,组织支持感和民办高校教师职业幸福感呈显著正相关。⑤ 还有研究发现,教师的工作自主权,是教师的一项基本心理需求和重要的工作资源⑥;教师对工作的控制、对信息的获取、督导支持、创造性的学校氛围和社交氛围也是重要的工作资源⑦。2020年,经济合作与发展组织(OECD)基于已有的研究文献和全球的调查,指出影响教师幸福感的工作要求主要有工作任务量、学生构成、考核评价、办公条件、角色冲突和学生的纪律状况,工作资源主要有工作自主权、培训与发展机会、考评反馈指导、来自领导与同事的社会支持。⑧ 这些研究表明,对教师职业幸福感产生影响的工作要求和工作资源是多种多样的,不同的研究对于主要因素的结论基本一致,但因研究对象的不同也存在细微差别。

其次,政府因素较为根本。政府制定的许多法律法规和政策制度,看似与教师职业幸福感并不直接相关,但实则有着根本性的影响。有学者指出,要增进教师的主观幸福感,首先要深化教育制度改革,改变以升学率衡量中小学教师教育水平的评价制度,改革教师晋升考核制度,给教师创造宽松的环境,缓解教师的心理压力;同时必须坚决杜绝拖欠、克扣教师工资等各种不法现象,建立相应的法律法规体系来保证对教育的投入,使教师在维护自己的权益方面有法可依。⑨ 对于高校教师,也有学者认为单一科研导向的教育评价体系迫使他们脱离"以人为本"的教学工作,而将大量的精力投入学术科研,这种本末倒置的现状使得他们难以宁静地追求工作的

---

① 李广,盖阔.中小学教师职业幸福感调查[J].教育研究,2022,43(2):13-28.

② Imazeki J. Teacher salaries and teacher attrition[J]. Economics of Education Review,2005,24(4):431-449.

③ OECD. TALIS 2018 results(Volume Ⅰ):teachers and school leaders as lifelong learners[M]. Paris:OECD Publishing,2019.

④ Cazes S,Hijzen A,Saint-Martin A. Measuring and assessing job quality:the OECD job quality framework(OECD Social,Employment and Migration Working Papers,No. 174)[M]. Paris:OECD Publishing,2015.

⑤ 徐星星.提升民办高校教师组织支持感与工作幸福感的实证研究[J].当代教育论坛,2020(5):80-88.

⑥ Skaalvik E,Skaalvik S. Does school context matter? relations with teacher burnout and job satisfaction[J]. Teaching and Teacher Education,2009,25(3):518-524.

⑦ Hakanen J,Bakker A,Schaufeli W. Burnout and work engagement among teachers[J]. Journal of School Psychology,2006,43(6):495-513.

⑧ Viac C,Fraser P. Teachers' well-being:a framework for data collection and analysis[M]. Paris:OECD Publishing,2020.

⑨ 邓坚阳,程雯.教师主观幸福感的影响因素及其增进策略[J].教育科学研究,2009(4):70-72.

内在价值,更难以体验到"教书育人"的职业幸福感。① 一份对美国加州 114 名高校教师的调查显示,教育当局的经费预算减少会使得他们工作负荷加重、成就感降低、跟学生交流压力变大,并出现较高程度的情绪衰竭。② 我国民办高校教师的职业幸福感受国家政策的影响也较为明显。当前,民办高校教师的幸福感显著低于公办高校教师。③ 民办高校师资队伍建设所面临的核心困境是民办高校教师、公办高校教师身份差距过大,而民办高校教师要想突破这一身份困境面临着诸多制度阻碍,其中法人制度不健全、社会保障制度不完善、权利救济制度建设滞后是主要的外部制度阻碍。④

再次,社会文化因素不容小觑。社会文化因素是更为外层的宏观系统,从教师地位与尊严等方面深刻地影响着教师职业幸福感。国外一项研究发现,社会文化对教师形象和能力的期望对教师幸福感有很大的影响。因此要想提高教师职业幸福感,首先要弄清楚社会文化对教师的角色期望到底是什么。⑤ 在中国传统认知和评价习惯中,我们喜欢用"蜡烛""园丁"等词汇凸显教师的职业道德和奉献精神,强调教师作为道德楷模的社会文化角色,关注教师职业素质和专业水平的提升,却忽略教师个体作为生命存在的自我价值诉求以及追求幸福生活和更高生命质量的权利。⑥ 尤其是在倡导"一切为了学生,为了一切学生,为了学生的一切"的教育理念下,社会和家长将教师视为"神",强调教师应该具有超人的奉献精神,以为教师无所不能。神圣化的教师媒体道德形象,使教师背上了沉重的道德负担,在某种程度上影响了其人生的健全发展和生活质量的不断提高。⑦ 有学者指出,如果全社会都用"圣人"的标准去要求教师,势必形成一种幸福观的文化心理强势,迫使教师知其不可为而为之,小心翼翼地维护着世人设定的幸福标准——清高、节制,甚至扭曲自己的内心意愿,舍弃正当的世俗欲求,舍弃追求幸福的日常生活过程,企图以"圣人"的幸福来代替凡人的幸福,从而使幸福失去现实生活的根基,掏空个人幸福的现实内容。⑧ 与此同时,当教师的表现不符合社会的期望时,社会就会诘难甚至污名化教

---

① 孙彬.高校教师职业幸福感缺失原因与路径探析[J].江苏高教,2018(2):43-46.
② Jones L, Hohman M, Mathiesen S, et al. Furloughs and faculty management of time: maintaining quality in an economic crisis[J]. Journal of Social Work Education, 2014, 50(2):334-348.
③ 孙惠敏,王云儿.民办高校教师身份差异对幸福感的影响研究[J].黑龙江高教研究,2012,30(5):80-83.
④ 王玲.我国民办高校教师突破身份困境的制度阻碍与解决策略[J].济南大学学报(社会科学版),2019,29(3):150-156,160.
⑤ Borja A P. Phenomenology of education stakeholders about teacher competencies in New Orleans and Sri Lanka: implications for teacher well-being[D]. New Orleans: Tulane University, 2013.
⑥ 苏勇.基于日重现法的教师幸福感研究[J].教育研究,2014,35(11):113-118.
⑦ 班建武.教师媒体道德形象的影响及原因、对策分析[J].教师教育研究,2007(6):28-32.
⑧ 张道理,华杰,李晓燕.教师职业幸福感的缺失与重建[J].黑龙江高教研究,2010(12):108-111.

师。社会舆情,尤其是自媒体的"泛污名化"是中小学班主任职业幸福感的弱化之源。① 这种强大的社会舆论压力会无形地增加教师的职业压力和焦虑情绪,从而影响教师的职业幸福感。另外,受传统文化心态影响,社会对民办高校和民办高校教师的认同度还比较低,这导致民办高校教师在社交场合感觉"低人一等",职业幸福感下降。民办高校的发展受到较大制约,观念认同是首当其冲的挑战,社会应该承认民办高校的重要地位。② 有学者指出,很多家长认为民办高校的办学质量远不及公办高校,对于营利性民办高校更是不认可,这对一些教育质量好的民办高校非常不公平。事实上,近年来很多民办高校的办学质量、师资队伍已经有了很大的改善,要在全社会提高民办高校教师的认可度及社会地位。③ 这些研究表明,文化传统、社会观念和新闻舆论显著地影响着教师的职业幸福感。

除了上述直接影响因素之外,还有一些研究探讨了中介因素或调节因素。比如,有研究表明,工作投入在教师的自主与职业幸福感之间起到中介作用④,教师的社会情感能力和师生关系也在变革型领导与教师职业幸福感之间起到中介作用⑤,教师的工作满意度在组织学习氛围与教师职业幸福感之间起到中介作用⑥;心理资本在中小学教师的情绪工作策略与职业幸福感之间起到调节作用⑦,工作-家庭支持在高职教师的工作-家庭冲突与主观幸福感之间也起到调节作用⑧,教师的专业能力在年龄与职业幸福感之间也起到调节作用,专业能力仅预测年轻教师的职业幸福感,并不能预测年长教师的职业幸福感⑨。这些研究进一步说明,教师职业幸福感的影响因素是复杂多样的。

---

① 张聪.新时代中小学班主任的职业幸福感[J].教育科学研究,2021(12):81-88.
② 罗先锋,窦锦伟,黄延梅.普及化阶段我国民办高校的机遇、挑战与战略选择[J].中国高教研究,2020(9):43-48.
③ 杨程.分类管理背景下民办高校教师队伍建设的困境、归因与对策——基于利益相关者的访谈分析[J].黑龙江高教研究,2021,39(8):87-91.
④ 唐海朋,曹晓君,郭成.自主对教师职业幸福感的影响:工作投入的中介作用[J].教师教育研究,2016,28(1):55-60.
⑤ 田瑾,毛亚庆,田振华,等.变革型领导对教师幸福感的影响——社会情感能力与师生关系的中介作用[J].教育学报,2021,17(3):154-165.
⑥ Shoshani A,Eldor L. The informal learning of teachers:learning climate,job satisfaction and teachers' and students' motivation and well-being[J]. International Journal of Educational Research,2016(79):52-63.
⑦ 刘文令,陈容,罗小漫,等.中小学教师情绪工作策略与职业幸福感:心理资本的调节作用[J].西南师范大学学报(自然科学版),2013,38(12):152-157.
⑧ 李雪松.高职教师工作-家庭冲突与主观幸福感的关系:工作-家庭支持的调节作用[J].职教论坛,2011(24):23-25.
⑨ Collie R J,Shapka J D,Perry N E,et al. Teachers' psychological functioning in the workplace:exploring the roles of contextual beliefs, need satisfaction, and personal characteristics[J]. Journal of Educational Psychology,2016,108(6):788-799.

四、教师职业幸福感提升策略的相关研究

从上述分析可以看出,教师职业幸福感受到多种因素的影响,既有主观因素,又有客观因素。其中,客观因素是不以人的意志为转移而存在的,绝大部分是很难改变的。因此,已有研究关于教师职业幸福感的提升策略主要是针对主观因素提出的,通过改变可以控制的主观因素从而提升教师的职业幸福感。这些主观因素的主体可以归为三个方面:个人、学校和政府。因此,与这些影响因素相对应,可以从个人、学校和政府三个层面对已有的提升策略研究成果进行阐述。

(一)个人层面的提升策略

幸福不仅是一种外在的赋予,更是一种内在的体认[①];不仅是一种状态,更是一种能力。不少学者均指出,教师提升职业幸福感要注重从个人角度加强主体意志和内在心灵的修炼,不断提高适应教育发展的心境和专业能力。

首先,要树立健康向上的人生观和价值观。教师幸福主要是一种精神幸福,因此有学者指出,如果教师不清楚当教师应该追求什么,不能充分认识教师的价值和责任,就容易陷入以单纯的专业思维做教育的误区,也难以找到幸福感。[②] 一项全国范围的调查显示,对教师职业幸福感起主导作用的影响因素均涉及教师的价值观,如教师职业奉献精神、教师职业道德及专业规约等。[③] 所以教师要提升职业幸福感,就要有坚定的教育信念,要有崇高的教育理想和追求,要加强教师职业道德修养,通过奉献实现人生价值。有了这种对职业价值的认识,才会下定为教育事业献身的决心,才能增强教师职业认同感,才会有职业幸福感。[④]

其次,要培养良好的教师职业人格。职业人格是指人作为职业的权利和义务的主体所应具备的基本人品和心理面貌。有学者发现,与自身工作匹配度高的教师职业人格可以为教师积极、良好的工作状态和内心感受提供更为持久的动力[⑤];主动性人格特质的教师群体能够在工作中感受到较强的职业使命感,教师职业使命感能够促使个体找到自己的人生意义与价值,进而拥有更多的幸福感体验[⑥]。教师要具有良好的职业人格,很重要的一条就是要有积极的心理品质。教师具有积极心理品质是获得职业幸福感最重要的基础,培育积极心理品质是提升教师职业幸福感的重要

---

① 曹俊军.论教师幸福的追寻[J].教师教育研究,2006(5):35-39.
② 韦春北.把握好课程思政改革创新的四个维度[J].中国高等教育,2020(9):22-23,56.
③ 李广,盖阔.中小学教师职业幸福感调查[J].教育研究,2022,43(2):13-28.
④ 关荐,勉小丽,王雪玲.资源贫乏地区中小学教师职业认同和工作幸福感的关系[J].教学与管理,2019(3):20-23.
⑤ 连坤予,谢姗姗,林荣茂.中小学教师职业人格与主观幸福感的关系:工作投入的中介作用[J].心理发展与教育,2017,33(6):700-707.
⑥ 查欢欢.中小学教师主动性人格、职业使命感与幸福感的关系研究[D].西安:陕西师范大学,2017.

途径。① 有学者提出,教师要通过参加积极心理健康教育课程来树立积极的教师幸福观,从而增强积极心理品质②,还要学习和掌握ABCDE情绪调节技术,学会运用突出优势练习增进积极情绪管理③。有学者总结,教师要培养的积极职业人格和能力主要有反思能力、管控压力的心态调整策略、情绪管控策略、加入教师学习共同体意愿、以成长的心态看待和解决问题的能力、自我关爱意识、庆祝重大成就与成功的意识等。④ 国外学者尤其强调干预项目的作用,通过培训改变教师的性格和心态。比如,一项为期四周的心理减压和自我关怀干预项目CALMERSS,使得参与的教师提升了职业幸福感。⑤ 澳大利亚教育专家丹妮拉·法勒姬(Daniela Falecki)教授开设Teacher Wellbeing专题网站,常年向教师提供职业幸福感提升培训项目和网络课程。威斯康星大学教授理查德·戴维森(Richard Davidson)总结了提升幸福感干预培训项目的四项关键技能是:专注与注意力管控、积极思维(包括发现自身、他人和生活优点的能力)、韧性(比如情绪管控)、亲社会性(比如慷慨、友善和爱心)。研究表明,教师参加此类培训项目之后,情绪管控能力和心理韧性得到增强,心态更加积极,职业幸福感也得到明显提升。

最后,要有终身发展的意识和行动。教师发展是一个综合性的概念,也是一个复杂的过程。教师发展促使教师不断提高综合素质,完善自我,有助于职业理想的实现,从而获得职业幸福感。如果教师知识储备少,专业水平低,就难以胜任本职工作,工作中也会时常受到挫败,职业幸福感就无从谈起,因此教师必须要注重专业发展。⑥ 教师发展不仅需要有对生命的保护意识,更需要有坚定、完善的个性品格,经过这个复杂的成长过程,教师才能够具有理智与修养、心灵与智慧、气质与品格,从而体现教师幸福的深层次内涵。⑦ 对此,有学者提出教师个体化成长模式,即以教师个人的自觉塑造和终身学习为动力,以彰显教师个体独立性、独特性和主体性为目标,以教师的自我教育、自我学习、自我反思、自我建构为基本路径,以教师个体实现终身发展和职业幸福为价值追求的教师成长模式。⑧ 虽然教师发展需要环境的创设和培训的机会与条件,但是教师自身的努力也是至关重要的。教师自身的修炼是一

---

① 余欣欣,李山. 积极心理品质:教师职业幸福感的基石[J]. 广西师范大学学报(哲学社会科学版),2012,48(2):88-95.
② Rahm T, Heise E. Teaching happiness to teachers-development and evaluation of a training in subjective well-being[J]. Frontiers in Psychology,2019(10):1-16.
③ 兰晶. 基于塞利格曼幸福理论的中小学教师幸福感提升研究[D]. 哈尔滨:哈尔滨师范大学,2020.
④ McCallum F, Price D, Graham A, Morrison A. Teacher wellbeing: a review of the literature[R]. Sydney: Association of Independent Schools of NSW,2017.
⑤ Taylor M J. Using CALMERSS to enhance teacher well-being: a pilot study[J]. International Journal of Disability, Development and Education,2018,65(3):243-261.
⑥ 孙彬. 高校教师职业幸福感缺失原因与路径探析[J]. 江苏高教,2018(2):43-46.
⑦ 刘燕楠,李莉. 教师幸福:当代教师发展的生命意蕴[J]. 教育研究与实验,2019(6):53-56.
⑧ 郭顺峰. 论教师个体化成长及其实现[J]. 当代教育科学,2022(6):73-81.

种极具活力的内在源泉,需要教师追求专业理想、提升专业能力、锤炼专业品格。[①] 对于教师发展,有学者提出,提升专业胜任力是教师职业幸福感提升的永恒动力。教师要主动完善知识体系、明晰专业发展意识、形成专业生活方式、积极享受教育工作,从而实现自我价值,产生提升教师职业幸福感的内在动力。[②] 还有研究显示,教师坚持撰写学习和反思日记,可以直观地看到自己取得的进步,从而提升职业幸福感。[③] 这些研究表明,教师自身要有终身学习、终身发展的理念和意愿,充分运用身边有利的工作资源和机会,积极主动地投身到教育改革和培训进修的潮流中,以实际行动不断提高自己、完善自己,才能更好地完成工作任务、取得工作成就,从而体验到职业幸福。

(二)学校层面的提升策略

正如关于教师职业幸福感学校层面的影响因素的研究文献较多一样,中外学者对学校层面的提升策略的研究也较多。根据工作要求-资源理论,学校层面的影响因素可以分为工作要求和工作资源两大类,已有文献从学校层面提出的提升策略也可以从改进工作要求和优化工作资源两方面进行归纳,其中关于优化工作资源的相关研究成果更多一些。

在改进工作要求方面,已有研究主要从减少教师的工作任务量和优化对教师的考核评价两个环节进行了探讨,提出了相应的对策。工作压力首先来自工作量和工作时间,因此不少研究提出应该减少教师的工作量并缩短工作时间,要优化工作流程,减少非关键工作事务。在美国开展的一项研究表明,教师花费较多的时间在行政事务等非教学工作上,容易导致教师过早离职,因此行政事务应该尽量改由非专业人员处理或由机器自动处理。[④] 国外一项关于教师职业幸福感的综合性研究还提出,学校对于教师的工作量和工作时长应建立审计制度,要详细收集相关的数据并进行等级评定,尽量减掉一些非必要或者没有实质意义的工作(比如每天提交教案),并且投资一定的技术和设备以辅助教师开展工作,或者将部分工作任务进行重新分配。在这个过程中,领导与教师经常沟通并保持协作,以商讨减少工作量和工作时长的途径和方法是至关重要的。[⑤] 我国不少新建高校师资力量不足是导致教师工作量较大的重要原因,因此有学者呼吁要加大教师引进力度,增加教师数量,以减

---

①② 李广,柳海民,梁红梅,等.中国教师发展报告 2020—2021:中小学教师职业幸福感发展态势、面临挑战与提升举措[M].北京:科学出版社,2022.

③ Taylor M J. Using CALMERSS to enhance teacher well-being:a pilot study[J]. International Journal of Disability,Development and Education,2018,65(3):243-261.

④ Tye B,O'Brien L. Why are experienced teachers leaving the profession? [J]. Phi Delta Kappan,2002,84(1):24-32.

⑤ Fox H B. A Mixed methods item response theory investigation of teacher well-being[D]. Washington,D. C.:The George Washington University,2021.

轻现有教师繁重的工作负荷。①② 改进工作要求的另一个方面是优化对教师的考核评价体系。2020年10月发布的《深化新时代教育评价改革总体方案》指明了教师评价的方向。③ 当前,高校单一的科研导向型评价体系影响了教师教书育人的积极性和创造性;因此,应建立客观、合理、科学的,以有利于培养优秀人才为第一目的的教育评价体系,将教学业绩评价、学生发展情况和学校社会服务纳入教育评价体系,突出学生后续发展在教育评价体系中的重要作用。④ 民办高校教师队伍具有一定的独特之处。有学者在进行调查分析的基础上提出,民办高校建立完善的绩效考核体系要从以下三个方面着手:考核前有调研,确保绩效考核工作的针对性和有效性;考核要素和考核目的要明确,确保考核达到激发教师积极性的目的;考核后有反思,保证考核体系公开、公平、公正,既考虑工作需要,又考虑教师的实际发展需要。⑤ 可以看出,尽量减少教师的非必要行政工作,让教师将时间和精力集中在核心的教育教学工作上,并优化考核评价体系,是改进工作要求的主要策略。

在优化工作资源方面,已有研究从学校能够提供的资源方面进行了大量探讨,提出的策略较为集中、一致。有代表性的观点主要包括以下几个方面。首先,要保障并适当提高教师的薪酬福利待遇。虽然教师的工资标准由国家和地方政府确定(民办学校自行确定),但具体的福利和人文关怀由各个学校自主安排和实施。提升教师职业幸福感的重要前提条件是在物质上满足教师的基本需求。只有在物质利益上做到教师的回报和付出基本匹配,才能进一步促进教师对精神需求的探索。⑥ 民办高校的薪酬制度还不完善,有学者在进行实证研究后提出,民办高校要充分调研,确立具有吸引力的薪酬水平;优化薪酬结构,加大绩效工资比例,丰富福利举措;还可以根据教师的个体差异提供灵活的薪酬机制,丰富薪酬补贴形式,激发教师工作活力,以提高教师职业幸福感。⑦ 其次,要完善教师培训进修机制,促进教师专业发展。个体、高校、社会是高校青年教师职业发展支持的主体要素。⑧ 经济合作与发展组织(OECD)在开展TALIS 2018全球教师职业健康状况调查后提出,要加大学校层面的支持,促进教师的专业发展,降低教师的工作压力,提高教师的职业幸福感。具体措施包括提供高质量可持续的专业发展项目,大量支持将信息通信技术融入教学实践,确保有充足的时间让教师参与专业发展,出台创造或者促进教师参与

---

① 王雄.新建应用型本科院校师资队伍建设探讨[J].教育评论,2017(8):120-123.
② 刘美玲,李玮.民办高校高层次人才引进困境分析与对策研究[J].中国成人教育,2016(8):68-70.
③ 王鉴,王子君.新时代教师评价改革:从破"五唯"到立"四有"[J].中国教育学刊,2021(6):88-94.
④ 孙彬.高校教师职业幸福感缺失原因与路径探析[J].江苏高教,2018(2):43-46.
⑤⑦ 徐星星.提升民办高校教师组织支持感与工作幸福感的实证研究[J].当代教育论坛,2020(5):80-88.
⑥ 李广,盖阔.中小学教师职业幸福感调查[J].教育研究,2022,43(2):13-28.
⑧ 于毓蓝.高校青年教师职业发展的支持系统构建[J].人民论坛,2021(36):69-71.

专业发展的激励措施,等等。① 民办高校青年教师的专业发展需要资金的投入、时间的支持、进修学习的机会、丰富的学习资源以及专业的引领,学校管理者要以"用养结合"的思路完善青年教师专业发展路径,要建立职后培训制度,对青年教师实行分类管理,并畅通教师和学校之间的沟通渠道,有针对性地解决教师发展困境。② 当然,教师的培训进修在很大程度上依赖于学校的经费投入,学校要为此建立健全经费保障体系。再次,要加强教师团队建设,形成浓郁的校园合作文化。学校要积极推动建立教师专业学习共同体、教学团队、科研团队、备课小组、师徒帮带等各种形式的教师合作机制,使得教师之间能够加强联系,获得工作支持,并融洽人际关系,从而增强归属感和职业幸福感。根据民办高校的实际情况,有学者提出由引进的学术带头人通过建立学术团队、打造教师学习共同体的方式推动青年教师的专业发展,并引领或督促团队开展科学研究,教研结合,以团队整体的发展带动教师个体的发展。③ 此外,要改进学校治理方式,扩大教师的民主参与。高校治理体系和治理能力现代化的重要标志是法治化、科学化和民主化。④ 有学者针对民办高校教师民主管理权相对虚化的情况提出,督促各民办高校建立教师申诉委员会和监事会,强化工会和教代会的功能,建立民办高校教师听证等制度。⑤ 当然,学校治理的现代化是一个复杂、漫长的过程,其中的很多举措都会影响教师职业幸福感。中外学者从不同角度提出了诸多改进措施,但强调教师民主参与是较为突出的共同呼求。另外,还有学者从其他方面提出了一些具体措施,比如给予教师更多的工作自主权⑥、领导支持⑦等。总体来看,对教师职业幸福感产生影响的学校工作资源是多方面的,在优化工作资源方面的措施也必然是多样化的,这也是值得进一步探讨的研究方向。

（三）政府层面的提升策略

对于政府应该采取哪些措施提高教师职业幸福感,已有研究主要是从完善教育政策的角度进行探讨。首先,应进一步提高教师的工资水平和福利待遇,使经济基础成为教师职业幸福感的保障。一项对我国教师生活满意度从 2007 年至 2018 年的横断历史研究表明,与教师心理健康水平逐年下降的趋势相吻合,教师的生活满意

---

① 唐科莉.增进全球教师职业幸福的政策建议[J].人民教育,2021(7):46-50.
②③ 闫晓丽,王北生.民办高校青年教师专业发展面临的主要矛盾与对策——基于利益相关者理论的分析[J].河南社会科学,2022,30(5):107-115.
④ 张维维,夏菊萍.高校治理体系和治理能力现代化:内涵与途径[J].北京航空航天大学学报(社会科学版),2022,35(4):155-160.
⑤ 杨柳.从民办高校教师流失看其权利保障之完善[J].江西社会科学,2017,37(11):251-256.
⑥ 周浩波,李凌霄.高校教师工作满意度影响因素结构模型的构建——基于18位高校教师访谈的质性分析[J].教育科学,2019,35(4):64-70.
⑦ 叶映华,杨仙芽,罗芳.城市教师社会支持、幸福行为表现与主观幸福感的关系[J].中国临床心理学杂志,2010,18(2):235-237.

度在逐年下降,经济压力是主要原因之一。因此,该研究提出,在绝对收入方面要完善薪酬分配制度,落实教师的医疗、住房和养老保险等福利待遇,在相对收入方面应按多劳多得、优绩优酬原则对教师工资福利进行合理分配。① 对于民办高校教师的待遇,有学者提出政府财政性教育经费也应该进入民办高校,并突破双轨制体系,消除公办、民办社保差距②,并且这种呼声近年来不断增多。其次,应努力拓宽教师专业发展的空间,破除教师专业发展"天花板"现象。有学者提出,政府应进一步扩大面向在职教师的教育硕士、教育博士的招生比例,使他们感受到"想提升,有通道"的自由状态。③ 对于民办高校教师,要切实落实其与公办高校教师同等的法律地位,使他们也能够享受出国留学和国内进修的同等待遇,要根据教师岗位特性设立相匹配的、切实可行的教师培训、人才流动、薪酬待遇、教学科研、奖惩措施等配套制度文件。④⑤ 对此,教育行政部门要牵头制定教师专业发展规划,出台优秀教师激励政策。⑥ 国外的教育行政部门比较重视对教师开展职业幸福感专题培训,从认知⑦、心理调适⑧和练习瑜伽⑨等途径增强他们对职业幸福的感知。再次,应合理确定教师的岗位职责和工作任务量。过重的工作负荷和严格的问责要求是教师工作压力的主要来源,也是负向影响职业幸福感的主要因素,因此教育行政部门有必要增加一些学校的教师编制,以减轻教师的日常工作负担,同时减少不必要的评比和检查活动,让教师能够将主要精力集中在教学工作上。同时,还要扩大教师的工作自主空间,突出教师的主体地位,尊重教师的自主需要,把课堂和教学还给教师,让教师在轻松自主的情绪状态下体验到职业的幸福。⑩ 最后,政府要规范教育政策的制定和实施,在制定过程中要重视与教师的对话,在实施过程中要注重对教师政策的评价与监

---

① 辛素飞,赵智睿,彭海云,等.我国教师生活满意度的变迁趋势及其影响因素——基于横断历史研究的视角[J].教师教育研究,2022,34(3):108-114.

② 景安磊.民办高校教师权益实现研究[M].北京:社会科学文献出版社,2019.

③ 邓涛,李燕.专业发展空间对教师职业幸福感的影响:基于有调节的中介模型[J].现代教育管理,2021(9):81-89.

④ 杨程.分类管理背景下民办高校教师队伍建设的困境、归因与对策——基于利益相关者的访谈分析[J].黑龙江高教研究,2021,39(8):87-91.

⑤ 杨程,周小舟.民办高校青年教师的困境及其破解[J].中国青年社会科学,2019,38(5):100-105.

⑥ 刘亮军,郭凤霞.高校教师主观幸福感与教学质量的关系——基于中部省域地方本科高校教师的实证研究[J].高教探索,2020(8):94-100.

⑦ Taylor M J. Using CALMERSS to enhance teacher well-being:a pilot study[J]. International Journal of Disability,Development and Education,2018,65(3):243-261.

⑧ Rahm T,Heise E. Teaching happiness to teachers-development and evaluation of a training in subjective well-being[J]. Frontiers in Psychology,2019(10):1-16.

⑨ Tamilselvi B,Thangarajathi S. Subjective well-being of school teachers after yoga—an experimental study[J]. Journal of Educational Psychology,2016(4):27-37.

⑩ 柳海民,郑星媛.教师职业幸福感:基本构成、现实困境和提升策略[J].现代教育管理,2021(9):74-80.

控。① 教育政策和制度规定了教师的权利和义务,规范着教师的行为,是教师职业幸福感深层次的影响因素,但只有人性的政策和公平的执行才能为教师在职业幸福感提升的道路上保驾护航,只有政策和制度与教师的需求相契合才能真正提升教师职业幸福感。因此,教育政策在制定过程中要坚持"人本性"原则,与教师充分对话。同时,在教育政策的实施过程中,要关注实际效果,要由教育政策专家进行评价和监控,及时修订和完善相关的教师教育政策。

此外,政府还有责任引导社会对教师职业形成正确的认识,一方面要进一步强化尊师重教的社会风气,另一方面要形成对教师职业的合理期望。教师得到社会的尊重,职业声望得到提升,职业幸福感就能自然提升。② 但与此同时,教师不可能事事达到社会的要求和期望,因此教师更需要社会的理解和关心,全社会应怀有"尊师重教"的态度,发自内心地关心教师,自觉维护和支持教师的形象和地位,给予教师大力的支持和合理的角色期待,教师才能享受到职业幸福。③④ 对于民办高校和民办高校教师而言,他们尤其需要社会的理解和认可。社会大众很容易将民办高校尤其是营利性民办高校看作纯营利机构,认为民办高校教师教学水平不高,对民办高校教师的认可度较低,这严重影响了民办高校教师的社会地位和职业幸福感。因此,有学者呼吁,社会公众要正确认识民办高校,提高对民办高校的认可度,消除对民办教育的偏见,这样才能提升民办高校教师的职业吸引力,增强民办高校教师的安全感和幸福感。⑤ 从广阔的社会视野来看,还需要给教师提供更多的社会支持,对教师的工作要形成"尊师重教"的文化引领和合理的社会期望。媒体对教师要多一些肯定性宣传,不断促进教师社会地位的提高,从而提升教师职业幸福感。

总体来看,政府层面要做的工作还有很多,关键是提高教师的专业地位。已有研究提出的相关措施大部分均需要教育行政部门与高校及全社会共同努力,才能逐步提高教师职业幸福感。

五、研究述评与启示

通过对关于教师职业幸福感研究的中外文献进行系统梳理,可以发现既有研究对教师职业幸福感进行了诸多卓有成效的探索,研究成果日趋丰富。这显示出,教师职业幸福感已经成为教育研究中的热点问题。反思已有的阶段性成果,可以给本研究提供启示。

---

①③ 李广,柳海民,梁红梅,等.中国教师发展报告2020—2021:中小学教师职业幸福感发展态势、面临挑战与提升举措[M].北京:科学出版社,2022.
② 孙彬.高校教师职业幸福感缺失原因与路径探析[J].江苏高教,2018(2):43-46.
④ 张金.小学教师职业幸福感的影响因素及其提升策略[J].当代教育科学,2019(7):52-54,60.
⑤ 杨程.分类管理背景下民办高校教师队伍建设的困境、归因与对策——基于利益相关者的访谈分析[J].黑龙江高教研究,2021,39(8):87-91.

（一）述评

已有研究对于教师职业幸福感尤其是中小学教师职业幸福感的结构内涵、水平现状、影响因素和提升措施的探索取得了大量的成果，使得人们对教师职业幸福感有了基本的认识。比较明显的缺憾是：对于民办高校教师职业幸福感的关注不够、相关研究成果较少；对于民办高校教师职业幸福感的结构内涵还未开始探索；对于民办高校教师职业幸福感水平的测评不一致，缺乏可信度；对于民办高校教师职业幸福感影响因素和提升策略的探索比较主观，不一定符合实际情况，结论的针对性和有效性还有待提高。

对于"是什么——教师职业幸福感的结构内涵"，已有研究进行了多角度的探索，既体现了幸福感概念的普遍含义，又反映了教师职业的特性，但并未形成一个统一的认识和概念。已有研究对教师职业幸福感的界定涉及生理幸福、情感情绪幸福、心理幸福和伦理幸福。这实际上是心理学意义上的主观幸福感、心理幸福感和社会幸福感在教师职业中的映射，既反映了教师主观的快乐感，又体现了教师职业理想和人生价值的实现。这说明，教师职业幸福感的概念是复杂的、多元的，涉及主观幸福感、心理幸福感和社会幸福感的各个方面。同时，已有研究因国别文化的差异、学校层次的差异和研究对象的差异，对教师职业幸福感具体内涵和组成维度的探讨出现了一定分歧。这说明，教师职业幸福感在主观幸福感、心理幸福感、社会幸福感三层框架之内，会在不同的社会文化制度、职业环境和教师群体中衍生出不同的内部要素。幸福感本质上是由文化定位的。① 不同教师群体的职业幸福感是存在差异的。幸福概念所包含的因素必须从经验中来。② 探索教师职业幸福感必须要考虑到教师所处文化环境的差异性，要从教师的亲身体验出发，根据不同群体教师的实际职业生活情景开展经验研究。同时，已有研究的研究对象主要集中在中小学教师和公办高校教师，迄今为止还鲜有研究深入探讨民办高校教师职业幸福感的结构内涵。我国民办高校教师所处的环境具有一定的特殊性。由于在收入水平、社会地位、职业前景等方面与公办高校教师存在一定的差异，他们处于整个高校教师队伍的底部位置。③ 民办高校教师职业幸福感的组成维度和结构内涵是什么样的？与公办高校教师的职业幸福感相比有何区别？这是理解民办高校教师职业幸福感的本源性问题，也是民办高校教师教育发展的重要理论和现实问题。因此，探索民办高校教师职业幸福感的结构内涵具有重要意义。

对于"怎么样——教师职业幸福感的水平现状"，已有研究开发了多元化的教师职业幸福感测量工具，对不同群体教师的职业幸福感进行了测评，展现了教师职业

---

① 高良，郑雪，严标宾.幸福感的中西差异：自我建构的视角[J].心理科学进展，2010,18(7):1041-1045.
② 马建省.浅析康德的幸福观[J].中共郑州市委党校学报，2010(4):21-23.
③ 卢威，李廷洲.走出体制吸纳的误区：增强非营利性民办高校教师职业吸引力的路径转换[J].中国高教研究，2020(10):62-68.

幸福感的现实样态。教师的职业幸福感处于中等偏上水平，其中公办高校教师比公办中小学教师稍高，公办中学教师比民办中学教师稍高，民办中小学教师比民办高校教师稍高。就教师职业幸福感水平高低而言：公办高校教师＞公办中小学教师＞民办中小学教师＞民办高校教师。当然，这只是所抽取样本的整体状况，具体到每个学校、每名教师，则可能与此相异。但是又有调查显示，民办高校教师职业幸福感与公办高校教师并无差异。这说明已有研究得出的结论存在矛盾，还需要进一步澄清。可以肯定的一点是，教师职业幸福感没有达到非常高的水平，仍然有待提高，尤其是民办高校教师的职业幸福感还需要大力提高，还需要更多的研究做理论支撑。另外，由于不同群体教师的职业幸福感的组成维度是存在差异的，而测量量表又是根据幸福感的组成维度设计的，所以测量不同群体教师的职业幸福感应该采用与其组成维度相匹配的测量量表才可能做到准确和有针对性。但是，已有研究关于民办高校教师职业幸福感的测量量表均为通用量表，与测量公办高校教师职业幸福感的量表并无二致。所以，还需要开发适用于我国民办高校教师的、有针对性的教师职业幸福感测量量表，然后以此量表为工具测量民办高校教师职业幸福感的水平现状。

  对于"为什么——教师职业幸福感的影响因素"，中外学者的探讨是较多、较深入的。首先，研究对象覆盖面较广，有幼儿园、中小学和高校不同学段的教师，有大中城市和偏远乡村等不同地区的教师，有不同人口属性特征和不同专业的各类教师。其次，研究内容异彩纷呈，有主观因素和客观因素，有内在因素和外在因素，有教师个人因素、学校因素和社会因素等。再次，研究方法多种多样，有量化研究方法，有质性研究方法，有混合研究方法。但是，纵观已有文献，探索民办高校教师职业幸福感影响因素的相关研究相对较少。在中国知网的中文核心/CSSCI期刊库中仅搜索到 2 篇论文即《民办高校教师身份差异对幸福感的影响研究》[1]和《提升民办高校教师组织支持感与工作幸福感的实证研究》[2]，在硕博士学位论文库中仅搜索到 1 篇硕士学位论文即《民办高校教师职业幸福感影响因素及提升对策研究——以泉州市民办高校为例》。[3] 且这 3 篇论文只是运用量化方法验证某个或某几个因素，未能系统全面、深入细致地探索民办高校教师职业幸福感的影响因素。从已有研究可以看出，教师职业幸福感受职业环境的影响非常显著，教育政策对民办高校教师职业幸福感的影响也比较明显，民办高校教师自身的个体特征与公办高校教师存在一定差异，这表明民办高校教师职业幸福感的影响因素具有独特性。因此，有必要对

---

  [1] 孙惠敏，王云儿.民办高校教师身份差异对幸福感的影响研究[J].黑龙江高教研究，2012，30(5)：80-83.
  [2] 徐星星.提升民办高校教师组织支持感与工作幸福感的实证研究[J].当代教育论坛，2020(5)：80-88.
  [3] 蔡清雅.民办高校教师职业幸福感影响因素及提升对策研究——以泉州市民办高校为例[D].泉州：华侨大学，2015.

民办高校教师职业幸福感的影响因素做系统深入的探索,既为丰富和完善教师职业幸福感相关理论增添素材,也为提升民办高校教师职业幸福感提供依据。

对于"怎么办——教师职业幸福感的提升策略",已有研究从个人层面、学校层面和政府层面进行了全方位的探讨,提出了诸多富有建设性的措施。可以看出,这些措施的根本目标是提升教师的生活质量和生命意蕴,这与教师职业幸福的本质内涵是一致的。正因为提升教师的生活质量和生命意蕴是一个非常复杂的过程,相关的提升措施也就必然是多种多样、全方位的。在已有研究提出的提升措施中,有适用于所有教师的普遍性的措施,也有根据各自研究结论、针对各自研究对象(特定的教师群体)提出的特殊措施。前者解决共性问题,后者解决特性问题,两者互为补充、同等重要。但是从已有研究成果来看,针对特定教师群体的提升措施明显不足,比如乡村教师、民办教师等。其中,关于民办高校教师职业幸福感的提升措施尤其缺乏。在中文核心/CSSCI期刊库和硕博士学位论文库中,仅搜索到2篇中文核心期刊论文和3篇硕士学位论文是专门探讨民办高校教师职业幸福感的,且这5篇文章均是以某所民办高校为研究案例,样本量明显偏小。其他部分高质量文献也涉及民办高校教师职业幸福感,但所提措施的针对性和说服力偏弱。因此,有必要对民办高校教师职业幸福感开展更为系统的研究,提出更有针对性、更有效用的提升措施,才能真正提高民办高校教师的职业幸福感,促进民办高校教师队伍建设和民办高校高质量转型发展。

另外,既有研究在研究方法方面还不够完善,主要进行的是理论思辨和量化分析,质性研究相对较少。幸福感是人的一种主观体验,研究教师职业幸福感应该深入探究教师内心的独特感受。质性研究是在自然情境而非人工控制的实验环境之中,对研究对象进行深入的整体性探究,从原始资料中形成结论和理论,通过与研究对象互动,对其行为和意义建构获得解释性理解的一种活动。因此,采用质性研究方法可以真实地反映教师内心的体验和感受,比较适合用来探索教师职业幸福感,或者说量化和质性混合研究方法应当成为探索教师职业幸福感的主要模式。

总之,民办高校教师作为相对比较独特的群体,其职业幸福感值得进一步深入探究。

(二) 启示

已有研究成果可以为探索民办高校教师职业幸福感提供如下借鉴。

首先,探索民办高校教师职业幸福感的结构内涵要依赖教师的内心感受并进行验证。既往研究显示,不同群体教师的职业幸福感在主观幸福感、心理幸福感和社会幸福感三大范畴内存在具体分维度的差异,而且他们体验到的实际幸福感与研究者定义的教师职业幸福感存在一定差异,表现为更加具体和独特。民办高校教师职业幸福感的结构内涵应该具有一定的独特性。但他们的职业幸福感到底是什么,他们从职业生活的哪些方面感受到了幸福感,不能靠研究者的主观推测和臆断,而要依赖他们基于内心感受的自陈式表达。让他们自己说出来,是最直接、最明白无误的途径。因此,本研究需要采用质性研究方法,通过深度访谈的方式请民办高校教师讲出他们的职业幸福是什么、包含哪些方面、有哪些表现,以及他们从哪里感受到了职业幸福。同时,质性研究的抽样毕竟有限,少数教师的体验还不能说成是广大民办高校教师的普遍感受。样本的自陈式结论还需要通过在民办高校教师中开展大规模调查进行检验,最终经过检验和调整的结果才可以基本上确定为民办高校教师职业幸福感的结构内涵。

其次,了解民办高校教师职业幸福感的现实样态需要进行较大规模的调查研究和编制有针对性的测量量表。既往研究对不同群体教师职业幸福感的现状特征主要以量化研究为主,然后根据教师的人口属性特征进行具体分析。我国民办高校已占全国高校总数的三分之一,民办高校教师占全国高校教师总数的五分之一,因此要想对民办高校教师职业幸福感的现实样态有一个全面基本的了解,需要进行较大规模的问卷调查。比较有利的情况是,我国民办高校虽然数量众多,但学校层次、办学模式和运行机制基本相同,教师队伍的特征区别也不大,所以抽样也就无须面面俱到。另外,既往研究显示,不同群体教师职业幸福感的结构内涵是存在差异的,而有针对性的测量量表是在该群体教师职业幸福感的组成维度的基础上设计的,因此测量民办高校教师职业幸福感需要根据其独特的结构编制相应的量表,并对编制的量表进行信效度检验。也就是说,先弄清民办高校教师职业幸福感的组成维度,再依此编制测量量表,才能调查其水平现状。

再次,弄清民办高校教师职业幸福感的影响因素需要质性和量化研究相结合。既往研究对中小学教师和公办高校教师职业幸福感影响因素的探寻有些采用质性研究方法,取得了较好的成效,其中的关键就是基于教师的内心感受而非研究者的主观推测。与对结构内涵的探索相似,要想弄清民办高校教师职业幸福感的影响因素也需要教师自己讲出内心的真实感受,在职业生活中哪些事情让自己感到快乐(幸福)、哪些事情让自己感到不快乐(不幸福),以及具体的原因,尤其是他们讲述一些感到快乐或不快乐的鲜活事例会更有说服力。有时候,研究者认为的因素事实上并不影响教师的职业幸福感,尤其是对于像民办高校教师这样不为人熟知但又具有一定独特性的群体。因此,需要采用质性研究方法,尤其是深度访谈的数据收集方法和扎根理论的数据分析方法,全面系统、直接直观地总结民办高校教师职业幸福感的影响因素。在此基础上,再采用定量的方法检验不同因素的影响效力强弱程度。既往研究对归纳的影响因素进行统计分析和量化检验时,发现不同的因素存在不同的影响效力,这说明在质性研究归纳出影响因素之后,再进行定量研究以检验影响效力还是非常有必要的。

最后,提出民办高校教师职业幸福感的提升策略要有充分的理论基础和事实依据。既往研究表明,教师职业幸福感的影响因素非常复杂,既有主观因素又有客观因素,既有内在因素又有外在因素,既有可以调整的因素又有无法改变的因素,而且不同群体教师因所处职业生态环境的不同,其影响因素也存在差异。弄清影响因素是提出提升策略的前提,提升策略只有根据可以改变的影响因素提出才有效用和意义。与此同时,教师职业幸福感的结构内涵和现实样态对于提出有针对性的提升策略也有重要作用。既往研究从教师个人层面、学校层面和政府层面提出提升措施较为全面,奠定了措施的基本框架,因此具有重要的参考价值。不同群体教师职业幸福感的提升策略可以在此框架内进一步细化。民办高校教师职业幸福感的研究成果不多,要想提出切实有效的提升策略,就需要先弄清其内涵结构、现实样态和影响因素,即要有充分的理论基础和事实依据,从"是什么",到"怎么样",再到"为什么",最后才到"怎么办",环环相扣,步步深入。

  总之,中外关于教师职业幸福感的研究日益丰富、不断深化,说明教师职业幸福感是一个越来越受到教育研究者重视的热门话题,有其必然的学理价值和实践意义。但是,关于民办高校教师职业幸福感的研究寥寥无几、刚刚起步。已有研究为探索民办高校教师职业幸福感留下了进一步探究的空间和创新可能性,也提供了基本的认识前提和研究思路。

第三章 民办高校教师职业幸福感的理论基础

人文知识的基本问题主要是幸福问题。[①] 但幸福是一个非常复杂的问题。正如康德所言：幸福的概念是如此模糊，以至于虽然人人都想得到它，但谁也不能对自己所决意追求或选择的东西说得清楚明白、条理一贯。[②] 从前面的文献综述可以看出，学界对教师职业幸福感的概念还没有形成一致观点，对教师职业幸福感的水平现状、影响因素和提升策略也存在不同的结论。教师职业幸福感是一个非常复杂的问题。因此，在探讨教师职业幸福感之前，有必要对幸福、幸福感和职业幸福感等更为本源性的概念进行系统的分析与梳理，从学理上厘清它们的内涵、结构、特征等要素。这既是本研究的理论基础，也是必要的逻辑前提。

首先要探讨幸福和幸福感。什么是幸福？什么是幸福感？它们之间的关系是怎样的？学界对此有多种观点。有学者认为：幸福是幸福感的对象，而幸福感是对幸福的感受；幸福是一种客观实在，幸福感则有一定的主观色彩；幸福是人的需要得到满足时的状态，这种满足程度表现了人的生活在客观上达到了一定水平，进入了一种境界，幸福感则是对这种满足的感受。[③] 还有学者提出可从以下四个方面区分幸福与幸福感。第一，幸福是客观的，如家庭美满、工作顺利、身体健康等实实在在存在的现象，带有客观性；而幸福感是对幸福的体验，是个体对自己所处境地的评价，带有明显的主观性，"身在福中不知福"就是一个例子。第二，幸福是他评的，即某人所处的境地幸福不幸福是由他人或者社会评价的；而幸福感是自评的，是每个人对自己状况的评价。例如，别人认为某人很幸福，可他自己并不认为自己很幸福。第三，幸福不一定针对个人，还可以针对人生、人类；而幸福感是针对个人而言的，即幸福感是每个具体的人体验到的幸福的感觉。第四，幸福属于哲学范畴，幸福感属于心理学范畴。[④] 这两种观点均有一定的道理，从某些方面揭示了幸福和幸福感的概念与关系，但两者的内涵和特性比这还要复杂得多，还需要进行更深入的探索。

其次要分析职业幸福感。人类的幸福感从范畴上可以分为两类：一类是基于整

[①] 赵汀阳.知识，命运和幸福[J].哲学研究，2001(8):36-41.
[②] 康德.实践理性批判[M].韩水法，译.北京:商务印书馆，1999.
[③] 上海大学"城市社会转型与幸福感变迁"课题组.城市社会转型与幸福感变迁(1978~2010)[M].北京:社会科学文献出版社，2013.
[④] 刘芳.幸福感研究综述[J].甘肃高师学报，2009，14(1):79-82.

体生活状况的一般幸福感或者总体幸福感(general well-being);另一类是与具体情境相联系的情境幸福感(context-specific well-being),比如婚姻幸福感、家庭幸福感、学习幸福感、职业幸福感。[①] 当然,还可以按照人群分为员工幸福感、大学生幸福感、老年人幸福感、医生幸福感、教师幸福感等。教师职业幸福感属于情境幸福感中的职业幸福感的一种,既有普遍意义的职业幸福感的共性特征,又有教师职业的特殊性。教师首先是人,有着人正常的需要和幸福追求;但教师又是一个较为特殊的职业,是一个以爱为基础、用心交流的职业,需要人格的感召、心灵的滋润和精神的对话,这就决定了教师职业幸福感更加复杂。分析幸福、幸福感和职业幸福感的特点对于探索教师职业幸福感具有重要的启示意义。

从幸福到幸福感,再到职业幸福感,最后聚焦于教师职业幸福感,是一个不断深入和细化的探究过程。

一、幸福

幸福是什么？在汉语中,"幸"的含义是幸运、福气、荣幸、希望和宠爱等,跟"灾"相对;"福"的含义是福气、福利、顺利等,跟"祸"相对。《现代汉语词典(第7版)》对"幸福"的解释是:①使人心情舒畅的境遇和生活;②(生活、境遇)称心如意。既包含人快乐和谐的生存状态,又包含人的愉悦情绪。与汉语"幸福"相对应的英语单词是happiness。《韦氏高阶英语词典》对 happiness 的解释是:①康乐、满足的状态(a state of well-being and contentment);②愉悦或满意的体验(a pleasurable or satisfying experience),也强调人的良好生存状态和积极的情绪体验。幸福是一个古老的话题。可以说,人类的发展史就是一部对幸福的追寻史。从中国的先秦时期、欧洲的古希腊时期开始,先哲们就开始对幸福问题进行不懈的探索。在以后的各个时期,许多思想家对幸福问题加以发展和延伸,使之更加深入和具体,更具理论形态。因此,从幸福概念的源头开始探寻,再分析其维度和特点,可以加深对其内涵的理解。

（一）中西方思想史上的幸福观

追溯中外先哲们对幸福问题的思考,可以为深入探究幸福、幸福感、职业幸福感、教师职业幸福感提供丰富的理论基础和思想来源。

1. 中国思想史上的幸福观

中国古代用"福"这个范畴表示幸福的概念。"福"字最早出现在甲骨文中。黄帝时期负责造字的左史官仓颉将"福"作为祭祀事件的代名词,表示"两手奉尊于示前",人们通过在祭台前面用双手奉上盛酒的器皿而表达愿望与祈求。许慎在《说文解字》中将"幸"与"福"二字连用,谓祈望得福。在汉字"幸"和"福"以及"幸福"形成

---

① Warr P B. A conceptual framework for the study of work and mental health[J]. Work & Stress,1994, 8(2):84-97.

的同时,中国古代先哲们也从春秋后期开始思索和探讨人生的幸福问题,并逐渐形成系统化的幸福观。先秦时期中国古代思想百家争鸣,汉代"罢黜百家",官方推崇儒家学说,民间流传道家思想。汉代之后,佛教从印度传入中国并逐渐成为中国的一种重要思潮。儒、道、佛三家构成了中国思想史上主要的三种人生哲学,至今仍深深影响着人们的幸福观。

儒家的幸福观强调人的德性修养,认为一个人具备了完善的德性便是幸福。这种幸福观强调道德理性对幸福的作用,而不看重感性生活和物质欲望的满足,提倡以理性来支配人的感性欲望,同时强调社会幸福重于个人幸福,这在人类幸福思想史上具有特别的价值。

道家的幸福观主张清静无为,顺其自然。这种幸福观对物质财富等外在事物持淡泊态度,追求的是人的自然本真,注重心灵的沉静,关注人内心的幸福,有助于拓展人的心灵空间、提升人的精神境界。

佛家的幸福观主张超越世俗,以涅槃为乐。这种幸福观主张不仅要关注个体层面的一己幸福,更要关注社会层面的集体幸福,具有重要的社会价值。

从儒、道、佛三家的幸福观可以看出,中国传统哲学对幸福的认识均强调要修身养性,减少物质欲望,以德性取代感性快乐,在追求个体幸福的同时也要积极关注社会幸福。

2. 西方思想史上的幸福观

西方的"幸福"一词最早出现在古希腊语里,并逐步发展出 eudaimonia(幸福)、hedonia(快乐)、utility(功利)、happiness(幸福)、welfare(福利)、quality of life(生活质量)、well-being(幸福感)等一系列概念。古希腊"七贤"之一、雅典人梭伦是西方思想史上较早探讨人生幸福的思想家,他提出的幸福与德性、幸福与财富、幸福与人生命运等问题引发了后来的哲学家们对幸福的深入探究。古希腊罗马时期对幸福与人生的思考全面展开,并形成了以德谟克利特、亚里斯提卜、伊壁鸠鲁等为代表的感性主义幸福观和以苏格拉底、柏拉图、亚里士多德等为代表的理性主义幸福观,这两种幸福观构成了时至今日西方关于幸福认识的基本框架,即快乐论和实现论。从文艺复兴之后,尤其是近代以来西方思想界对于幸福的研究又蓬勃发展,涌现出了霍布斯、洛克、爱尔维修、费尔巴哈、边沁、密尔等主张快乐论和斯宾诺莎、康德、黑格尔、包尔生等主张实现论的一大批哲学家和伦理学家,他们的思想至今深深影响着人们对幸福的认识。

感性主义幸福观强调人的感性欲望的满足,认为人的幸福主要是感官和感觉层面上的自我体验的快乐,因此感性主义幸福观也被称为快乐论。感性主义幸福观根据快乐的主体可以分为两类:一类认为幸福就是单纯的肉体感官上的快乐,或者感官快乐比精神快乐更重要;另一类认为幸福既包括感官快乐也包括精神快乐,而且精神快乐更为重要。前一类的代表人物是亚里斯提卜。亚里斯提卜从自然主义的感觉论出发,认为人生的唯一目的就是快乐,而且肉体的快乐比精神的快乐更迫切、更强烈,只有现实的、眼前的、肉体的快乐才是真实的。因此他主张及时行乐。① 这种观点显然比较极端,把幸福变成了纵欲享乐,所以支持者甚少。更多的感性主义思想家主张精神快乐比感官快乐更重要,至少两者同样重要。德谟克利特指出,"动物只要求为它所必需的东西,而人则要求超过这个","幸福不在于占有畜群,也不在于占有黄金,它的居处是在我们的灵魂之中"。② 他主张,肉体快乐要节制和适度,同时要追求"精神的完善",才能获得幸福。伊壁鸠鲁进一步指出,感性知觉是判断善恶和行为选择的准绳,快乐是人生的最高善和一切取舍的标准,而快乐就是"身体的无痛苦和灵魂的无纷扰"。③ 他一方面把人的幸福建立在物质享受和感官满足的快乐基础之上,另一方面又强调要具有审慎和明智的理性能力,确保精神的快乐。霍布斯提出"连续的快乐"的概念,认为幸福不仅是已得到的快乐,还是对快乐的追求和实现的过程。④ 洛克认为,幸福就是所能享受到的最大的快乐。⑤ 爱尔维修提出,除了感官的快乐之外,幸福还包括预期的快乐,并认为人趋乐避苦的自爱本性决定了只有依靠物质利益才能满足自然欲望,才能获得快乐和幸福。⑥ 霍尔巴赫也承认"幸福只是连续的快乐",并认为幸福的人要满足三个条件:一是精神或灵魂的高尚;二是物质的基本需要得到满足;三是健康的身体。⑦ 费尔巴哈尤其强调爱情和性在幸福中的较大作用。⑧ 功利主义的代表人物边沁和密尔强调"苦与乐"是人的主宰,提出了计算快乐数量和区分快乐质量的具体方法,把感性主义幸福观发展为功利主义幸福观,并且开启了后世对于幸福指数研究的先河。可以看出,感性主义幸福观把趋乐避苦作为人的本性,强调感性快乐对于幸福的重要性。德谟克利特就有这样一句名言:"一生没有宴饮,就像一条长路没有旅店一样。"⑨感性主义幸福观同时又强调,感性快乐要适可而止,幸福还包括精神和灵魂上更高的追求。

理性主义幸福观强调人的精神幸福,认为幸福位于人的灵魂深处,所以理性主义幸福观关注人内在的精神追求和道德完善,而不重视甚至摒弃物质上的享受和满足。理性主义幸福观也被称为实现论。苏格拉底开创了西方理性主义的传统。他有个关于幸福的等式,即理性＝美德＝幸福。他认为,只有有道德的人才是幸福的人,"无论是男人还是女人,只要他们公正、正直,具有良好的道德品行,那么他们就

---

①③ 苗力田.古希腊哲学[M].北京:中国人民大学出版社,1989.
② 周辅成.西方伦理学名著选辑:上卷[M].北京:商务印书馆,1964.
④ 幸玉芳.论霍布斯的幸福观[J].应用伦理研究,2016(1):202-211.
⑤ 罗国杰,宋希仁.西方伦理思想史:下卷[M].北京:中国人民大学出版社,1988.
⑥ 北京大学哲学系外国哲学史教研室.十八世纪法国哲学[M].北京:商务印书馆,1963.
⑦ 霍尔巴赫.自然的体系:上卷[M].管士滨,译.北京:商务印书馆,1999.
⑧ 路德维希·费尔巴哈.费尔巴哈哲学著作选集:上卷[M].荣震华,李金山,等译.北京:商务印书馆,1984.
⑨ 北京大学哲学系外国哲学史教研室.古希腊罗马哲学[M].北京:商务印书馆,1961.

是幸福的人；否则，就是不幸的人"①。与此同时，他在"美德即知识"著名论断的基础上提出，人要有道德的知识、幸福的知识才能获得幸福，因此要培养人的理性能力，并运用理性对人生做彻底的内省，也就是只有具有理性才能获得美德。这样，他就把物质欲望从人的幸福中排除掉了，反对人的各种物质享受。柏拉图提出至善即幸福的理念，认为人生的根本目的就是要通过理性能力达到至善，而肉体和感官的快乐都是暂时的，不值得留恋。因此，一个人要想获得幸福就必须克制自己的感官欲望，用德性和智慧达到至善。他贬低物质生活的幸福，把一切希望寄托到"理念世界"，因而走上了禁欲主义的道路。亚里士多德作为古希腊伦理学思想的集大成者，对幸福的研究是比较深刻的。他继承了柏拉图的至善即是幸福的观点，并把"善"理解为合于德性而生成的灵魂的现实活动，把幸福看成是人在自我奋斗过程中功能和本质的实现，从而提出了"幸福是合于德性的现实活动"的观点。他强调要最大限度地发挥出人的功能、实现人生目标，才能获得幸福。正因为如此，他的幸福论又被称为"自我实现论"。同时，他认为幸福不仅是理性精神幸福，还应包括身体健康和物质生活的幸福，这样就调和了人的理性与物质欲望的关系。斯宾诺莎提出"幸福不是德性的报酬，而是德性自身"②，他认为真正的幸福是最高的善，是达到人的最高的完善境界，所以他对财富、荣誉和感官快乐极度鄙视。康德提出由动机而不是效果来判断行为的善恶，并认为好的动机即"善良意志"是幸福的条件，而幸福就存在于最高的理想道德境界"至善"之中。他同时也承认人的感觉系统，认为人追求物质利益是人的自然属性。他说，人既然是一个被造物，而且总是有待于外面的条件才能完全满足于自己的处境，所以人永远摆脱不了欲望和爱好。③ 他强调要用理性控制人的感性，用理性将感性快乐和理性世界的道德统一起来。黑格尔认为，理性是人的本质，所以人对幸福的追求不能停留在用以满足生物性需求的物质福利上，追求幸福应以理性和善作为限制。包尔生提出幸福是要达到人的完善境界，实现人生价值，"幸福是指我们存在的完善和生命的完美运动"。④ 可以看出，理性主义幸福观崇尚人的理性力量，强调人的道德品质和人生意义，认为道德是幸福的条件或标准，而人的理性又指导着道德，所以理性是获得幸福的前提条件。

事实上，感性主义幸福观和理性主义幸福观并非相互独立、互相排斥，而是相互渗透、互相融合的。不少感性主义思想家也重视理性和精神幸福，不少理性主义思想家也关注人的感性快乐，只不过各自的侧重点不同。这是由人的自然本性和道德法则的两面性所决定的。

---

① 吴卫华.简述古希腊理性主义幸福观[J].河南教育学院学报(哲学社会科学版),2003(4):137-138,141.
② 斯宾诺莎.伦理学[M].贺麟,译.北京:商务印书馆,2017.
③ 康德.实践理性批判[M].韩水法,译.北京:商务印书馆,1999.
④ 弗里德里希·包尔生.伦理学体系[M].何怀宏,廖申白,译.北京:商务印书馆,2021.

（二）幸福的维度

中外哲学家和思想家们对幸福的探讨主要基于两种维度：感性和理性。从感性角度来定义幸福，主要是根据人的"趋乐避苦"的自然本性，认为幸福是获得快乐并避免痛苦，这就是快乐论的含义；从理性角度来定义幸福，则强调人的道德至善，认为幸福跟人的德性是一致的，并要发挥出人的潜能，实现人生价值，这就是实现论的含义。中国古代幸福观的主导观点是德性论，与西方的理性主义幸福观相似。感性和理性这两种维度反映出幸福的组成框架，正如一枚硬币的两面，共同构成了完整的幸福概念。其中，感性维度反映幸福包含快乐的成分，一个幸福的人应该是快乐的，不可能是禁欲的，更不可能是痛苦的。但是，也必须看到，幸福是不包含低级庸俗的快乐的。快乐作为需要得到满足之后产生的愉悦心理体验，总体上可以分为两种：感官快乐和精神快乐。感官快乐是一种生理快乐，比如吃喝玩乐、取暖乘凉，但如果偏离了伦理道德规范就容易变得低级庸俗，低级庸俗的快乐是不可能给人带来幸福的。精神快乐是人精神追求的一种正向情绪，是人成为人而不是动物的一种重要表现，比感官快乐要高级也更复杂。所以感性维度的幸福包含正常的生理感官快乐和精神快乐。理性维度则反映幸福包含德性与自我实现。道德与幸福的关系比较复杂，有思想家认为道德是实现幸福的途径与方式，也有思想家认为有道德就是幸福的，道德与幸福合一。中外任何思想家都强调道德对于幸福的重要意义，一个幸福的人必须是一个有道德的人，即幸福包含道德要素。与此同时，在理性维度中，幸福还需要人积极进取，充分发挥自身潜能，开展"合于德性的现实活动"，以实现其作为人而不是动物的价值与意义。这两种维度作为幸福的"一体两面"，还存在从感性向理性逐步深入的过程，感性维度中的精神快乐已经比较接近理性维度了。感性与理性在幸福的范畴中没有明晰的界线，而是具有相互渗透、互相融合、不断深化的关系。

幸福包含感性和理性两种维度，人的真正幸福也应该包含感性和理性两个方面。在这个大框架下，至于每种维度中具体的内容是什么，则因人而异。不同的人因所处历史时期、文化环境不同，对幸福的理解和感受也各不相同。可以说，有多少种人就有多少种关于幸福的理解。据19世纪法国空想社会主义思想家傅立叶说，在古罗马尼禄时期就有278种关于幸福的定义。到了当今，恐怕已经多得无法统计。瑞士学者布伦诺·S.弗雷等认为，幸福是一个捉摸不定的概念，所以继续对其进行定义的做法是不会产生太大的意义的。[①] 讨论幸福的概念就像讨论美一样，常常是毫无结果的。[②] 所以，不可能也没有必要提出一个适用于所有人的幸福定义和幸福

---

① 布伦诺·S.弗雷，阿洛伊斯·斯塔特勒.幸福与经济学：经济和制度对人类福祉的影响[M].静也，译.北京：北京大学出版社，2006.

② 王世朝.幸福论：关于人·人生·人性的哲学笔记[M].合肥：安徽人民出版社，1998.

标准。基于幸福的感性和理性两个维度,再根据不同人群的现实生活环境探讨他们具体的幸福则是一条可行的研究路径。

(三)幸福的特点

幸福问题是人生哲理,乃至人生科学的集中处、枢纽点[1],这就决定了幸福的纷繁复杂。复杂性,可以说是幸福最根本的特征。在这种复杂之中,从幸福的内容、性质、主体和实现路径来看,主要有以下几个特点。

1. 在内容上,幸福是快乐与意义的统一

上面提到,幸福具有感性和理性两个维度。感性意味着幸福包含快乐,理性意味着幸福的人生要有意义。快乐是基础,意义是升华,这是由人的本质所决定的;人与动物不同,不仅要生存,还要生活;不仅有物质生活,还有精神生活。人首先有衣食住行等物质生活的客观需要,如果这些基本的生活需要得不到满足,显然就不是好的生活,也就没有幸福可言。所以人需要有物质的幸福,需要有快乐。但是,人之所以称之为人,不能只有物质幸福和快乐,否则会出现空虚和无聊,还要有更高级的精神追求,从而实现自己的人生理想和人生价值。人在实现人生理想和人生价值的过程中体验到的精神愉悦,才是深层次的高级幸福。积极心理学认为人具有"生理生命""内涵生命""超越生命"三重生命[2]。"生理生命"指人作为生物体的存活。"内涵生命"指人生的意义程度,在有限的生理生命期内尽可能多做有意义的事情,以丰富内涵生命,就等于延长了生理生命的存活。"超越生命"则是对生理生命囿限的超越,即人寻找永恒与不朽的冲动与努力。人生就是为实现自己的价值与意义而经历的整个过程,也只有活出生命的价值与意义,才会体验到精神幸福。这种有意义的精神幸福反过来又指导着物质幸福的快乐选择,以保证物质层面的快乐追求是健康高尚的,而不是低级庸俗的,这样构成的幸福才是真正的幸福。

2. 在性质上,幸福是客观性与主观性的统一

幸福是客观的、实实在在的存在,却需要人主观地去体验和感受,这种客观存在和主观感受构成了幸福的双重属性。幸福寓于客观世界与主观世界的结合之处。[3] 首先,幸福必须有人可以感受的依托,比如健康的身体、甜蜜的爱情、美满的婚姻、成功的事业、懂事的孩子、较高的收入等,这些是一个人生活质量的客观反映,也是幸福的基础。没有客观条件,幸福只是虚无缥缈的空中楼阁。美国学者科万(Cowan)指出,幸福可以作为一个比较客观的、自然的准则来加以讨论。[4] 人本主义哲学家和精神分析心理学家埃里希·弗洛姆(Erich Fromm)认为,幸福本身毕竟是一种现实

---

[1] 陈瑛.人生幸福论[M].北京:中国青年出版社,1996.
[2] 郑晓江,詹世友.西方人生精神[M].南宁:广西人民出版社,1997.
[3] 施文辉.论幸福[J].南昌大学学报(人文社会科学版),2014,45(3):20-25.
[4] Cowan J L. Why not happiness? [J]. Philosophical Studies:An International Journal for Philosophy in the Analytic Tradition,1989,56(2):135-161.

的存在,幸福与不幸福应当有其客观内容。① 其次,幸福的客观内容只有被个体主观感知的时候,才能称之为幸福的状态。幸福能不能被个体所感受到,或者说个体对于这样一种外界的客观存在做何感想,是带有主观性的。个体对幸福的感受是一种情绪体验,也是对生活质量的一种价值判断。不同的人对相同的客观条件可能有不同的感受,体验到的幸福也就存在差异。当然,这种主观幸福是依赖于幸福的客观存在,不能脱离客观条件。可以说,客观幸福是主观幸福的基础,主观幸福是客观幸福的表现形式,幸福是客观性与主观性的统一。

3. 在主体上,幸福是个体性与社会性的统一

幸福是个人的事,也是社会的事,个人幸福与社会幸福存在着内在的逻辑关联。马克思认为,个体是人最直接的生存单位和最真实的存在形态。因此,人类的全面发展和普遍幸福只能落脚到个体发展和个人幸福上。幸福是每个个体的具体感受,而每个人的感受又是千差万别的,这就决定了幸福具有个体性。与此同时,马克思将人的本质视为一切社会关系的总和,也就是每个人的思想、道德、能力和成就是众多社会关系、各种社会联系综合作用的结果。人本身就是个体性与社会性的统一。人是生活在社会关系之中的,而幸福又与人的生活境遇密切相关。人在追求个人幸福的过程中必然要与他人和社会发生联系,个人追求幸福的物质条件和精神条件均来自社会,脱离了他人、集体和社会的支持,个体是无法获得幸福的。所以个人幸福本身也具有社会性。此外,社会幸福是个人幸福的保障。个人幸福的所有客观条件均来自社会,个人幸福的实现依赖于社会的精神文明和物质文明的建设和发展。恩格斯认为,每个人都追求幸福,个人的幸福与大家的幸福是不可分割的。社会幸福为个人幸福提供基础和保障,个人幸福则是社会幸福的表现,建立在社会幸福之上的个人幸福才是真正的幸福。

4. 在实现路径上,幸福是感悟与奋斗的统一

幸福具有主观性,人生的幸福是自己对生活质量的一种理解和价值判断,幸福或不幸福在很大程度上取决于个体的认知与感悟。"生活从不缺少美,而是缺少发现美的眼睛","不要只为了赶路而忽视了欣赏路边的风景"。其实,幸福就在身边,需要用发现的眼光去感悟生活中一点一滴的幸福。幸福是一种能力,心灵的宁静是感悟幸福能力的内在源泉。一个人如果不能学会在追求真善美的过程中去感悟幸福,即使有再好的生活、再成功的事业,也不会体验到幸福的快乐。所以,要想获得幸福,首先就要时常对自己的生存需要满足、社会交往和谐、精神美善发展、生命自由状态进行反思与感悟,发现幸福,体会幸福,享受幸福。与此同时,幸福毕竟不是空中楼阁,而是需要有美好生活为前提和基础的。美好生活从哪里来?只能靠人的奋斗去创造。幸福从来不会从天而降,幸福来自奋斗。只有努力

---

① Fromm E. Primary and secondary process in waking and in altered states of consciousness[J]. Academic Psychology Bulletin,1981(3):29-45.

奋斗，个体才能实现"自我之所是"的充分发挥，达致"是其所是"的充盈与本真的生存状态，才能获得幸福。奋斗与创造是幸福的源泉，幸福要靠奋斗去创造。习近平总书记指出：幸福都是奋斗出来的，奋斗本身就是一种幸福。不经历一番艰苦奋斗就不能感悟到幸福的真谛。人在奋斗的过程中创造丰富优质的物质财富和精神财富，也发挥了自身潜能，实现了人生价值，丰富了幸福生活的内涵，提升了幸福生活的层次。

二、幸福感

到了20世纪五六十年代，随着人们对生活质量的重视和积极心理学的兴起，"幸福"这一古老的话题开始从哲学领域的理论探讨走向心理学领域的实证研究，并且主要以"幸福感"这一新的概念为主导。1967年，瓦纳·威尔逊（Wanner Wilson）撰写了《自称幸福感的相关因素》一文，标志着现代意义上的幸福感研究的正式开启。经过50多年的发展，关于幸福感的研究不断深入，在方法上从定性逐步转向定性和定量相结合、量化和质性相结合，在内容上从最初对不同人群幸福感的简单统计描述转向探讨幸福感产生的内在心理机制，构建幸福感的理论模型，并以理论模型为基础研制幸福感的测量工具。当前，幸福感的研究进入一个新阶段，重点探讨幸福感在不同文化环境中的内外影响因素，以及社会指标的应用，以达到促进人类发展的根本目的。

（一）幸福感的概念

在英语中，幸福感主要使用"well-being"一词，表示对健康、幸福等的体验；在汉语中，"幸福感"一般表示人基于自身的满足感与安全感而主观产生的一系列欣喜与愉悦的情绪。在社会学意义上，幸福感主要是指人们根据内化了的社会标准对自己的生活质量的整体性、肯定性的评估，是人们对生活的满意度及其各个方面的全面评价，是主体与现实生活情境的协调及自我达到完满统一的自我认同及自我欣赏的感觉，并由此而产生的积极性情感占优势的心理状态。① 在心理学意义上，幸福感主要指直接体验到的快乐、欣喜与愉悦的情绪，以及基于生命质量而产生的对生活、对自己、对社会关系的满意程度的评价，尤指主观幸福感、心理幸福感、社会幸福感的集合体。②

幸福是生命的一种良好存在方式、一种美好生活状态，而幸福感就是人自身对这种幸福状态的感受和评价。③ 从内涵看，幸福感是人的一种真真切切的感受，而且是人类所需要的有价值的、美好的感觉和知足的体验，是人对幸福状态的体验、感知、感受和评价，是一种心理活动。幸福感是幸福的呈现，是幸福的主要表现方式。

---

①③ 苗元江.幸福感，社会心理的"晴雨表"[J].社会，2002(8)：40-43.
② 俞国良.心理健康的新诠释：幸福感视角[J].北京师范大学学报（社会科学版），2022(1)：72-81.

幸福的本意就在于创造幸福感[①],人通过幸福感将幸福的内容体现出来,感受到幸福,就达到了人生目的。但是,一个人的幸福感又取决于他的幸福观。幸福观是个人对"何为美好人生"的体认与追求,包含了一整套与此有关的信念、价值、态度及行为意向。[②] 幸福观涉及一个人对幸福的理解和认识,对于什么是幸福的观点和看法。一个人能否感受到幸福,或者在多大程度上能够感受到幸福,要看他奉行的是什么样的幸福观,从感性和理性两个维度认为什么是幸福。不同的幸福观影响并决定不同的幸福感。对于同样的幸福客观条件(比如同样的工作、同样的收入、同样的环境、同样的生活等),有的人认为幸福(有幸福感),有的人则感受不到幸福(没有幸福感),主要是由幸福观的差异造成的。所以,幸福感就是在幸福观的指导下对幸福的感知和评价。

当然,除了幸福观之外,影响幸福感的因素还有很多。但是必须指出,由于幸福感是个体关于生活质量的核心诉求,而一个人的生活质量可能受到各种行为和情境的影响,所以考察幸福感的影响因素必须考虑该个体或该群体具体的文化环境和生活情境。只有在具体情境中探索幸福感的影响因素才是准确可信的,然后依据这些影响因素提出的提升措施才是有针对性和有效的。

(二) 幸福感的结构

尽管幸福感是个人对幸福的感知和评价,不同的人有不同的体验和感受,但是有研究表明,幸福感在不同的文化和群体中存在着相似的结构。[③] 从哲学界探讨幸福的侧重点来看,幸福具有感性和理性两个维度,产生了感性主义和理性主义两种具有代表性的幸福观。基于这两种哲学观点,现代心理学对幸福感的研究出现了快乐论[④]和实现论[⑤]两种取向,前者源自感性主义幸福观,后者源自理性主义幸福观。快乐论认为人的幸福感来自快乐的最大化和痛苦的最小化,主要侧重于人们快乐情绪和积极情感的数量及持续时间的最大化,以及不愉快情绪和消极情感的数量及持续时间的最小化。实现论认为人的幸福感来自人生意义、自我潜能和自我成长的实现,主要侧重于人与生俱来的潜能和功能的发展与实现,最终使得个体实现自我价值,人生变得更有意义。[⑥] 沿着这两条主线,现代心理科学中最初形成了基于快乐论

---

① 刘次林. 幸福教育论[M]. 南京:南京师范大学出版社,1999.
② 陆洛. 华人的幸福观与幸福感[J]. 心理学应用探索,2007(1):19-30.
③ Andrews F M, Inglehart R F. The structure of subjective well-being in nine western societies[J]. Social Indicators Research,1979(06):73-90.
④ Kahneman D, Diener E, Schwarz N. Well-being:the foundations of hedonic psychology[M]. New York: Russell Sage Found,1999.
⑤ Waterman A S. Two conceptions of happiness:contrasts of personal expressiveness(eudaimonia) and hedonic enjoyment[J]. Journal of Personality & Social Psychology,1993,64(4):678-691.
⑥ Ryan R M, Deci E L. On happiness and human potentials:a review of research on hedonic and eudaimonic well-being[J]. Annual Review of Psychology,2001,52(1):141-66.

的主观幸福感以及基于实现论的心理幸福感。主观幸福感以狄纳（Diener）和鲁特·范霍文（Ruut Veenhoven）等学者为代表，从个人自身的主观评价出发，将幸福感定义为具有较多的积极情绪、较少的消极情绪和更高的生活满意度。心理幸福感以沃特曼（Waterman）、瑞安（Ryan）、德西（Decl）和里夫（Ryff）等学者为代表，认为幸福感并不仅仅是人的主观感受，还包括人的发展和潜能实现。后来随着不同学科的学者对幸福感的关注和探究，人们逐渐发现人的幸福感还涉及人在社会关系中适应的好坏程度。基于古典社会学中关于社会道德沦丧与社会疏远问题的相关理论，积极心理学认为人的幸福感中还包括社会幸福感。到20世纪末，社会幸福感的代表人物凯斯（Keyes）统一了这些理论渊源，深入探讨了社会幸福感的理论模型，并开展了一系列实证研究，从而拉开了对社会幸福感研究的序幕。①② 积极心理学"幸福2.0理论"整合了幸福感的这三种结构。至此，中外学者们对幸福感的表现形态的认识基本形成一致看法，普遍认为人的幸福感包含主观幸福感、心理幸福感和社会幸福感三种要素。③④⑤⑦ 主观幸福感、心理幸福感和社会幸福感统一于同一主体，都是个体幸福感的构成内容。⑧ 因此，从积极心理学"幸福2.0理论"来看，幸福的感性和理性二维度衍生出幸福感的三维结构：主观幸福感、心理幸福感、社会幸福感。这三种幸福感相互交融、互相补充，统合构成了幸福感的总体框架，极大地丰富了人们对幸福感的理解。

1. 主观幸福感

主观幸福感基于快乐论，是心理学领域较早提出的一种幸福感，在很长一段时间内是幸福感研究的主流，也成了幸福感的代名词，即认为主观幸福感就是幸福感，幸福感就是主观幸福感。主观幸福感也称"自陈幸福感"（self-reported well-being），是人们根据自己的主观体验对整体生活、各个侧面和重要活动的评价，是反映人们生活质量的一个重要指标。安德鲁斯（Andrews）和威西（Withey）较早提出，这种评价包括认知和情感两个维度，认知即个体根据自己的标准针对整体生活质量和生活

---

① Keyes C L M. Social well-being[J]. Social Psychology Quarterly,1998,61(2):121-140.
② 苗元江.心理学视野中的幸福——幸福感理论与测评研究[D].南京:南京师范大学,2003.
③ 陈浩彬,苗元江.主观幸福感、心理幸福感与社会幸福感的关系研究[J].心理研究,2012,5(4):46-52.
④ 曹瑞,李芳,张海霞.从主观幸福感到心理幸福感、社会幸福感——积极心理学研究的新视角[J].天津市教科院学报,2013(5):68-70.
⑤ Ryff C D,Singer B H,Love G D. Positive health:connecting well-being with biology[J]. Philosophical Transactions of the Royal Society Biological Sciences,2004,359(1449):1383-1394.
⑥ Joshanloo M, Sirgy M J, Park J. Directionality of the relationship between social well-being and subjective well-being:evidence from a 20-year longitudinal study[J]. Quality of Life Research,2018,27(8):2137-2145.
⑦ 俞国良.心理健康的新诠释:幸福感视角[J].北京师范大学学报(社会科学版),2022(1):72-81.
⑧ 施文辉.幸福的本质及其现实建构研究[D].南昌:南昌大学,2014.

的不同侧面评定自己的满意程度,情感则包括积极的愉悦情绪和消极的不悦情绪。[1]后来鲁特·范霍文(Ruut Veenhoven)提出,主观幸福感是个体对其整体生活质量肯定判断的程度[2],强调这种判断是肯定的,即积极情绪占优。主观幸福感被认为是积极情绪与消极情绪平衡的结果,当积极情绪多于消极情绪时人就会感觉到幸福。[3]准确地讲,主观幸福感是指人们根据内在的标准对自己整体生活质量进行评估、对生活的各个方面进行全面评价,并由此而产生积极性情感占优势的心理状态。[4] 主观幸福感反映个体体验到的积极情绪比较高,消极情绪比较低,生活满意度也比较高。[5] 所以从构成上看,主观幸福感包括生活满意度、积极情感和消极情感三个维度,其中积极情感多于消极情感则产生快乐感。可见,主观幸福感就是一种对生活的满意感,并在情绪情感上予以快乐表达。

研究表明,主观幸福感具有以下四个明显的特点。一是主观性,虽然幸福感是基于某些客观的外界事物而产生的,但对它的评定主要依据个体内在的标准和主观感受,而非外界或他人的准则,并且在测量方法上主要是依赖本人的主观表达。二是外显性,个体对生活的满意度和情绪的平衡状态易于被感知、判断和测量,而且主观幸福感除了受个体内部特质的影响之外,也受家庭、工作和社会等外部因素的影响。三是相对稳定性,主观幸福感虽然会受到具体的情境和个体的情绪暂时影响,出现一定程度的波动,但总体上会保持相对稳定,不会发生重大变化。四是整体性,主观幸福感包括对生活侧面的感受,但更强调对整个生活质量的认知判断,还包括对情感反应的评估,即包括生活满意度、积极情感和消极情感三个维度。[6][7]

2. 心理幸福感

心理幸福感基于实现论,认为个体感受到幸福还在于自我完善、自我实现和自我成就,完美发挥出自身潜能。心理幸福感这一概念是基于亚里士多德和包尔生等人的实现论幸福思想,整合荣格的个性化、奥尔波特的成熟形成、罗杰斯的完全功能和马斯洛的自我实现等现代心理学理论,侧重于人的心理机能、内部动机和潜能发挥等客观个体行为,弥补了主观幸福感只强调个体快乐情绪体验的缺陷。

---

[1] Andrews F M, Withey S B. Social indicators of well-being: Americans' perceptions of quality of life[M]. New York: Plenum Press, 1976.

[2] Veenhoven R. Conditions of happiness[M]. Dordrecht: The Riedel Publishing Company, 1984.

[3] Gutiérrez J L G, Jiménez B M, Hernandez E G, et al. Personality and subjective well-being: big five correlates and demographic variables[J]. Personality and Individual differences, 2005(38): 1561-1769.

[4] Diener E, Suh E M, Lucas R E, et al. Subjective well-being: three decades of progress[J]. Psychological Bulletin, 1999, 125(2): 276-302.

[5] Deci E L, Ryan R M. Hedonia, eudaimonia, and well-being: an introduction[J]. Journal of Happiness Studies, 2008(9): 1-11.

[6] Ryan R M, Deci E L. On happiness and human potentials: a review of research on hedonic and eudaimonic well-being[J]. Annual Review of Psychology, 2001, 52(1): 141-166.

[7] Diener E. Subjective well-being[J]. Psychology Bulletin, 1984, 95(3): 542-575.

沃特曼(Waterman)较早将人的幸福感区分为两种：一种是尽情享乐，即个人在活动中体验到自己生活的快乐，或心理需要得到满足；另一种是个体表现，是人在从事与深层价值观最匹配的活动中，全心全意地投入，通过技能的发展使得自己的潜能得以充分发挥，自我得以表现，进而有助于达成自我实现的体验，是实现自我的愉悦。[①]他认为心理幸福感就是个体的表现，是个体与真实自我的协调一致。里夫(Ryff)等人在此基础上，将心理幸福感进一步定义为"通过发挥潜能努力达到完美的体验"，并提出心理幸福感的六维度模型——自我接受、个体成长、机能自主、生活目的、积极关系和环境把控，以与主观幸福感相区分。[②]后来瑞安(Ryan)和德西(Deci)提出了自我决定理论，以解释什么是自我实现以及个体如何自我实现。[③]该理论认为，自我决定不仅是个体的一种能力，更是一种心理需要，当这种需要得到满足时幸福感就会显著提升，而自我决定包括自主、能力和和谐关系三个基本要素。这三种关于心理幸福感的理论探索，成为时至今日心理幸福感研究重要的理论基础。

心理幸福感强调人的潜能实现，即人的心理机能处于良好状态时完全发挥出人的潜能以达到完美的体验。自主、自尊、生活目的性、友好关系、个体成长、社会服务等要素是其核心。与主观幸福感的快乐体验不同，心理幸福感更加具有精神性和内在性，也更加持久。与此同时，主观幸福感和心理幸福感在不同人群身上也存在一定的强弱差异。有研究显示，这两种幸福感在一些人口学统计变量和人格变量之间的相关上存在区别，它们都随着受访对象的年龄、受教育程度、情绪稳定性、性格外向性和责任心的增加而增加，但在成年人样本中，心理幸福感更高的人在年龄上更年轻一些、受教育程度更高，也更加开放。[④]可见，心理幸福感与主观幸福感是既有关联又有区别的两个概念。

3. 社会幸福感

社会幸福感也基于实现论，但不像主观幸福感和心理幸福感那样以个体为中心，而是把人植根于社会环境中，更加关注人在社会大环境中的良好存在状态。社会幸福感研究的代表人物凯斯(Keyes)在认真分析主观幸福感和心理幸福感的内涵的基础上，认为这两种幸福感均没有反映个体在社会网络和社区中处于较好机能状态时的积极感受。因为人是社会性动物，人的积极心理机能与社会任务和社会挑战密切相关，人也会根据社会反映评估自身的生活质量和个体潜能的实现，所以人的

---

① Waterman A S. Two conceptions of happiness: contrasts of personal expressiveness(eudaimonia) and hedonic enjoyment[J]. Journal of Personality and Social Psychology,1993,64(4):678-691.

② Ryff C D,Keyes C L M. The structure of psychological well-being revisited[J]. Journal of Personality and Social Psychology,1995,69(4):719-727.

③ Ryan R M, Deci E L. Self-determination theory and the facilitation of intrinsic motivation, social development,and well-being[J]. American Psychologist,2000,55(1):68-78.

④ Keyes C L M,Shmotkin D,Ryff C D. Optimizing well-being: the empirical encounter of two traditions [J]. Journal of Personality and Social Psychology,2000(6):1007-1022.

幸福感不拘泥于个体本身，应该同时还存在于自己与他人相处的质量以及对自身与社会联结程度的评估。20世纪90年代末，凯斯在里夫的心理幸福感六维度模型基础上，结合存在主义心理学中有关社会整合的理论，提出了区别于心理幸福感的社会幸福感这一新的概念，并将之定义为"个体对自己与他人、集体、社会之间的关系质量，以及对其生活环境和社会功能的自我评价"，同时提出社会幸福感包含的五个维度：社会融合、社会接受、社会贡献、社会实现和社会和谐。[①] 从那往后，社会幸福感这个新概念迅速引起学者们的关注，成为研究人类幸福感的新视角和新趋势。

社会幸福感将人的幸福感从个体自身的角度延伸到人与社会这个大环境的关系之中，认为幸福的真正实现在于个人潜能发挥之后能够对他人或社会产生有意义的价值，做出自己的社会贡献，展现积极的社会机能。这不仅极大扩展了人类幸福感的概念内涵，也将个人幸福与社会幸福进行了紧密衔接，对于实现个人幸福和社会和谐进步均具有重要的意义。

总体来看，幸福感的结构内涵极其复杂，学界对其探索迄今仍在继续。除了上述主观幸福感、心理幸福感和社会幸福感三大组成部分之外，还有学者对幸福感进行了更细致的区分。比如，有学者将主观幸福感中的积极情绪和消极情绪维度分离出来，提出情绪幸福感的概念[②]；还有学者将主观幸福感中的主观体验和心理幸福感中的客观评价标准相结合，基于心流和个体表现理论提出实现幸福感的概念[③]。但基于积极心理学"幸福2.0理论"的主观幸福感、心理幸福感和社会幸福感三分法是主流，也是幸福感研究的主要模式。还有不少中外学者研究了这三种幸福感的相互关系，发现这三者在概念意蕴上相互独立，在个体体验上相互分离，但在理论结构上相互关联。从心理学的角度来看，三种幸福感的概念与意蕴兼顾了主观与客观、快乐与意义、享受与发展、个人与社会等因素，三者之间在结构上相互依存、相互补充，共同构成了心理学视域中幸福感结构的理论框架；三种幸福感之间存在着紧密的内在联系，三者之间层层递进并且逐渐深入，呈现出一种比较流畅的、阶段式发展的整体态势，共同诠释了人类幸福感的感知过程，指明了人类幸福感的实际来源和获取路径。[④]

（三）幸福感的特点

正如幸福是一个极其复杂的问题一样，幸福感也是极其复杂的。作为一种既抽象又具体的人类积极情感，幸福感呈现出一些较为明显的特点。

---

① Keyes C L M. Social well-being[J]. Social Psychology Quarterly, 1998, 61(2):121-140.

② Diener E, Lucas R E. Subjective emotional well-being[M]//M Lewis, J M Haviland. Handbook of Emotions. 2nd ed. New York:Guilford, 2000.

③ Waterman A S, Schwartz S J, Zamboanga B L, et al. The questionnaire for eudaimonic well-being: psychometric properties, demographic comparisons, and evidence of validity[J]. Journal of Positive Psychology, 2010(5):41-61.

④ 陈浩彬,苗元江. 主观幸福感、心理幸福感与社会幸福感的关系研究[J]. 心理研究, 2012, 5(4):46-52.

1. 主观性

幸福感是个体对自身良好生活状态的感知,是人内心的一种体验和感受,所以具有明显的主观性。不管是从快乐论还是从实现论的观点来看,个体对幸福的感知都是基于自身内在标准对生活质量做出判断和评价之后获得的一种切实的、比较稳定的正向心理感受,包含情绪和认知两个方面。一个人的情绪是由他自己产生、控制并表现出来的,而他对幸福的认知(比如是否发挥了潜力、是否实现了人生价值、人生是否有意义)也依赖他自身的主观判断。尽管幸福是有一定客观条件和物质基础的,但这些客观因素能否使人感到幸福是取决于他的主观判断的。一个人是否感到幸福,他自己最有发言权。这就是为什么我们觉得一个人幸福,他不一定真的感到幸福;而我们觉得一个人不幸福,他不一定觉得不幸福。心理学家曾采取自下而上和自上而下两种路径对幸福感进行研究。自下而上的路径就是考察外界的客观条件和客观环境对幸福感的影响,比如经济收入、住房条件、工作环境、出行方式等。研究发现,外界因素的确会引起人的幸福感的波动,但最终能否影响人的幸福感还是取决于个人的主观判断。自上而下的路径就是考察个体特征对幸福感的影响,比如价值观、性格、心态、气质、专业技能等。研究发现,总体而言,个体特征因素能够在较大程度上影响幸福感,并具有显著的调节作用。这些研究表明,幸福感具有极强的主观性。当然,这并不是否定幸福感的客观基础,毕竟幸福感不是凭空臆想。

2. 文化性

幸福感是个体对自身生活质量的判断和评价,其评价标准是在一定的文化环境中形成的,所以幸福感具有文化性。不同文化环境中的人们对幸福的理解和感知是存在一定差异的。有研究表明,西方文化环境中的人倾向于从个体的内在体验,比如情绪感受、态度、认知等方面去判断幸福;东方文化环境中的人则倾向于从外在标准,比如健康长寿、道德、行为符合社会规范和期望等方面来判断是否幸福。[1] 另据美国心理学家狄纳(Diener)等在全球48个国家和地区的大学生中开展的调查表明,不同文化群体之间的幸福感存在显著差异。[2] 这主要是由于每种文化环境都有特定的价值观和制度规范,人们对什么是"美好生活"的判断则受到这种价值观和制度规范的影响。也就是人的主观判断和感知是受文化环境的影响的。文化是一个非常复杂的概念,大有社会文化,小有组织文化。从理论上讲,所有的文化差异均会对幸福感产生影响,文化差异越大的群体之间的幸福感的差异也越大。不同国家的人群的幸福感存在差异,同一国家不同地区、不同职业的人群的幸福感也存在区别,只不过是区别的大小不同而已。

---

[1] 郑雪,严标宾,邱林,等. 幸福心理学[M]. 广州:暨南大学出版社,2004.

[2] Diener E,Suh E M. Culture and subjective well-being[M]. Cambridge:MIT Press,2000.

3. 可测量性

幸福感虽然具有显著的主观性,但作为一种心理反应是可以被测量的。目前学界对于幸福能否被测量是存在争议的。在人类漫长的历史中,幸福问题一直被视为形而上学的专利,所以人们对于幸福能否被测量一直没有达成统一认识。但是,幸福感作为一种心理体验和反应在心理学上被认为是可以测量的。在过去的几十年间,众多的研究者不断探索和发展幸福感测量技术,随着人们对幸福感结构内涵的认识不断加深,测量技术也从单一到多维,从简单到复杂,愈发成熟与可靠。与幸福感研究的发展相一致,幸福感测量经历了三个发展阶段。第一阶段是调查描述,主要通过定性的方法记录人们的生活状态并进行主观判断。第二阶段是理论建构并开发单题测量工具。比较有代表性的是安德鲁斯和威西(Andrews & Withey)在 1976 年编制的 D-T 量表(Delighted-Terrible Scale),要求人们在"总体而言,你觉得你的生活怎么样?"这样一个 7 级量表上做出选择。[①] 第三阶段是测量技术的完善与发展,形成了众多的多题测量量表与多样化的评估技术。从 18 世纪英国功利主义伦理学鼻祖边沁试图将幸福度量纳入近代科学轨道开始,到如今人们对幸福感的测量研究不断深化,测量量表的信度与效度不断提高。幸福感可以被测量已经成为心理学对幸福感开展实证研究的逻辑前提。

4. 复合性

人的幸福,不仅因自身需求的多样性而呈现出立体性结构,还由于生活领域的多变性而具有复合性机制。[②] 沃尔(Warr)于 1994 年根据幸福关联的情境将幸福感划分为两大层次:基于生活的整体状况、没有与特定情境相联系的一般幸福感或者总体幸福感,以及与具体情境相联系的情境幸福感。[③] 总体幸福感,包含上述探讨的主观幸福感、心理幸福感和社会幸福感三大组成部分;而情境幸福感,则可根据人的生活领域进行分类。目前人类主要面对学习、工作、家庭三大生活主题[④],且每个主题有自身的特殊性和侧重点,因此情境幸福感大体上可以分为学习幸福感、工作(职业)幸福感和家庭幸福感三个领域,每种幸福感又包含诸多组成部分。比如,学习幸福感是由学习兴致与学习效能感构成的愉悦感,由学力优越感、乐观和求解欲构成的希望感,由积极关系构成的亲善感,以及由喜新感和流畅感构成的沉浸感这 8 个一阶因子 4 个二阶维度组成。[⑤] 工作幸福感与职业幸福感还存在细微的区别,工作幸

[①] Andrews F M, Withey S B. Social indicators of well-being: Americans' perceptions of quality of life[M]. New York: Plenum Press. 1976.

[②] 陈根法,吴仁杰. 幸福论[M]. 上海:上海人民出版社,1988.

[③] Warr P B. A conceptual framework for the study of work and mental health[J]. Work & Stress,1994,8(2):84-97.

[④] Stokols D, Misra S, Runnerstrom M G, et al. Psychology in an age of ecological crisis: from personal angst to collective action[J]. American Psychologist,2009,64(3):181-193.

[⑤] 孙小红. 中学生学习幸福感的结构与测量[D]. 南京:南京师范大学,2016.

福感被包含于职业幸福感之中,是职业幸福感的短期表现形式。家庭幸福感还可以分为婚姻幸福感、亲子幸福感等。可见,幸福感从总到分,具有纵向多层次的立体性。另外,不同人群的幸福感是存在差异的。目前研究较多的有大学生、教师、医生、农民、农民工、老年人等群体的幸福感,这是幸福感的一种横向区分。还可以将一些纵向维度和横向维度结合起来,聚焦到更为具体的幸福感,比如教师职业幸福感,就是教师这个群体的一种情境幸福感。所以,幸福感是一个具有复合性的概念,为了凸显其实践价值,在研究的时候要聚焦到具体的人群。

三、职业幸福感

人一生中大概有三分之一的时间是在工作中度过的,工作是工业化社会中绝大部分人的中心活动。一方面,工作能够让人获得经济收入,以满足人的物质需求;另一方面,工作能够让人发挥自身潜能,实现人生价值。同时,工作还是一个人家庭幸福的基础和保障。日本著名企业家稻盛和夫曾说过:工作能够锻炼人性、磨砺心志,工作是人生最尊贵、最重要、最有价值的行为。因此,选择一种职业、从事一项工作对于个人的幸福而言是至关重要的。如果一个人能够从工作和职业中体验到快乐,有所成就,实现了自身目标和追求,他就会觉得生活更加充实和美满,人生更加有意义、更加幸福。

(一)职业幸福感的概念

到20世纪70年代之后,幸福感的研究逐步从一般概念向具体领域深化,学者们开始关注工作领域中员工的幸福感。随着积极心理学理论与实践的发展,管理理论权变学派的代表人物弗雷德·卢桑斯(Fred Luthans)等学者将幸福感的研究从心理学引入管理学和组织行为学领域[1],由此,员工幸福感、工作幸福感、职业生涯幸福感和职业幸福感等情境幸福感的概念诞生。这几个概念既紧密相关又有所区别。

员工幸福感是从人群的角度对工作领域的情境幸福感进行命名的,似乎与雇主幸福感相对。根据其较早的定义,员工幸福感除了指员工对工作的主观评价和情感之外,还包括员工在工作时心理体验的质量、过高工作要求对员工所造成的负面影响,也包括工作中的这些体验和评价对员工更广泛的生活体验和评价的影响[2]。从这个定义可以看出,员工幸福感主要指员工在工作情境中的幸福感,通常并不包括其家庭幸福感。同时,"员工"通常是对于工作而言的一个术语,而不是对于职业而

---

[1] Luthans F. The need for and meaning of positive organizational behavior[J]. Journal of Organizational Behavior,2002(23):695-706.

[2] Ilies R, Aw S Y, Pluut H. Intraindividual models of employee well-being: what have we learned and where do we go from here? [J]. European Journal of Work and Organizational Psychology,2015,24(6):827-838.

言的。所以,员工幸福感就等同于员工工作幸福感的含义,是一种简化的表达。

工作幸福感是幸福感在工作领域中的反映,它是员工对具体工作领域中的各个方面产生的感知、评价、动机和情感①。因此,工作幸福感侧重于员工对当前工作场景的情感体验。从工作与职业的区别来看,工作是在一定的岗位范围内所执行的任务或行为,比较具体,而且具有短期性和暂时性;而职业是一种连续从事一系列相同工作的专业分工,强调专业性和职业化,注重专业精神、职业教育和行业准入,同时职业比工作更能体现人的精神追求,职业发展的过程也是个人价值不断实现的过程。因此,工作幸福感就是员工处于具体工作情境下的幸福感,情境性的特点比较明显。

职业生涯幸福感是幸福感在整个职业生涯过程中的反映,是人们以职业生涯发展为核心,针对自身职业经历、职业现状及职业前景的一种主观评价和情绪体验。②职业生涯幸福感比工作幸福感的时间跨度更长、含义更丰富。工作幸福感主要反映个人对当前工作的主观体验,而职业生涯幸福感不仅包括个人对当前工作情境的情感体验,还包括个人在整个职业生涯过程中的全部情感体验和总体职业评价,强调职业生涯经历和职业发展过程。最先提出这一概念的英国学者基德(Kidd)指出,职业生涯幸福感涉及人们对所经历的职业事件、职业过程、职业态度等一系列问题的总体情绪体验,包括职业流动机会、职场人际关系、工作自主性与权力、工作绩效、目标价值、职业技能发展、工作-生活平衡等方面。③ 可以看出,职业生涯幸福感强调"生涯"这一特征,覆盖范围较广,跨度较长。

职业幸福感是个体在其职业生活中,需要得到满足、潜能得到发挥、自我价值得到实现,并且得到外在和自我双重的良好评价而产生的一种持续快乐的心理感受和精神状态。④ 职业幸福感强调主体在从事某一职业时基于需要得到满足、潜能得到发挥、力量得以增长所获得的持续快乐体验。其中,"职业"和"持续"反映了其基本特征,即这种幸福感是人们在职业生活中获得的一种持续性积极情感,不仅是短期内在工作上的快乐体验,更是一种长期、内在的自我实现。如果说工作幸福感强调短期、暂时的幸福体验,职业生涯幸福感强调整个职业生涯过程中的全部情感体验,职业幸福感这一概念则综合了这两者的含义,反映了个体对其所从事的职业和目前的工作在满意程度上的主观感受。同时,由于职业幸福感具有职业特性而不仅仅是工作情境性,因此研究不同人群的职业幸福感往往按照职业类别来进行分类,比如

---

① 苗元江,冯骥,白苏妤.工作幸福感概观[J].经济管理,2009,31(10):179-186.

② 翁清雄,陈银龄.职业生涯幸福感概念介绍、理论框架构建与未来展望[J].外国经济与管理,2014,36(12):56-63.

③ Kidd J M. Exploring the components of career well-being and the emotions associated with significant career experience[J]. Journal of Career Development,2008,35(2):166-186.

④ 葛喜平.职业幸福感的属性、价值与提升[J].学术交流,2010(2):30-34.

教师职业幸福感、医生职业幸福感、导游职业幸福感等。职业幸福感可以体现个体对组织的满意度和忠诚度,也是衡量个体生活质量的一个关键因素;对于组织来说,则是检验管理成效的重要标尺。

(二)职业幸福感的意义

职业幸福感是个体为了自己和组织的利益完全发挥自身潜能的状态,是个体、组织、社会三个层面的生产率的主要决定因素。[①] 从这个定义可以看出,个体的职业幸福感决定着个体的工作效率、组织的绩效和社会的总体产值。职业幸福感对个人、组织和社会都具有重要的意义和价值。

1. 职业幸福感决定着个体的总体幸福感

社会性是人的重要本性之一,人的社会性的一个主要体现就是人要参加工作、要从事一种职业。工作是人发挥自身潜能、实现人生价值的重要载体,工作场所也是人的学习、工作、家庭三大主要生活场景之一。日本企业家稻盛和夫认为,工作有三个层次的目的和意义:最低的目的和意义是"为钱工作";中等的目的和意义是"为提供优质、超值的客户价值和社会价值而工作";上等的目的和意义是"为提升心智、修炼灵魂而工作"。从深层次上看,工作能够提升心智、造就人格、塑造人生、改变命运。可见工作对于人生具有极其重要的意义。如前所述,人的幸福感分为感官快乐和自我实现两个方面,包含主观幸福感、心理幸福感和社会幸福感三大部分。在人的三大情境幸福感(学习幸福感、职业幸福感、家庭幸福感)中,只有职业幸福感可以让人获得完整的幸福体验,因为只有职业幸福感才使得个体既能从所从事的职业中获得快乐的情绪体验,又能实现人生价值,并奉献社会。因此,职业幸福感作为个体总体幸福感的一个重要组成部分,在很大程度上也决定着个体的总体幸福感。

2. 职业幸福感决定着个体的工作表现

个体职业幸福感的高低直接反映在个体在工作中的情感情绪和工作满意程度上,职业幸福感越高,个体的积极情感情绪就越多,对工作就越满意。有研究表明,个体在工作中积极的情感状态有助于个体工作技能的提升、工作兴趣的增强和工作努力程度的提高[②],个体的积极情绪还能培养和增强他的工作意义感,使得他更加重视工作、投入工作[③]。另外,还有研究表明,工作满意度能够直接影响工作表现,工作满意度越高工作表现就越好,工作产出就越多。[④] 一篇专门研究员工幸福感与工作

[①] Schulte P,Vainio, H. Well-being at work-overview and perspective[J]. Scandinavian Journal of Health, Work and Environment,2010(36):422-429.

[②] Fisher C D,Noble C S. A within-person examination of correlates of performance and emotions while working[J]. Human Performance,2004(17):145-168.

[③] Wright T A,Cropanzano R. The role of psychological well-being in job performance:a fresh look at an age-old quest[J]. Organizational Dynamics,2004,33(4):338-351.

[④] Judge T A,Thoresen C J,Bono J E,et al. The job satisfaction-job performance relationship:a qualitative and quantitative review[J]. Psychological Bulletin,2001(127):376-407.

表现之间关系的论文发现，员工幸福感与其工作表现呈显著正相关，员工幸福感的不同维度（心理健康、工作满意度、工作投入程度、弹性工作、健康饮食和体育活动等）对工作表现的三个维度（出勤率、缺勤率、离职率）会造成不同程度的影响，并且总体上员工的幸福感在很大程度上决定着其工作表现。[①] 在实际工作中，职业幸福感较强的个体更有活力，工作更加热情，凭借其积极向上的情感动力，工作表现会更加突出，也就更容易在工作上取得成绩。

3. 职业幸福感决定着组织的效率和产出

个体职业幸福感不仅决定着个体的总体幸福感和工作效率，还通过个体自身和影响身边同事助推积极的组织氛围的形成，从而决定组织的效率和产出。首先，职业幸福感越高的个体的工作表现会越积极，工作效率会越高，个体对组织整体效率的贡献就越多。如果组织中的每个个体均有较高的职业幸福感，工作积极投入，组织的整体效率和产出自然就会提高。其次，职业幸福感较高的个体往往表现出较高的正性情感。有研究表明，正性情感较高的个体更愿意帮助他人，接受了帮助的他人会产生感谢等积极情感并且愿意帮助身边的人，这样就会形成扩大效应，从而使更多人的工作效率提高。[②] 一个组织中如果职业幸福感较高的个体较多，这种扩大效应还会产生叠加，组织的整体工作效率就会快速提高。再次，职业幸福感较高的个体不仅表现出对他人友善、愿意帮助他人，而且会增强对组织的信任和认同，进而产生较强的归属感和使命感。如果一个组织中这样的个体较多，就容易形成团队精神，团队精神反过来又鼓舞和激励个体更加努力，这样组织就变得更有凝聚力和战斗力，整体的效率和产出就会大大提高。如果组织的整体效率和产出提高了，全社会的效率和产出自然就会增加，这就是个体职业幸福感产生的深远影响。这与幸福感的内部结构也是一致的。幸福感组成维度中的主观幸福感和心理幸福感主要表现为个体层面的感官快乐和自我实现，社会幸福感则主要表现为社会贡献，推动组织的成长和社会的进步。

从上述分析可以看出，哲学关于幸福的研究、心理学关于幸福感的研究、管理学关于职业幸福感的研究，为探索民办高校教师职业幸福感奠定了理论基础、提供了分析框架、指明了研究进路。

四、本研究采用的具体理论

以往关于教师教育、教师管理和教师发展的研究，对于教师的情感情绪和心理

---

① Hart K. Employee wellbeing and performance[D]. Bristol:University of the West of England,2019.

② Cameron K S,Bright D,Caza A. Exploring the relationships between organizational virtuousness and performance[J]. The American Behavioral Scientist,2004,47(6):766-790.

调适大多集中于教师的工作压力和职业倦怠等方面。[1][2][3][4] 近年来,越来越多的研究采用积极心理学视角探索教师的积极心理品质,以推动教师发展和教育质量提升。[5][6][7] 积极心理学视角强调提升教师职业幸福感,从正面激励教师积极面对挑战,从而在职业生活中不断取得进步与成长。本研究总体上采用积极心理学视角,通过探索民办高校教师职业幸福感推动民办高校教师队伍建设和教育质量提升,在具体的研究内容方面主要采用积极心理学幸福理论分析民办高校教师职业幸福感的结构内涵,采用工作要求-资源理论和个体-环境匹配理论分析民办高校教师职业幸福感的影响因素。

(一) 积极心理学幸福理论

传统心理学主要关注人的消极和病态心理。20世纪60年代,随着以马斯洛和罗杰斯为先驱的人本主义心理学和由此产生的人类潜能研究的出现,心理学日益关注人的积极品质,比如发展、满足、乐观、快乐、幸福等。哲学领域的幸福探讨正是在这种背景下以幸福感的概念走入心理学视域的。以人本主义心理学思想为基础、以人类幸福感为主要研究内容的积极心理学则赋予了幸福理论以科学的地位,并为人类幸福感研究提供心理学依据。

1997年,美国宾夕法尼亚大学教授马丁·塞利格曼(Martin Seligman)提出积极心理学的想法;2000年,塞利格曼与同事在《美国心理学家》杂志上发表《积极心理学导论》一文[8],正式提出积极心理学的概念,此后积极心理学迅速受到心理学界的高度关注并蓬勃发展,由此开启了心理学界自二战以来规模较大的心理学研究改革运动,也开辟了心理学发展的新纪元。积极心理学是致力于研究人的发展潜力和美德的科学,其核心目标是理解并帮助人类获得幸福,因此又被称为"关于人类幸福和力量的科学"。

积极心理学关于幸福的理论探索主要是将"幸福"这个一元论概念分解成不同

---

[1] 袁丽,郭璇,吴娱.我国教师教育研究发展的三十年重要历程——基于《教师教育研究》创刊以来的主题分析[J].教师教育研究,2021,33(1):121-128.
[2] 李茜,郑萱.教师情感研究方法述评与展望[J].外语界,2021(4):80-87.
[3] Ghanizadeh A,Jahedizadeh S. Teacher burnout:a review of sources and ramifications[J]. British Journal of Education,Society & Behavioural Science,2015(6):24-39.
[4] Coulter M A, Abney P. A study of burnout in international and country of original teachers[J]. International Review of Education,2009(55):105-121.
[5] 王岩,张逸飞.积极心理学:引导师生积极健康发展[J].人民教育,2021(23):37-40.
[6] 卿素兰.用积极心理学破解教师职业倦怠[J].人民教育,2017(17):60-63.
[7] Dewaele J M, Chen X, Padilla A M, et al. The flowering of positive psychology in foreign language teaching and acquisition research[J]. Frontiers in Psychology,2019(10):2128.
[8] Seligman M E P, Csikszentmihalyi M. Positive psychology:an introduction[J]. American Psychologist, 2000(55):5-14.

的维度。2002年,塞利格曼在《真实的幸福》一书中提出"幸福1.0理论",将幸福与快乐情绪紧密联系起来,快乐情绪成了幸福的代名词。"幸福1.0理论"以主观幸福感作为测量指标,主观幸福感最明显的特征就是主观性。但快乐情绪显然不能反映幸福的全部内涵,幸福不可能脱离社会文化情景。后来,随着积极心理学研究的不断深入,塞利格曼认为积极心理学的目标不仅仅是在情绪感知上提高生活满意度,而是如何使人生更加丰盈、蓬勃;幸福也不仅仅是个人意义上的快乐情绪,还应该包含社会道德标准的社会意义。2011年,塞利格曼在《持续的幸福》一书中,将主观幸福感、心理幸福感和社会幸福感的概念模型进行有机整合,正式提出"幸福2.0理论"。"幸福2.0理论"认为,人生不仅是一种愉悦的状态,还需要追求更多有意义的目标,要拓展和提高生命的宽度和高度;幸福不是一元的,而是多维的;幸福也不仅是主观的感受,还应包括客观的评价。该理论提出,幸福由若干可测量的元素组成,其中包含积极的情绪、投入、人际关系、意义和成就等。每个元素,都是真实可培养的,每个元素都能促进幸福,都对幸福有所贡献,但没有一种元素可以单独定义幸福。这些元素构成了自由人的终极追求,并且能整体提高人生的蓬勃程度,幸福就是要让生命变得更加丰盈、蓬勃。该理论还在整合主观幸福感、心理幸福感和社会幸福感的概念模型的基础上,构建了全方位的测量平台,成为现代幸福感的标准测量框架。因此,积极心理学改进之后的幸福理论是一个综合性的概念,强调幸福的完整性,认为主观幸福感、心理幸福感、社会幸福感是人类幸福感不可分割的组成部分,并通过将心理幸福感、社会幸福感与主观幸福感进行融合,推动幸福感研究从关注情绪转向关注意义,从个体转向社会,从以个体为中心转向更关注个体对社会的贡献,形成相互补充的新格局。

积极心理学幸福理论对本研究的启示是,人类幸福感的结构内涵非常复杂,具体的组成元素还需要在积极心理学已有成果的基础上进行更为深入的探索。本研究在分析民办高校教师职业幸福感的结构内涵时,主要根据积极心理学幸福理论,在主观幸福感、心理幸福感、社会幸福感的三维框架结构下,结合该理论提出的积极的情绪、投入、人际关系、意义和成就等元素探索更为具体的组成要素。

(二)工作要求-资源理论

职业幸福感是一种具体的情境幸福感,因此在众多的影响因素中,工作特征是其关键的影响因素。[①] 不少研究者针对工作特征对职业幸福感的影响机制提出了一些理论模型,其中应用较为广泛、影响力较大的当属工作要求-资源理论模型。该理论模型问世于2001年,是在之前的工作要求-控制模型基础上不断发展起来的。

[①] 吴亮,张迪,伍新春.工作特征对工作者的影响——要求-控制模型与工作要求-资源模型的比较[J].心理科学进展,2010,18(2):348-355.

20世纪70年代,学者们开始关注工作特征对员工心理健康的影响。一些学者集中于工作任务和工作要求,另一些学者则集中于员工的技能水平和对工作的控制。卡拉塞克(Karasek)整合这两方面的研究,于1979年提出了工作要求-控制模型。[①] 该模型基于工作要求和工作控制这两个工作特征,假设较高的工作要求和员工对工作较低的控制感会导致工作压力,而这种压力会制约职业幸福感。其中的工作要求,也称压力源,主要包括工作任务的数量和难度;工作控制,也称工作决策幅度,主要是指员工能够对工作所施加影响的程度。工作压力并非由工作要求或工作控制一方产生,而是两者交互作用的结果。后来,有学者发现,员工在应对工作要求时通常会借助一种外力资源来帮助自己减轻工作压力。约翰逊(Johnson)等于1988年将这种外力资源称为社会支持,并对工作要求-控制模型进行了拓展,提出了工作要求-控制-社会支持模型。[②] 在该模型中,社会支持是一个比较宽泛的概念,主要指为了处理与工作相关的问题而向同事或领导寻求帮助时有益的社交互动。基于工作要求、工作控制和社会支持这三个工作特征,该模型假设较高的工作要求及较低的工作控制感与社会支持感会导致压力和孤立无援,从而大大削弱职业幸福感。其影响效力是这三个工作特征相互作用的结果。工作要求-控制模型拓展为工作要求-控制-社会支持模型,反映出这一理论模型的自我完善。

基于工作要求-控制-社会支持模型,心理学家达米鲁提(Demerouti)等人于2001年在《应用心理学》杂志上发表了一篇奠基性文章《倦怠的工作要求-资源模型》[③],正式提出用于解释职业倦怠的工作要求-资源模型。此时该模型主要集中于探讨工作特征如何导致职业倦怠。后来,在积极心理学思潮的影响下,越来越多的研究者开始关注职业心理健康的积极方面——工作投入。2004年,斯考弗里(Schaufeli)等学者对该模型进行了拓展,将工作投入纳入工作要求-资源模型。[④] 这样,该模型将职业倦怠和工作投入作为工作要求和工作资源相互作用的结果变量,这两种结果变量决定了员工最终的职业心理健康状况,包括职业幸福感。该模型进一步优化了工作要求-控制-社会支持模型,对研究职业心理健康和职业幸福感具有更强的解释力和适用性。

---

① Karasek R A. Job demands, job decision latitude, and mental strain: implications for job redesign[J]. Administrative Science Quarterly, 1979, 24(2): 285-308.

② Johnson J V, Hall E M. Job strain, work place social support, and cardiovascular disease: a cross-sectional study of a random sample of the Swedish working population[J]. American Journal of Public Health, 1988, 78(10): 1336-1342.

③ Demerouti E, Bakker A, Nachreiner F, et al. The job demands-resources model of burnout[J]. Journal of Applied Psychology, 2001, 86(3): 499-512.

④ Schaufeli W B, Bakker A B. Job demands, job resources, and their relationship with burnout and engagement: a multi-sample study[J]. Journal of Organizational Behavior, 2004(25): 293-315.

工作要求-资源理论认为，每种职业都有影响工作者身心健康及工作状况的工作特征因素，所有这些职业中的工作特征都可以广义地分为工作要求和工作资源。工作要求是工作中需要员工付出身体或心理努力的物质、社会、组织或心理等方面的因素，是消耗员工精力并让员工付出心理或生理代价的"负向因素"（比如工作负荷、角色冲突、时间压力、工作不安全感等）；与之相反，工作资源是工作中能够使员工实现工作目标、管控工作要求和相关的身体及心理代价并在岗位上获得成长和发展的各种"正向因素"（比如工作自主性、专业学习机会、同事支持等）。在作用机制上，工作要求和工作资源对个体的心理影响正好产生两个完全相反的过程：健康损害过程和动机激发过程。工作要求过高或持续时间过长会使个体处于疲劳状态，从而导致个体产生情绪衰竭感并出现职业倦怠；而工作资源具有激发个体内在动机的潜力，能够促进个体更加投入工作并表现优异，从而更容易有工作成就感和职业幸福感，并产生良好的工作状态。与此同时，工作要求和工作资源还会产生交互作用，在较高的工作要求导致职业倦怠的时候，工作资源能够产生更高质量的动机作用使得个体更加投入工作，这种高强度的工作投入会缓冲工作要求对职业倦怠的影响。工作投入和职业倦怠最终会相互调和与相互较量，其结果就是个体的心理健康状况，也是职业幸福感的直接表现。这就是工作要求-资源理论从工作特征（工作要求和工作资源）角度解释职业幸福感产生过程的基本原理。

工作要求-资源模型是一个极具灵活性的理论框架，对于工作要求和工作资源包含哪些变量一直处于不断调整和完善之中。比如，2007年有学者将个体的心理资本作为一种个人资源与工作资源并列纳入该模型[1]，2014年还有学者将参与型领导作为一种组织资源也纳入工作资源[2]。但是，对于个人资源被纳入该模型之中以及在该模型中应处于何种位置一直存在争议，一些稳定的人格特质（如乐观和自我效能感）更可能是工作要求、工作资源与职业幸福感之间的中介变量。还有更多的学者认为，该模型毕竟是从工作特征的角度解释职业幸福感的产生机制，而职业幸福感还同时受到个体特征和社会文化的影响，所以不可能要求该模型能够解释职业幸福感的所有影响因素，而应专注它对工作特征（工作要求和工作资源）分析的合理性，并结合不同职业的自身特点对工作要求和工作资源进行细化。比如，教师职业与其他职业存在明显区别，其精神性的特点尤其突出，所以其工作要求和工作资源的类别自然与其他职业不完全一样。因此，在运用工作要求-资源理论模型分析教师职业幸福感时应首先探讨教师职业的工作要求和工作资源包含哪些要素。

---

[1] Xanthopoulou D, Bakker A B, Demerouti E, et al. The role of personal resources in the job demands-resources model[J]. International Journal of Stress Management, 2007, 14(2):121-141.

[2] Schaufeli W B, Taris T W. A critical review of the job demands-resources model: implications for improving work and health[M]//G Bauer, O Hämmig. Bridging qccupational, organizational and public health. Dordrecht, the Netherlands: Springer, 2014.

工作要求-资源理论对本研究的启示是,职业环境和工作特征可以大体上分为工作资源和工作要求,但工作资源和工作要求具体包含哪些要素,还需要结合具体的工作环境进行具体的探索。本研究在探索民办高校教师职业幸福感的影响因素时,将主要根据工作要求-资源理论分析民办高校的工作环境,在工作要求和工作资源的类别下探讨更为具体的因素。

(三)个体-环境匹配理论

个体-环境匹配理论是基于帕森斯(Parsons)1909年在职业心理学领域提出的个人与组织交互的视角,由莫里(Murray)和勒温(Lewin)两位学者引入管理学领域的,并逐渐受到理论界与实践界的广泛关注。该理论提出,员工绩效、职业幸福感、精神健康和留职意愿在很大程度上受到个人与环境的匹配程度的影响;个人与环境如果匹配较好,员工就会增加与同事的交往,表现出更加积极的态度和行为,获得和谐的人际关系与组织氛围,以及更高的工作满意度、更少的压力、更好的工作适应、更高的留职意愿、更高的工作绩效与职业成功,最终职业幸福感也会获得提升。

对于个人与环境如何才能做到匹配,该理论也指出,个体的行为由人与环境共同塑造,个体的态度、行为及其他个体层面变量不仅仅取决于个体本身或者其所在环境,而是取决于这两者之间的交互作用,最终达到兼容的程度。这种兼容是指个体在技能、兴趣、价值观及其他个人特质等方面与环境相匹配,至少有一方的供给能够满足另一方的需求,或者二者互相满足,并且双方具有相似的基本特征。在这个过程中,个体与环境的交互作用至关重要。个体-环境匹配不是静止状态,而是个体和环境互相响应、互相塑造,逐渐达到一致的动态过程。价值观被认为是影响个体-环境匹配最重要的因素。组织中成员的价值观与组织的规范与价值观之间能够很好地匹配,个体才会表现出较好的态度和行为。另外,员工的专业技能也是影响个体-环境匹配的一个重要因素。对于员工而言,没有掌握工作所需的专业技能,个体就无法完全适应工作环境,进而制约自己的发展,也谈不上与环境有良好的兼容性。

另外,个体与环境的匹配是具有文化差异性的。在不同的社会文化中,个体如何做到与环境兼容是有不同的路径和需求的。研究发现,在中国情境下,个体要做到与环境匹配,以下五个方面极为重要:①胜任工作,是指个体能力能够满足工作需求;②和谐的人际关系,是指个体与工作中的其他人(如上级、下属、同事和客户)有畅通的合作和情感连接;③工作与生活平衡,是指工作与生活能够相互支持;④得到组织培养,是指通过对新鲜经验的学习来完成积极的个人转变;⑤实现适应环境,是指个体重新制订工作计划来完成积极的环境转变。[①] 因此,在中国社会文化中,个体要在组织中能够胜任工作,并具有和谐的人际关系,能够做到工作与生活较好的平

---

① Chuang A, Hsu R S, Wang A C, Judge T A. Does West"fit"with East? in search of a Chinese model of person-environment fit[J]. Academy of Management Journal, 2015, 58(2): 480-510.

衡,并经常参加单位组织的业务培训,才能逐步做到与环境的兼容。在这个过程,员工参加业务培训以不断提高自身专业能力是核心。

可以看出,个体-环境匹配理论对于理解员工的职业选择、组织承诺、职业幸福感和离职意向等重要结果变量具有较好的解释力。本研究在对民办高校教师职业幸福感的影响因素进行理论阐释时将采用这一理论视角,把能够促使个体与环境较好匹配的因素视为有利因素,把阻碍个体与环境匹配的因素视为不利因素。

第四章　民办高校教师职业幸福感的结构内涵

一切事物都有自己特定的结构，都是以一定的结构形式而存在的，探索其结构有助于明晰其内涵实质。如前所述，学界对于教师职业幸福感的组成维度迄今尚未形成一致观点，但普遍的共识是教师职业幸福感具有情景性和关系属性，身处不同环境的教师群体体验到的职业幸福感是存在一定差异的。幸福感本质上是由文化定位的。[①] 教师职业幸福感是一个非常复杂的多元化概念，对其界定要考虑到教师所处文化环境的差异性才是合适的。[②] 因此，有必要对不同群体教师的职业幸福感结构内涵开展有针对性的深入研究。已有研究探索了中小学教师和公办高校教师职业幸福感的结构，并发现两者存在一定差异，这进一步证明了不同群体教师的职业幸福感是由不同的维度组成的。迄今为止，国内外均没有对民办（私立）高校教师职业幸福感的结构开展研究。本章将探索民办高校教师职业幸福感的结构内涵。

与此同时，正如前面文献综述中所分析的，目前对于职业幸福感的测量有多种量表，这些量表各有利弊。较准确的量表应该是根据幸福感的组成维度开发的。因此，本章在探索民办高校教师职业幸福感组成维度的同时，还将开发一套适用于民办高校教师职业幸福感的测评量表。

一、民办高校教师职业幸福感组成维度的实证研究

为探索民办高校教师职业幸福感的结构，明晰其基本内涵，回答"民办高校教师职业幸福感是什么"，本章遵循质性研究生成理论假设、量化研究检验理论假设的逻辑进路。首先，对民办高校教师开展半结构化访谈，运用主题分析法归纳出他们所体验到的职业幸福感维度，形成理论假设。其次，对民办高校教师开展问卷调查，通过对调查数据进行探索性因子分析和验证性因子分析检验其组成维度，并进行修正、形成最终结论。最后，阐释其基本内涵和主要特征，并给出相应定义。这样，就形成研究闭环，增强了对民办高校教师职业幸福感结构内涵探索的严谨性和可信度。

（一）质性研究

幸福是人的一种积极的或良好的生存状态；而幸福感就是自身对这种幸福状态

[①] 高良，郑雪，严标宾.幸福感的中西差异：自我建构的视角[J].心理科学进展，2010，18(7)：1041-1045.

[②] De Biagi N B, Celeri E H, Renshaw T L. Technical adequacy of the teacher subjective wellbeing questionnaire with Brazilian educators[J]. Journal of Psychoeducational Assessment, 2017, 36(8): 850-855.

的感受和评价。① 教师职业幸福感是教师对自身职业生活的一种感受和评价,对其探讨较为依赖教师本人的直接表达,因此质性研究部分采用深度访谈的方式收集资料。首先,针对研究问题设计访谈提纲。其次,选取民办高校教师开展半结构化"一对一"访谈。再次,将获取的访谈录音转化为文本资料,进行初步的归纳整理。最后,对访谈文本进行编码分析,对访谈中关于职业幸福感组成维度的资料运用主题分析法提取核心主题,形成民办高校教师职业幸福感结构的理论假设。

1. 资料收集

本研究通过访谈收集相关资料。下面详细阐述访谈提纲的设计、访谈对象的选取和访谈过程的开展。

1) 访谈提纲

质性研究中的访谈提纲是涉及主要话题的一种大纲,应该是概括性的,是协助访谈的一种工具。② 笔者针对民办高校教师体验到的职业幸福感是什么、职业幸福感水平怎么样和哪些因素影响着他们的职业幸福感这三个研究问题,初步拟定了半结构式访谈提纲。对于民办高校教师职业幸福感的组成维度和水平现状,主要设置如下问题(关于影响因素的问题将在后续章节中阐述)。

您当初为什么选择到民办高校来教书?

作为民办高校教师,您觉得教师职业幸福感具体指什么,包含哪些方面?请谈谈您对教师幸福的理解。

您在这所民办高校教书,职业生活幸福吗?具体有哪些表现?

您从哪里感受到了教师职业幸福感?您的教师职业幸福感主要来自哪里?请详细描述一下。

请讲几个您在教育教学中感到特别开心和幸福的事例。

在职业生活中,您感到幸福的原因是什么?请详细解释一下。

初步拟定访谈提纲之后,笔者将其提交到学术沙龙上进行讨论。参与讨论的3位教育学老师及31位博士、硕士研究生逐条研读每个题目,从题目能否反映研究问题、是否具体、是否开放、是否简洁明了等方面提出了修改意见。他们尤其指出,对于"教师职业幸福感是什么"这个问题,要请受访教师围绕他的职业幸福感来自哪里以及在职业生活中感到幸福的原因等题目,讲述几个感到幸福的具体事例,从多个方面谈教师职业幸福感的组成维度;对于"教师职业幸福感有哪些影响因素"这个问题,要注意请受访教师解释感到不幸福的原因并谈谈理想中的工作环境。笔者根据他们的意见认真进行了修改,第二次在学术沙龙上讨论获并得通过。与此同时,笔者还咨询了1位心理学教授的意见。随后笔者邀请一位民办高校教师进行了预访谈,以检验访谈提纲是否具有可操作性,并根据实际开展情况和其意见对题目的顺

---

① 苗元江.幸福感,社会心理的"晴雨表"[J].社会,2002(8):40-43.
② Lichtman M. Qualitative research in education:a user's guide[M]. 3rd ed. Thousand Oaks:Sage,2013.

序和文字表述反复斟酌、不断调整完善。访谈提纲的设计前后经历了1个多月共计8次修改,最终确定了正式访谈提纲。

当然,访谈提纲只是一种参考工具。笔者在具体访谈的过程中,紧紧围绕研究问题,随时保持一种开放、灵活的态度,因人、因具体情景而异,不拘泥于同一程式。

2)访谈对象

访谈提纲设计完成之后,将确定访谈对象并开展正式访谈。质的研究中使用最多的访谈对象选取方式是"目的性抽样",即按照研究目的抽取能够为研究问题提供较大信息量的研究对象。[①] 社会学家费孝通曾经指出,调查者与被调查者之间的信任关系对于获取真实可靠的访谈资料非常重要。基于便利原则,笔者利用日常工作上的联系和参加全国民办高校教学联席会的机会,广泛寻找关注教师发展和自身情感情绪的民办高校教师,即"主要信息提供者",同时兼顾不同性别、不同年龄、不同学历、不同职称、不同专业的教师。在基本确定了访谈对象之后,笔者开始进行"一对一"访谈,每次访谈时长为1小时左右。笔者本人也是一名民办高校教师,这样在访谈时更容易进入访谈对象的"期待视界"[②],充分发挥"局内人"和"局外人"的双重优势[③]。2021年11月至2022年3月共访谈了17位民办高校教师,随后对访谈资料进行整理和编码。2022年5月至7月又访谈了4位教师,发现没有新的编码出现,表明访谈数据达到了"理论饱和"。最终访谈21位教师(分别来自全国6个省(自治区、直辖市)15所民办高校17个专业),获得1056分钟的录音资料和转换后28.2万字的文本资料。受访教师中:男教师10人,女教师11人;年龄最大的57岁,最小的27岁;博士4人,硕士16人,本科1人;教授3人,副教授10人,讲师6人,助教2人;教龄最长的19年,最短的1年;年课时最多的达到640,最少的为64;已婚15人,未婚6人;3人有2个孩子,11人有1个孩子,7人尚无孩子。访谈对象基本信息一览表如表4-1所示。

表4-1 访谈对象基本信息一览表

序号	编号	性别	年龄/岁	学历	职称	教龄/年	专业	年课时	婚姻状态	孩子数量/个
T1	MMA1	男	41	硕士	副教授	19	体育	512	已婚	2
T2	FMP1	女	42	硕士	教授	13	英语	480	已婚	1
T3	MMA2	男	41	硕士	副教授	15	数学	320	已婚	1
T4	MML1	男	37	硕士	讲师	13	汉语	640	未婚	0

---

① Patton M Q. Qualitative evaluation and research methods[M]. 2nd ed. Newbury Park:Sage,1990:169.
② 董小英.再登巴比伦塔:巴赫金与对话理论[M].北京:生活·读书·新知三联书店,1994.
③ 陈向明.质的研究方法与社会科学研究[M].北京:教育科学出版社,2000.

续表

序号	编号	性别	年龄/岁	学历	职称	教龄/年	专业	年课时	婚姻状态	孩子数量/个
T5	MBA1	男	54	本科	副教授	10	艺术	448	已婚	1
T6	FMA1	女	43	硕士	副教授	18	会计	384	已婚	1
T7	MMA3	男	40	硕士	副教授	10	工管	512	已婚	1
T8	MMT1	男	31	硕士	助教	1	商英	320	未婚	0
T9	FMA2	女	40	硕士	副教授	14	管理	512	已婚	2
T10	FMA3	女	37	硕士	副教授	12	英语	320	已婚	1
T11	FML1	女	30	硕士	讲师	4	经济	450	未婚	0
T12	FML2	女	39	硕士	讲师	8	英语	448	未婚	0
T13	MDA1	男	41	博士	副教授	11	化学	144	已婚	2
T14	FDA1	女	34	博士	副教授	6	化学	320	已婚	1
T15	MDP1	男	57	博士	教授	10	环境	64	已婚	1
T16	MDL1	男	34	博士	讲师	2.5	医学	420	已婚	0
T17	MMT2	男	27	硕士	助教	2	教育	384	未婚	0
T18	FML3	女	32	硕士	讲师	6	英语	384	已婚	1
T19	FMP2	女	48	硕士	教授	14	金融	256	已婚	1
T20	FMA4	女	43	硕士	副教授	13	财务	384	已婚	1
T21	FML4	女	34	硕士	讲师	7	思政	512	未婚	0

备注:性别—男 M/女 F;学历—本科 B/硕士 M/博士 D;职称—助教 T/讲师 L/副教授 A/教授 P。

2. 分析方法

为了从访谈资料中提取民办高校教师感知到的教师职业幸福感类型,本研究采用质性研究中广泛运用的主题分析法。主题分析法是从资料中识别、提炼、形成和阐释主题的一种归纳方法。[①] 主题分析法以问题为导向、以获得核心主题为目标。通过这种方法所形成的主题,是从质性数据中获取的与研究问题相关的重要信息的概括,在一定程度上代表着模式化的心理反应与意义。研究者在运用该方法归纳核心主题的过程中可以掌握每个主题的关键特征,并对访谈资料进行社会意义和心理意义上的解读,即通过主题来分析研究问题。因此,运用主题分析法从访谈文本中

---

① Aronson J. A pragmatic view of thematic analysis[J]. The Qualitative Report,1994(1):16-18.

探索民办高校教师职业幸福感的组成维度是有效的、适切的。

多年研究主题分析法的奥克兰大学的弗吉尼亚·布朗(Virginia Braun)教授和西英格兰大学的维多利亚·克拉克(Victoria Clarke)教授将该方法的具体操作流程总结为以下六大步骤：熟悉数据（将访谈录音转化成文字，并反复阅读文本资料，记录初始想法）、初步编码（对数据进行解读和编码）、寻找主题（整理编码，把编码归纳到潜在的主题之下）、复查主题（检查核对主题是否概括相关编码，并形成分析的主题地图）、定义和命名主题（根据主题里面数据的连续性和一致性叙述该主题，并确定一个合适的名称）、撰写报告（紧扣研究问题，对获取的主题进行分析性叙述）[1]。这六个步骤示范了操作的基本顺序，但分析过程并非线性的，而是需要不断反复、螺旋式推进的，在分析的每个阶段根据需要都有可能返回到前面的阶段。其中，在进行编码时可以选择"数据驱动"模式和"理论驱动"模式，前者是对原始数据的所有内容都进行编码，以更全面地探究数据中有意义的主题，后者只对与研究问题相关的特定数据进行深入细致的编码，以聚焦研究问题。在具体的分析过程中，笔者始终保持理论的敏感性，以研究问题为导向、以准确获取核心主题为目标。

3. 分析过程

以上述六大步骤作为分析的基本规范，笔者首先将受访对象对上述几个问题的回答进行了整理，并导入质性分析软件 Nvivo 12 以辅助完成编码工作，同时保证分析过程的标准化和规范化。另外，笔者邀请一名质性研究经验丰富的教师分头进行独立编码，通过不同研究人员之间"背靠背"地对编码结果进行相互校验，确保本研究结论的可信。编码采取"理论驱动"模式，从原始数据中寻找与"民办高校教师职业幸福感组成维度"相关的信息进行深入细致的编码。在完成所有编码工作之后，经对比，两者初始编码的一致性达到92%，剩余的差别经讨论并向访谈对象求证，最终形成一致意见，并将语义相近的编码进行合并。与此同时，笔者特别审核了编码所反映的实质内容，尤其注意区分编码所反映的是幸福感本身还是影响因素，因为这二者极易混淆。教师职业幸福感本身包含不同的维度，但都属于本体性内容；而影响因素则是对幸福感产生增强或减弱作用的一种力量，本身并不是教师的一种愉悦体验和感觉。比如，有教师提到教师的职业性价比较高，所以感到幸福。但职业性价比本身并不是教师的一种愉悦感觉，而是教师对这一职业做出的一种判断，属于影响因素。再比如，有教师提到有较高的收入就感到幸福。但收入本身不是幸福的感觉，而是收入会带来获得感，从而让人有幸福感，所以也属于幸福感的影响因素。事实上，已有大量研究证明了经济收入是幸福感的重要影响因素。经过此过程，笔者最终从21份访谈文本中获得编码68个。民办高校教师职业幸福感组成维度编码文字举例表如表4-2所示。

---

[1] Braun V, Clarke V. Using thematic analysis in psychology[J]. Qualitative Research in Psychology, 2006(2): 77-101.

表 4-2　民办高校教师职业幸福感组成维度编码文字举例表

访谈文本摘录	编码
T18:我觉得教师职业幸福感包含很多个维度。首先是稳定感。特别是在疫情期间,很多工作都受到影响,但是教师这个职业好像没有受到太多的影响,即使是民办高校,不管怎么样,其办学应该是可持续发展的,所以就稳定性来讲,我觉得比在企业会稍微好一点。这个并不是民办高校本身带给我的稳定感觉,而是教师这个职业带给我的这种比较稳定的感觉。尤其是在高校,不像在初、高中,教师职业幸福感可能会更强一些,因为不用坐班。其次是收益和努力比较为可观,换一句话说,应该就是效益性比较可观。虽然工资不是很高,但是你要把工作时长和工资收入来进行收益努力比对比的话,我觉得性价比较高。收益努力比应该是幸福感的一个因素。最后是工作环境。学校的工作环境没有企业那么复杂,因为每天接触的都是学生,每天都是和学生打交道,工作环境比较单纯。当然也包括同事。也就是说,教师这个职业可以同时满足我的精神需求和物质需求。我在这所民办高校教书,有一点幸福又没有那么幸福。有一点幸福其实并不是这个学校带给我的,我感觉就是大学教师这个职业带给我的	1. 教师职业稳定感 2. 工作环境单纯感 3. 自身需求满足感
T21:我觉得在教书育人方面有成效。一分耕耘一分收获,你的劳动成果能够得到学生、学校、社会的认可和尊重,自己就会感觉幸福。个人方面,自己热爱这个行业,教师本来就是一种很光荣的职业。能够为社会培养人才,本身就感觉挺幸福的	1. 育人有成效 2. 被认可 3. 受到尊重 4. 教师职业有意义
T8:教师与教师之间的关系比较和睦,没有管理者与被管理者之间的关系,都是老教师带新教师,新教师之间互相学习,然后老教师有的时候还跟我们新教师互相切磋。所以,我们整个办公的环境当中,教师之间的氛围非常融洽。无论是在科研方面,在教学方面,以及课堂的管理方面,老教师都会手把手地带我们,教我们。这个环境很好。 我们私下互相聊一些学生的情况。比如这个学生在你的课堂上是什么表现,他的性格,他的学习习惯、学习态度,我们会互相聊这些。如果是工作正式场合,我们更多是到课堂上去听课,互相学习教学上的一些优点。我们同事之间都比较愉悦	1. 同事互相交流受益 2. 同事真诚相待 3. 工作环境单纯感

续表

访谈文本摘录	编码
T6:一个是在讲台上讲课,学生觉得老师好博学,我不知道是恭维的还是真实的,反正他们有这样的一些表扬,或你让他们做一件什么事情,他们比较听话,甚至比自己孩子还听话,就是这些方面,我觉得都挺好的。我讲一个知识点,学生眼睛放光。他们会觉得老师好厉害,这么难一个问题都给做出来了。这个时候最幸福。跟学生在一起交流,感觉自己也变年轻了。跟孩子们在一起,没有社会上一些比较复杂的问题,感觉很愉快。所以我后期没有再跳槽,也没有更高的追求,我可能也有这样的一些想法,主要是跟学生在一起感觉很快乐。这就是我没有到企业去的一个原因。很多人说,老师像你搞财务的,到企业去做总监或什么的,那一年几十万元是随便拿。我觉得可能在企业里面会多拿一些钱,但我会失去跟学生在一起的机会	1. 被认可 2. 师生关系融洽 3. 受到尊重
T8:满意的一点就是,学生对老师还是挺尊敬的,你能够从课堂当中体会到孩子对你很仰慕,以及那种渴慕知识的追求。学生对你是非常敬重的。你能够得到被尊重的感觉	
T9:一个就是通过当老师自己能够获得成长。再一个,时间相对来说比较自由,这个我觉得是很多职业所没有的。我有两个小孩,我能够兼顾好工作和家庭的关系。我觉得这是其他职业很难做到的,这能够让我的生活状态达到一个平衡。然后一个就是能够看到学生的发展,能够看到学生获得进步成长,比如说学生做课题、写文章,看到一些成果,就是你的付出能够看到回报。 跟同事交流可以带来快乐。在一起交流经验,包括上课的一些经验,一些收获,一些信息,最近发生的热点,我觉得还是能够启发思想的,包括生活上的一些知识,我觉得都能够通过交流获得	1. 自己获得成长 2. 时间自由感 3. 学生取得进步有回报 4. 同事互相交流受益
T4:我可能跟有些同志想得不太一样,我不追求金钱和名利。我追求的是,实现我当老师教书育人的这样一个想法。所以让我感到最幸福的,就是有这么一个平台,让我去跟学生一起进行学习、研究。虽然可能学生的基础不怎么好,但至少我能够在这个地方发挥我的才能,实现我的理想,我感觉这是我最快乐的地方。而且我这几年的教学评价全部都是优秀。在这儿实现我的人生价值,这就是我感到最幸福的地方	1. 实现教书育人想法 2. 实现人生价值 3. 工作环境单纯感 4. 同事互相交流受益 5. 时间充裕感 6. 学生毕业出路好感到欣慰 7. 教师职业有意义

续表

访谈文本摘录	编码
还有感到很幸福的地方，就是我所在的这个汉语国际教育系的氛围很好，我觉得我的同事之间没有那种尔虞我诈，也没有那种不团结，大家都像非常好的家人朋友，每天生活很开心。大家虽然都有烦恼，但是大家一起聊聊天，交流交流，做些教学研究，一起上课，就没有了。 还有就是在这个岗位上，我觉得我的个人时间相对来说比在外面的岗位更充足一些，所以我就有更多的时间、假期去做我想要做的学术研究，去做调查研究，能够去看更多的事情，读更多的书，走更多的路，我觉得这是一个比较幸福的地方。 我觉得另一个比较幸福的地方是，像我们第一届的这个汉语国际教育专业招了27个学生，考取研究生的就有14个，还有出国教书的，还有在国内当了公办学校、私立学校老师的，绝大多数同学都非常感谢老师，毕业之后都给老师发消息，民办高校的作用就体现出来了。工作还是很有意义的	1. 实现教书育人想法 2. 实现人生价值 3. 工作环境单纯感 4. 同事互相交流受益 5. 时间充裕感 6. 学生毕业出路好感到欣慰 7. 教师职业有意义
T9:特别幸福的，就是指导学生的一个国家级课题，从开始确定题目，到中间遇到各种困难，最后能够顺利结题，然后发表文章，取得成果	1. 指导学生完成研究课题感到幸福
T7:可能在学生身上。因为在课堂当中看到他们的表情，他们的那种专注度，对我来说感觉幸福感是很高的。虽然只有45分钟或者90分钟的时间，但是在整个过程当中，我们之间的配合，交换思维，他们的一些思维和思想，一些互动的状态，我感觉一节课整个人情绪高涨，从这当中我就感觉非常幸福	1. 课堂师生配合感到愉悦 2. 课堂积极的情绪状态
T14:很幸福的就是学生关心你的时候，那时候特别感动。跟学生接触下来，关系处得很融洽，学生能够主动地去关心你，去问候你的时候，我就很幸福。有的学生会很关心你，天冷会提醒你要多加衣服；或者说下雨以后，会给我发消息出门要注意什么，就感觉学生很关心你，就很感动	1. 学生关心问候感到幸福 2. 师生关系融洽

续表

访谈文本摘录	编码
T4：我在家的时候积极愉悦不起来，我的生活也比较简单，但是我只要一到学校，跟年轻人，跟孩子们在一起上课、聊天，我哪怕走在校园里面，看见他们打篮球，在那里读书，我就感到很开心，我就感觉我也很年轻，就像没有老一样，可能这是我个人性格使然。所以我上课是倍儿有精神。我只要一上课或者说只要在备课，在做教学研究、教学准备的时候，我基本可以不受任何外界的影响，因为我热爱教学。我在课堂上就像上了发条一样，按照那个节奏去运转。我要不上课就不开心	1. 在校园感到舒心 2. 课堂积极的情绪状态
……	……

在获得初步的编码之后，笔者将编码进行分类组合和抽象概括，以寻找潜在的主题。在编码中，受访者提及的诸如"时间自由感""时间充裕感""教师职业稳定感""自身需求满足感"等反映教师职业特点的编码，反映的是他们对教师这种职业所体验到的一种优越感；诸如"教师职业有意义""实现教书育人想法"等与教育价值、教师作用相关的编码，反映的是他们对教师这个职业所体会到的意义感；诸如"学生取得进步有回报""学生毕业出路好感到欣慰""指导学生完成研究课题感到幸福"等学生取得某项成就之后教师感到幸福的编码，反映的是教师对于学生取得成功的一种自豪感；诸如"自己获得成长"等教师取得一定进步之后感到幸福的编码，反映的是教师对于个人不断发展的一种进步感；诸如"同事互相交流受益""同事真诚相待"等与同事互相支持和融洽相处而感到幸福的编码，反映的是教师之间的一种相互支持感。按照这种思路将所有的编码整合成子主题，共产生16个子主题，如图4-1所示。

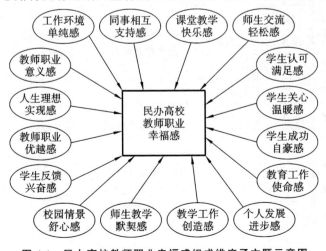

图 4-1　民办高校教师职业幸福感组成维度子主题示意图

接下来,笔者对初步形成的子主题进行复查,重点对每个子主题包含的编码进行核对,同时考虑对子主题进行合并和拆分,以确保同一主题下的编码是一致的,具有整体意义。在复查主题的同时,对主题进行定义和命名。笔者注意到,"教师职业意义感""教育工作使命感""教师职业优越感"都是反映教师对其职业的肯定和赞许,可以合并为"职业认同感";"学生成功自豪感""学生认可满足感""学生反馈兴奋感"都是反映教师在培养学生方面取得的成就,可以合并为"育人成就感";"人生理想实现感""个人发展进步感""教学工作创造感"都是反映教师对自身潜能发挥和价值实现的良好感受,可以合并为"自我实现感";"同事相互支持感""师生交流轻松感""学生关心温暖感""师生教学默契感"都是反映教师与职业生活中身边人的良好人际关系,可以合并为"人际和谐感";"校园情景舒心感""工作环境单纯感""课堂教学快乐感"都是反映教师在工作过程中所体验到的积极情绪,可以合并为"工作愉悦感"。据此,可以将16个子主题合并为5个主题。另外,本次分析在Nvivo中共产生274个参考点,每个主题和子主题的参考点数量是存在差别的。参考点代表受访教师在访谈中提及该主题或子主题的次数,可以反映教师对此感知的强烈程度;该主题或子主题在Nvivo中的参考点占全部参考点的比例,可以反映该主题或子主题在整体职业幸福感中所占的比例。民办高校教师职业幸福感组成维度主题与子主题初步关系表如表4-3所示。至此,基本完成主题分析,找出了民办高校教师职业幸福感的组成维度(一个主题可以代表一个组成维度,一个子主题可以代表一个分维度)。

表4-3 民办高校教师职业幸福感组成维度主题与子主题初步关系表

子主题	参考点	参考点占比	共同含义	主题	参考点	参考点占比
教师职业意义感	40	14.60%	教师对其职业的肯定和赞许	职业认同感	97	35.40%
教育工作使命感	8	2.92%				
教师职业优越感	49	17.88%				
学生成功自豪感	27	9.85%	教师在培养学生方面所取得的成就	育人成就感	46	16.79%
学生认可满足感	6	2.19%				
学生反馈兴奋感	13	4.74%				
人生理想实现感	20	7.30%	教师对自身潜能发挥和价值实现的良好感受	自我实现感	41	14.96%
个人发展进步感	19	6.93%				
教学工作创造感	2	0.73%				

续表

子主题	参考点	参考点占比	共同含义	主题	参考点	参考点占比
同事相互支持感	22	8.03%	教师与职业生活中身边人的良好人际关系	人际和谐感	49	17.88%
师生交流轻松感	7	2.55%				
学生关心温暖感	6	2.19%				
师生教学默契感	14	5.11%				
校园情景舒心感	8	2.92%	教师在工作过程中所体验到的积极情绪	工作愉悦感	41	14.96%
工作环境单纯感	24	8.76%				
课堂教学快乐感	9	3.28%				

4. 形成理论假设

通过对访谈资料进行主题分析,可以发现,民办高校教师职业幸福感由职业认同感、育人成就感、自我实现感、人际和谐感、工作愉悦感5个主题和16个子主题组成。

当然,上述5个主题之间、16个子主题之间并非完全独立,而是存在联系、相互影响,甚至在某些方面还有交叉和重叠(给每个主题和子主题命名的时候,主要考虑其反映教师职业幸福感最主要的一个方面)。比如,在主题与主题之间,育人成就感、人际和谐感、工作愉悦感都会影响教师的职业认同感,职业认同感又会影响自我实现感;育人成就感会影响自我实现感和工作愉悦感,自我实现感和工作愉悦感又会影响职业认同感;人际和谐感会影响工作愉悦感,甚至构成工作愉悦感的一部分,但人际和谐感侧重于人际关系方面,工作愉悦感侧重于教育工作中的正面情绪。

经过上述质性研究,笔者初步发现了民办高校教师职业幸福感的组成维度。但是,这一发现受研究者及研究方法的局限,是具有主观性的。虽然初始编码由两名质性研究经验丰富的研究人员独立完成,并且达到了92%的一致,而且后续的分析工作也是经过讨论协商完成的,但几名研究人员的理解很难说已经接近了"事实的真相"。而且研究人员在对子主题进行聚类分析时也存在争议,对于哪些子主题应该归于哪个主题没有形成完全一致的看法。这是否民办高校教师职业幸福感的普遍结构,以及每个主题是否由表4-3中的子主题构成,主题与子主题之间的归属关系是否合理,这些都还有待探究。所以,上述分析只是一个初步的探索,或者说构建的只是一种假设的模型,还要以上述发现为框架对民办高校教师开展问卷调查,通过对调查数据进行探索性因子分析和验证性因子分析,检验其组成维度,然后修正上述理论假设。这样,就形成研究闭环,可以提高对民办高校教师职业幸福感结构内涵探索的严谨度和可信度。

（二）量化研究

根据以质性研究提出初步理论、以量化研究检验并修正理论的研究逻辑，笔者将通过问卷调查和统计分析开展量化研究，以检验并修正上述关于民办高校教师职业幸福感组成维度的理论假设。基本步骤如下：以上述发现的"五维"结构为框架（问卷中关于民办高校教师职业幸福感的影响因素的内容，以访谈资料中关于影响因素内容的分析结果为框架，具体过程将在后续章节中详细阐述和分析）设计问卷，开展预调研以分析问卷的质量并修改问卷，开展正式问卷调查以获取数据，对数据进行统计分析以检验并修正上述结论。

1. 问卷调查

1）问卷设计

做好量化研究的一个基本前提是有一套针对性强、信效度高的测量工具。本研究的量化部分需要对质性研究中关于组成维度和影响因素的两个理论假设进行检验，因此需要根据这两份质性研究分析的结果自行设计问卷（关于影响因素的质性研究和分析在后续章节中阐述）。

问卷的设计是根据调查的目的而展开的。本研究进行问卷调查主要是为了了解民办高校教师职业幸福感的水平现状、检验民办高校教师职业幸福感"五维"结构和民办高校教师职业幸福感影响机制模型。同时，本研究还将通过问卷调查了解民办高校教师的离职意向，作为职业幸福感的一种直接后果来讨论。所以，本研究的问卷将包括四部分：第一部分为教师的基本信息，主要是关于水平现状分析所需要涉及的教师人口属性特征；第二部分为民办高校教师职业幸福感的五个组成维度，主要是将主题分析归纳出的五个维度进行拓展，检测教师对这五个维度感觉"是不是"或者"有没有"；第三部分为民办高校教师职业幸福感的影响因素，根据质性研究分析出的影响因素设置问题，检测教师对这些因素感觉"满不满意"或"符不符合实际情况"；第四部分为教师的离职意向，了解教师的离职意向是否强烈，以及离职之后的打算。

具体设计步骤如下。

第一步，根据教师职业幸福感水平现状分析的需要，设置相应的教师人口属性特征相关问题。除了性别、婚姻状态、年龄、教龄、职称、学历、年收入、年课时、学科等信息之外，还设置了教师对自身职业幸福感水平的感知的题项，共计10道题。

第二步，将主题分析归纳的过程进行倒推，从5个主题倒推至16个子主题，然后从16个子主题倒推至教师访谈中提及子主题较主要的表述，为每个子主题整理出几个较有代表性的题项，以检测教师有没有这种感觉。编制题项的时候注意借鉴文献综述中已有量表中关于相应子主题的问题。最后每个子主题设置了1~3个问题。

第三步，将访谈资料中关于影响因素的部分开展扎根理论分析的过程进行倒推

(具体分析过程见后续章节),从4个主范畴倒推至13个范畴,然后从教师访谈文本中寻找反映这些范畴的主要表述,将这些表述整理成较有代表性的题项,以检测教师对此的感受。同时,由于文献综述分析的已有量表中关于幸福感的影响因素有较多经过检验的题项,因此本研究参考已有的成果来设置题项。最后每种因素设置了2~3道题。

第四步,借鉴文献综述分析的已有量表中关于离职意向的题项设置相应的问题。考虑到离职意向并非本研究的主要关注点,而且整份问卷的总题数不宜太多,所以这一部分只设置了2道简单的问题,以了解教师离职意向的强弱程度和离职之后的去向。

第五步,将形成的问卷初稿提交学术沙龙讨论,以集思广益。参与讨论的3位教育学老师及31位博士、硕士研究生逐条研读每个题目,从题目能否准确反映子主题或范畴含义的角度提出具体的修改意见。他们同时指出,语义相近的题项应尽量合并,每个维度或因素的题目尽量一样多,必要时设置反向题。笔者根据他们的意见进行修改之后,再次提交学术沙龙讨论,然后进行第二轮修改。

第六步,咨询专家。在对问卷初稿完成了两轮修改之后,笔者又分别咨询了3位教育学专家、1位心理学专家和1位统计学专家。其中,教育学专家从题项设置的针对性和有效性等方面提出了指导性意见;心理学专家指导了如何设置问题以检测受试对于一个主题或因素"是不是"或"有没有"的心理感知,并对题项的表述提出了修改意见;一位长期从事社会科学研究方法教学与研究,尤其擅长量化统计的教授对问卷的规范性提出了具体的意见,其指出初稿问卷总题目数量过多,主体部分应控制在70道题以内,事实性问题一般设1道题即可,主观性较强的态度问题或判断问题需要设3道题左右。根据他们的建议,笔者逐项做了相应修改与合并,并将主体部分的题目总数缩减到68道题(其中职业幸福感组成维度27道题、影响因素39道题、离职意向2道题)。

第七步,开展预调研。在完成问卷初稿的多次修改之后,笔者在问卷星网站上设计了网络问卷,并于2022年9月份将网址和访问密码发给认识的5所民办高校不同学科的学院院长,这些院长将问卷链接发送到他们学院内部的工作QQ群或微信群,由老师们在手机、平板或电脑上自愿匿名填写。本次预调研共收到137份问卷,全部有效。随后,笔者运用Excel和SPSS 23.0软件对问卷数据进行信效度检验,最后根据检验的结果对问卷的结构和具体问题进行分析并调整相应的题目设置。

第八步,形成正式问卷。

2) 预调研

开展预调研的目的是检验和完善问卷。初始问卷是笔者通过对访谈数据进行主题分析和扎根理论分析归纳出5个组成维度和4大影响因素来设计,并经过专家审议之后编制而成的,其内容效度应该符合本研究的要求。因此,笔者开展预调研的目的主要是检验量表的信度,即所设计的问题是否具有内部一致性,一组题目能否反映和测量同一个组成维度,同时对量表进行因子分析以便判断问卷的结构效度。在此基础之上再进一步对问卷进行优化,以便形成正式问卷。

信效度检验只是针对量表而非问卷而言的。严格来讲,本问卷中仅第二部分"民办高校教师职业幸福感组成维度"的测评题目为一个正式量表,第一部分"教师基本信息"、第三部分"民办高校教师职业幸福感影响因素"和第四部分"民办高校教师离职意向"均非量表。因此,笔者就预调研收集到的137份问卷重点对第二部分"民办高校教师职业幸福感组成维度"进行信度分析和探索性因子分析以检验各个维度内部的一致性和量表的结构效度,并根据检验结果对问卷进行相应的调整。

(1) 民办高校教师职业幸福感组成维度量表检验。

初始问卷中民办高校教师职业幸福感组成维度共有27道题,构成一份完整的量表;每个维度有5道题左右,构成一份小量表。运用SPSS 23.0软件对27道题和每个维度的题项进行信度分析后发现,组成维度总量表的克隆巴赫α值达到0.96,职业认同感、育人成就感、自我实现感、人际和谐感和工作愉悦感的克隆巴赫α值分别为0.83、0.87、0.93、0.84、0.87,均在0.70以上,说明初始问卷中的组成维度量表信度较高。

接下来笔者对该量表进行探索性因子分析,以检验其结构效度,并判断量表中题项所测得的数据是否符合理论上建构的问卷维度。首先从样本量与题项的数量关系来看,一般样本量需达到题项数量的5倍以上才适合做因子分析。本次预调研回收有效问卷137份,本量表的题项为27题,达到了5倍以上。其次进行KMO检验和Bartlett球形检验以判断该量表是否适合做因子分析。根据Kaiser给出的KMO度量标准,KMO值达到0.90以上表明非常适合做因子分析,0.80~0.90表明比较适合做因子分析,0.70~0.80表明可以做因子分析,0.70以下表明不适合做因子分析;Bartlett球形检验的显著性水平P值小于0.05表明数据适合做因子分析。经过检验,该量表的KMO值为0.93,Bartlett球形检验的近似卡方值为3416.32,显著性水平$P=0.00$,表明预调研的样本数据非常适合做因子分析。

运用SPSS 23.0软件对预调研数据采用主成分分析法,经正交旋转和7次迭代后,特征值大于1的5个公因子的累积方差解释率达到72.17%。但是,题项"如果让我再次选择,我还是会选择当老师"在两个因子上的负荷量大于0.40,故无法判断它到底属于哪个因子。因此,需要删除该题项,重新做因子分析。

删除该题项之后,再次检验该量表的KMO值为0.92,近似卡方值为3189.82,显著性水平$P=0.00$。仍然采用主成分分析法,经正交旋转和6次迭代后,特征值大于1的5个公因子的累积方差解释率为73.52%。但是,仍然有一个题项"为了把课上好,我的思维变得更加丰富多彩了"在两个因子上的负荷量大于0.40。因此,需要删除该题,再次做因子分析。

接下来检验该量表的 KMO 值为 0.92,近似卡方值为 2932.61,显著性水平 $P=0.00$。仍然采用主成分法提取特征值大于 1 的 5 个公因子,其累积方差解释率为 74.91%,且所有题项的因子载荷值位于 0.52~0.86 之间,没有出现同一道题目在两个因子中的载荷值大于 0.40 的情况,说明此时量表的整体结构效度处于中上水平,且无须再删减题目数量。但通过比对 5 个公因子中的题项和初始问卷中 5 个维度的题项发现,有两个子主题的归类发生了变化。一是将学生关心温暖感归入育人成就感。学生关心可以理解为师生之间的一种和谐融洽的人际关系,但从教师内心深层次的体验来看,这说明教师在教书育人方面比较成功,学生懂事了,能够主动关心教师,所以教师感到一种成就感。这种成就虽然不是学生在学习成绩方面的进步,却是学生在做人方面的成长进步,也是一种非常重要的成就。所以,笔者认为将学生关心温暖感归入育人成就感是合理的。二是将学生认可满足感归入自我实现感。学生对教师的认可,从根本上讲并非教师的育人成就,而是学生对教师品德和教育能力的肯定,体现出教师自身素质和潜能得到了发挥,所以将学生认可满足感归入自我实现感更为合适。

从上述分析可以看出,经过三轮探索性因子分析,只是删除了两道测试题目,并对两个子主题的归属进行了微调,无须减少子主题的数量和主题的数量。修正之后的民办高校教师职业幸福感组成维度主题与子主题关系表如表 4-4 所示。

表 4-4 修正后的民办高校教师职业幸福感组成维度主题与子主题关系表

子主题	参考点	参考点占比	共同含义	主题	参考点	参考点占比
教师职业意义感	40	14.60%	教师对其职业的肯定和赞许	职业认同感	97	35.40%
教育工作使命感	8	2.92%				
教师职业优越感	49	17.88%				
学生成功自豪感	27	9.85%	教师在培养学生方面所取得的成就	育人成就感	46	16.79%
学生反馈兴奋感	13	4.74%				
学生关心温暖感	6	2.19%				
个人发展进步感	19	6.93%	教师对自身潜能发挥和价值实现的良好感受	自我实现感	47	17.15%
人生理想实现感	20	7.30%				
学生认可满足感	6	2.19%				
教学工作创造感	2	0.73%				
同事相互支持感	22	8.03%	教师与职业生活中身边人的良好人际关系	人际和谐感	43	15.69%
师生交流轻松感	7	2.55%				
师生教学默契感	14	5.11%				

续表

子主题	参考点	参考点占比	共同含义	主题	参考点	参考点占比
校园情景舒心感	8	2.92%	教师在工作过程中所体验到的积极情绪	工作愉悦感	41	14.96%
工作环境单纯感	24	8.76%				
课堂教学快乐感	9	3.28%				

与此同时，经过三轮探索性因子分析，删除了两道题目，形成了正式测量量表。在正式测量量表中，每个子主题至少有一道题目来反映。也就是说，预调研的修正，尤其是删减题目，并没有改变质性研究结论中的组成维度的结构，而只是每个维度的题目数量有点变化而已。修正后的，民办高校教师职业幸福感组成维度量表如表4-5所示。正式问卷将根据修正之后的题目施测。

表4-5 修正后的民办高校教师职业幸福感组成维度量表

题 项	反映的子主题	归属的主题
Q11 我觉得教师这个职业虽然清贫,但非常有意义	教师职业意义感	职业认同感
Q12 我觉得教师这个职业有很大优越性	教师职业优越感	
Q13 我为我能够帮助学生成长、培养人才感到高兴	教师职业意义感	
Q14 能够让学生不断取得进步,我觉得再累也值得	教育工作使命感	
Q15 总体而言,我上课时还比较投入	教育工作使命感	
Q16 我教的学生有很多考上研究生或找到比较理想的工作	学生成功自豪感	育人成就感
Q17 我觉得我还是教出了不少优秀的学生	学生成功自豪感	
Q18 有不少学生毕业之后会在教师节等节假日给我发来祝福	学生反馈兴奋感	
Q19 学生毕业之后给我的反馈,常让我感到兴奋	学生反馈兴奋感	
Q20 经常有学生问候我的生活起居,我感觉非常温暖	学生关心温暖感	
Q21 学生还比较认可我	学生认可满足感	自我实现感
Q22 当老师发挥了我的才干和潜力	个人发展进步感	
Q23 我对自己在工作中取得的成绩感到满意	个人发展进步感	
Q24 教书育人实现了我的人生理想	人生理想实现感	
Q25 我感受到在工作中自己不断变得成熟	个人发展进步感	
Q26 给学生上课激发了我的创造力	教学工作创造感	

续表

题 项	反映的子主题	归属的主题
Q27 我们同事之间能够互相帮助	同事相互支持感	人际和谐感
Q28 我有几个关系非常好的同事朋友	同事相互支持感	
Q29 跟学生在一起,我感觉轻松愉快	师生交流轻松感	
Q30 学生整体上还比较配合我的教学工作	师生教学默契感	
Q31 我觉得学校的工作环境简单、单纯	工作环境单纯感	工作愉悦感
Q32 我对学校的工作环境和工作条件感到舒心	校园情景舒心感	
Q33 我觉得在课堂上讲课很有趣	课堂教学快乐感	
Q34 我非常喜欢现在的校园生活	校园情景舒心感	
Q35 上课的时候,我感觉挺开心的	课堂教学快乐感	

(2) 民办高校教师职业幸福感影响因素题目检验。

对访谈资料进行扎根理论分析,归纳出民办高校教师职业幸福感共有4个方面13种影响因素(具体分析过程放在后续章节)。量化研究是为了检验每种因素的影响强度是否显著,无须对13种因素进行重新归类。因此,预调研主要是对该部分题目的内部一致性(信度)进行检验,而无须进行因子分析以调整其结构。

初始问卷中关于民办高校教师职业幸福感的影响因素共有39道题,每种因素有3道题左右。运用SPSS 23.0软件对这部分题目进行信度分析发现,整体克隆巴赫α值为0.83,说明内部一致性较高。对每种影响因素的一组题目进行信度分析,却发现"考核评价""薪酬福利""培训进修""管理模式""教育政策""社会观念""个人心态""自我效能感"等因素的克隆巴赫α值小于0.70,说明这些因素的题项内部一致性较低。经查看"已删除的克隆巴赫α值"发现,大部分反向题均降低了一组问题的内部一致性。这可能是因为受访者在作答时受思维定式的影响,没有注意区分反向题。因此,笔者将这些反向题改为正向题,或与其他含义相近的题项合并。影响因素题目经修改后共有33道题,每种因素有2~4道题。

通过对预调研问卷的分析,笔者发现初始问卷整体上较为合理。组成维度量表的27道题减少到25道题并微调了归属,影响因素部分的39道题减少到33道题。修改后的问卷在信度和效度方面均达到了较为理想的水平。

3)正式调研

经过预调研,形成了正式问卷。正式问卷由四部分组成,共含70道题。第一部分为受访民办高校教师的个人信息,共10道题。第二部分为民办高校教师职业幸福感组成维度量表,5个维度,每个维度5道题,共25道题。第三部分为民办高校教师职业幸福感影响因素测评题目,13种因素,每种因素2~4道题,共33道题。第四部分为民办高校教师离职意向,共2道题。

本研究的正式调研对象基于便利原则从全国民办高校教师中选取。笔者首先在问卷星网站上设计了网络问卷,并专门标示仅供民办高校承担课堂教学任务的专任教师填写(不含公办高校退休返聘教授、银龄教师和临时代课教师,也不包括党政领导干部、行政人员和辅导员)。然后于2022年9月至11月将网址和访问密码发给能够联系到的全国民办高校校领导/学院院长,再由他们将问卷链接发送到他们内部的工作QQ群或微信群,并通知老师们在手机、平板或电脑上自愿匿名填写。本问卷设置在填写完毕并成功提交之后可以领取微信红包,以对参与者表示感谢。本次调查共收到全国12个省(自治区、直辖市)26所民办高校2625份原始答卷。为了确保数据质量,笔者对这些原始答卷逐份进行了严格筛选。剔除的标准主要有:填写时间在100秒钟以下的、选择相同答案超过80%的、年龄为60岁以上或者离职原因为到了退休年龄的、年龄与教龄明显不合理的(比如年龄为20~30岁,教龄却选11年以上;年龄为31~40岁,教龄却选21年以上;年龄为41~50岁,教龄却选30年以上)、年龄与职称明显不合理的(比如年龄为40岁以上,职称却填助教)、年龄与收入明显不合理的(比如年龄为40岁以上,年收入却填低于5万元)、教龄与收入明显不合理的(比如教龄为26~30年,年收入却填低于5万元)、职称与学历明显不合理的(比如学历为博士,职称却填助教)、职称与收入明显不合理的(比如职称为教授,年收入却填低于5万元)、学历与收入明显不合理的(比如学历为博士,年收入却填低于5万元)、年收入与年课时明显不合理的(比如年收入低于5万元,年课时却填600以上)、职业幸福感水平与离职意向明显不合理的(比如职业幸福感选择非常幸福,离职意向却选择强烈想要离职)。笔者采取严格的问卷筛选程序,宁愿浪费掉有效问卷也要剔除掉滥竽充数的问卷,为的是确保数据的质量和整个研究的质量。经过这些程序的筛选,最终获得有效问卷2053份。

以获取的2053份有效问卷为数据来源,笔者运用SPSS 23.0软件对问卷中第二部分"民办高校教师职业幸福感组成维度"和第三部分"民办高校教师职业幸福感影响因素"进行信度分析。分析发现,组成维度总量表25道题目的克隆巴赫α值达到0.95,职业认同感、育人成就感、自我实现感、人际和谐感和工作愉悦感的克隆巴赫α值分别为0.87、0.86、0.93、0.89、0.91,均在0.70以上,再次证明所编问卷中的民办高校教师职业幸福感组成维度量表信度较高。另外,分析还发现,民办高校教师职业幸福感影响因素部分33道题目的整体克隆巴赫α值为0.87,工作要求、工作资源、外部环境和个体特征的克隆巴赫α值分别为0.86、0.93、0.91、0.81,也都大于

0.70,再次证明所编问卷中民办高校教师职业幸福感影响因素题目之间的内部一致性较高。

从 2053 份有效问卷可以看出,正式调研对象大部分为女性(占比 74.57%)和已婚者(占比 64.34%);他们普遍比较年轻,31～40 岁的教师占到近一半,20～30 岁的教师也较多,40 岁以上的教师相对较少;他们的教龄相对较短,教龄较长的教师较少;他们的职称以助教和讲师为主,副教授和教授相对较少,尤其是教授的比例只占到 1.02%;他们的学历以硕士为主,博士仅占 3.02%,还有 0.15% 的教师为专科学历;他们的收入普遍较低,大部分教师的年收入在 10 万元以下;他们的年课时大部分为 200～400。另外可以看出,民办高校开设文科专业较多,理科和工科专业相对较少,但该题项出现了一些缺省值。经查看原始问卷,主要是因为问卷调查的前几天网络问卷的题项跳转设置出了一点小问题,导致部分教师填写问卷时忽略了几道题目。笔者发现后随即进行了调整,并在运用 SPSS 23.0 软件进行分析时采取了缺省处理。正式调研对象人口属性特征一览表如表 4-6 所示。

表 4-6 正式调研对象人口属性特征一览表($n=2053$)

项目	类别	人数	百分比(%)	项目	类别	人数	百分比(%)
性别	男	522	25.43%	学历	专科	3	0.15%
	女	1531	74.57%		本科	295	14.37%
婚姻状态	未婚	691	33.66%		硕士	1693	82.46%
	已婚	1321	64.34%		博士	62	3.02%
	再次单身	32	1.56%	年收入	1 万～5 万元	73	3.56%
	再婚	9	0.44%		5.1 万～10 万元	1699	82.76%
年龄	20～30 岁	717	34.92%		10.1 万～15 万元	253	12.32%
	31～40 岁	989	48.17%		15.1 万～20 万元	26	1.27%
	41～50 岁	315	15.34%		20 万元以上	2	0.10%
	51～60 岁	32	1.56%	年课时	1～100	92	4.48%
教龄	1～5 年	1038	50.56%		101～200	367	17.88%
	6～10 年	452	22.02%		201～300	817	39.80%
	11～15 年	300	14.61%		301～400	492	23.96%
	16～20 年	212	10.33%		401～500	196	9.55%
	21～25 年	37	1.80%		501～600	56	2.73%
	26～30 年	14	0.68%		600 以上	33	1.61%

续表

项目	类　别	人数	百分比(%)	项目	类　别	人数	百分比(%)
职称	助教	845	41.16%	学科	文科	1133	55.19%
	讲师	800	38.97%		理科	269	13.10%
	副教授	387	18.85%		工科	366	17.83%
	教授	21	1.02%		缺省	285	13.88%

表 4-6 中关于民办高校教师的属性特征与前文对民办高校和民办高校教师的分析是一致的，也与已有研究对民办高校教师的调查结论相符。[1][2] 这说明本研究的正式调研数据具有一定代表性，能够反映我国民办高校教师队伍的基本情况。

2. 数据分析

前文对正式问卷进行了信度分析，分析结果表明正式问卷具有较好的内部一致性和稳定性。下面将对获取的 2053 份正式问卷数据进行探索性因子分析和验证性因子分析，以检验民办高校教师职业幸福感的"五维"结构。

正式问卷中关于民办高校教师职业幸福感组成维度的量表共 25 道题（在问卷中的题号为 Q11~Q35），而正式问卷回收有效问卷 2053 份，远远超过题项数量，因此从样本量与题项的数量关系来看，是适合做因子分析的。笔者对正式问卷数据进行 KMO 检验和 Bartlett 球形检验，$KMO=0.96$，适合进行因子分析；Approx. Chi-Square$=39149.74$，$df=300$，$P=0.000<0.001$，表示本群体的相关矩阵间有共同因素存在，适合进行因子分析。

1）探索性因子分析

运用 SPSS 23.0 软件对正式问卷数据中的民办高校教师职业幸福感组成维度题项（Q11~Q35）进行主成分分析，经正交旋转和 7 次迭代后，前 5 个因子的特征值大于 1，且累积方差解释率达到 72.87%，较全面地概括了数据特征。按照题项在 5 个因子中的最大载荷值进行归类，25 道题归属于 5 个公因子，其中第 11~15 题归属于公因子 1，第 16~20 题归属于公因子 2，第 21~26 题归属于公因子 3，第 27~30 题归属于公因子 4，第 31~35 题归属于公因子 5。另外，归属公因子之后所有题项的因子载荷值位于 0.52~0.83 之间，全部大于 0.40，且没有出现同一道题目在两个因子中的载荷值大于 0.40 的情况，说明没有需要删减的题目且题目的归属是合适的。这表明量表具有较好的结构效度。民办高校教师职业幸福感组成维度探索性因子分析结果简表如表 4-7 所示。

---

[1] 陈金平.基于学生视角的独立学院大学英语教学改革研究[M].武汉：武汉大学出版社，2014.
[2] 刘美云.民办高校青年教师发展问题研究[M].武汉：武汉大学出版社，2019.

表 4-7 民办高校教师职业幸福感组成维度探索性因子分析结果简表

题项	旋转后的成分矩阵[a]					累积方差解释率%
	成分					
	1	2	3	4	5	
Q11 我觉得教师这个职业虽然清贫,但非常有意义	0.26	0.18	**0.74**	0.14	0.10	公因子 1 49.91
Q12 我觉得教师这个职业有很大优越性	0.37	0.30	**0.52**	0.15	-0.17	
Q13 我为我能够帮助学生成长、培养人才感到高兴	0.08	0.16	**0.83**	0.15	0.28	
Q14 能够让学生不断取得进步,我觉得再累也值得	0.13	0.14	**0.82**	0.19	0.29	
Q15 总体而言,我上课时还比较投入	0.19	0.23	**0.76**	0.19	0.25	
Q16 我教的学生有很多考上研究生或找到比较理想的工作	0.19	0.28	0.16	**0.67**	-0.05	公因子 2 57.16
Q17 我觉得我还是教出了不少优秀的学生	0.11	0.39	0.29	**0.62**	0.18	
Q18 有不少学生毕业之后会在教师节等节假日给我发来祝福	0.14	0.19	0.11	**0.82**	0.18	
Q19 学生毕业之后给我的反馈,常让我感到兴奋	0.13	0.10	0.18	**0.74**	0.30	
Q20 经常有学生关心问候我的生活起居,我感觉非常温暖	0.20	0.14	0.10	**0.79**	0.09	
Q21 学生还比较认可我	0.19	**0.59**	0.22	0.31	0.40	公因子 3 64.09
Q22 当老师发挥了我的才干和潜力	0.28	**0.73**	0.22	0.29	0.25	
Q23 我对自己在工作中取得的成绩感到满意	0.30	**0.72**	0.20	0.27	0.25	
Q24 教书育人实现了我的人生理想	0.39	**0.69**	0.24	0.25	0.21	
Q25 我感受到在工作中自己不断变得成熟	0.31	**0.63**	0.26	0.18	0.39	
Q26 给学生上课激发了我的创造力	0.33	**0.52**	0.21	0.23	0.47	
Q27 我们同事之间能够互相帮助	0.39	0.28	0.19	0.15	**0.65**	公因子 4 69.31
Q28 我有几个关系非常好的同事朋友	0.28	0.26	0.19	0.17	**0.72**	
Q29 跟学生在一起,我感觉轻松愉快	0.29	0.38	0.31	0.23	**0.62**	
Q30 学生整体上还比较配合我的教学工作	0.18	0.27	0.35	0.16	**0.69**	

续表

题项	旋转后的成分矩阵a					累积方差解释率%
	成分					
	1	2	3	4	5	
Q31 我觉得学校的工作环境简单、单纯	**0.77**	0.06	0.11	0.17	0.24	公因子5 72.87
Q32 我对学校的工作环境和工作条件感到舒心	**0.82**	0.18	0.11	0.19	0.14	
Q33 我觉得学校的工作环境简单、单纯	**0.71**	0.31	0.22	0.13	0.21	
Q34 我非常喜欢现在的校园生活	**0.74**	0.29	0.20	0.16	0.29	
Q35 上课的时候,我感觉挺开心的	**0.72**	0.33	0.20	0.19	0.22	

提取方法:主成分分析法。

旋转方法:凯撒正态化最大方差法。a

a. 旋转在7次迭代后已收敛。

对于公因子的命名问题,笔者将表4-7中5个公因子下属的题项与正式问卷及预调研问卷进行对比,发现不同维度及其所属的题项没有发生变化。也就是说,公因子的名称可以沿用问卷中的民办高校教师职业幸福感组成维度的名称,即公因子1为职业认同感、公因子2为育人成就感、公因子3为自我实现感、公因子4为人际和谐感、公因子5为工作愉悦感。

2) 验证性因子分析

为了进一步检验量表结构(民办高校教师职业幸福感组成维度)的合理性,笔者运用AMOS 21.0软件对正式问卷中组成维度的数据进行验证性因子分析。验证性因子分析旨在检验量表中的观测变量与潜在变量之间因果模型是否与观测数据契合,通过检验观测变量对潜在变量是否有显著的载荷,以及与其他不相关的因子是否有显著载荷来判断量表的结构效度。

笔者采用极大似然估计法进行参数估计,来判断量表的结构模型在多大程度上拟合了数据,并采用CMIN/DF值、GFI值、IFI值、AGFI值、CFI值和RMSEA值作为衡量标准。一般来讲,CMIN/DF值小于5表明模型的拟合度是可以接受的;GFI值、IFI值、AGFI值、CFI值越大表示拟合度越好,大于0.90表示拟合度为优,大于0.95则说明结构模型与数据的拟合度非常高;RMSEA值也是评价模型拟合度的常用指标,小于0.10表示可以接受,小于0.08表示拟合度良好,小于0.05表示拟合度为优。在进行模型检验时,如果发现适配度不高,是允许进行修正的。如果修正后的模型在上述几项指标上达到要求,也表明该模型的结构效度是良好的。笔者对初始模型进行综合评估发现适配度欠佳,并且模型修正指数(MI)显示有数项指标的修正指数较高。笔者以不同的观察数据来检验,一次修正一个指标,经过三轮修正之后,模型拟合指数达到了比较理想的水平(见表 4-8)。

表 4-8 民办高校教师职业幸福感组成维度模型数据拟合指数表

CMIN/DF	P	GFI	IFI	AGFI	CFI	RMSEA
4.18	0.000	0.97	0.98	0.95	0.98	0.04

由表 4-8 可以看出,民办高校教师职业幸福感组成维度模型的数据拟合度是非常好的。除 CMIN/DF 值处于可以接受的范围之外,GFI 值、IFI 值、AGFI 值、CFI 值和 RMSEA 值均达到了优的程度。另外,模型中 5 个潜变量的平均方差提取值(AVE)和建构信度(CR)分别为:职业认同感 AVE=0.61、CR=0.89,育人成就感 AVE=0.55、CR=0.86,自我实现感 AVE=0.67、CR=0.93,人际和谐感 AVE=0.66、CR=0.89,工作愉悦感 AVE=0.66、CR=0.90。通常情况下,AVE 值大于 0.50、CR 值大于 0.70,说明数据聚合效度较好。上述五个潜变量的 AVE 和 CR 值均符合这一标准。这也进一步表明正式问卷中的民办高校教师职业幸福感组成维度测量量表具有良好的结构效度。民办高校教师职业幸福感因子模型图如图 4-2 所示。

图 4-2 显示,各维度测量题项的因子载荷值介于 0.50~0.90 之间。这与探索性因子分析得出的结果"所有题项的因子载荷值位于 0.52—0.86 之间"是基本一致的。采用不同的分析方法得出的结果是一致的,这一方面说明两种分析的过程是规范的,另一方面也说明各个题项的因子载荷值的确是处于这个水平。图 4-2 还显示,5 个潜变量之间的协方差均达到显著水平,5 个潜变量之间存在显著相关性。自我实现感和人际和谐感之间的相关系数最高,r=0.87,相关系数最低的也有 r=0.57(育人成就感和工作愉悦感)。这说明,这 5 种维度是相互关联的,而不是各自独立的,它们共同构成了民办高校教师职业幸福感。

3. 检验结果

上述探索性因子分析和验证性因子分析表明,民办高校教师职业幸福感组成维度量表的内部一致性较高,每个子主题的题目能够集中反映该子主题的含义,而几个子主题又集中反映了上一级主题的含义,主题与主题之间也存在显著相关性,量表的结构是合理的。该量表是根据质性研究归纳出的 5 个主题 16 个子主题设计而成的,量表的结构也就代表着民办高校教师职业幸福感的结构。因此,经过严格的问卷设计程序并对量表进行局部微调,并经过较大样本量的统计分析检验被证明是合理的量表结构,即为民办高校教师职业幸福感的结构。

也就是说,质性研究提出的"五维"结构理论得到了证实,即:民办高校教师职业幸福感是由职业认同感、育人成就感、自我实现感、人际和谐感和工作愉悦感组成的。但是,两个维度包含的分维度与质性研究的结果相比有微小变化,经过检验并得到修正的各个组成维度的结构是:职业认同感由教师职业意义感、教育工作使命感、教师职业优越感组成,育人成就感由学生成功自豪感、学生反馈兴奋感、学生关心温暖感组成,自我实现感由个人发展进步感、人生理想实现感、学生认可满足感、教学工作创造感组成,人际和谐感由同事相互支持感、师生交流轻松感、师生教学默契感组成,工作愉悦感由校园情景舒心感、工作环境单纯感、课堂教学快乐感组成。

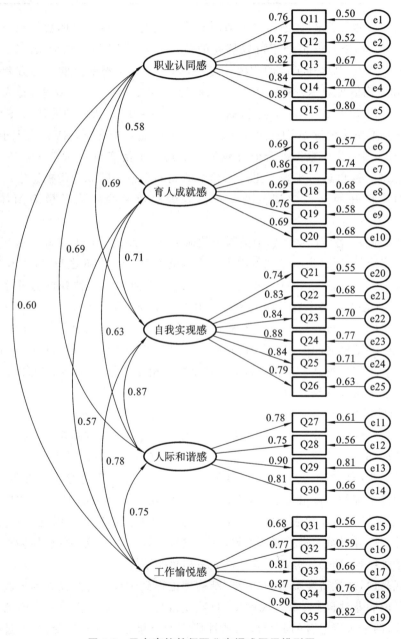

图 4-2 民办高校教师职业幸福感因子模型图

另外，对于每个维度幸福感的强度（每个维度幸福感占整体职业幸福感的比例），笔者也利用正式调研的数据进行了统计分析，并与质性研究的结果进行比较和验证。首先，根据正式问卷中每个维度所属题目的答案，计算该维度的得分均值。本量表采用李克特5级计分法，所以得分介于1～5分之间。其次，将5个维度的均值相加，并用每个维度的均值除以相加的和，算出每个维度占整体职业幸福感的百分比。最后，将问卷得出的结果与访谈得出的结果进行对比，分析异同。民办高校教师职业幸福感各维度质性研究与量化研究对比表如表4-9所示。

表4-9 民办高校教师职业幸福感各维度质性研究与量化研究对比表

维度	质性研究		量化研究					
	访谈初始占比	预调研调整后占比	个案数	最小值	最大值	均值	标准差	占比
职业认同感	62.04%	62.04%	2053	1.00	5.00	4.02	0.66	22.49%
育人成就感	16.79%	16.79%	2053	1.00	5.00	3.69	0.76	20.66%
自我实现感	14.96%	17.15%	2053	1.00	4.67	3.39	0.64	19.02%
人际和谐感	17.88%	15.69%	2053	1.00	4.75	3.48	0.64	19.49%
工作愉悦感	14.96%	14.96%	2053	1.00	4.60	3.28	0.76	18.34%

从表4-9可以看出，量化研究的结果与质性研究的结果大体上相同，仅有细微区别。相同之处在于，在两种研究中，职业认同感都是最高的、工作愉悦感都是最低的；不同之处在于，质性研究中的职业认同感明显比其他四种维度要高很多，并且中间三种维度的高低顺序有细微区别，量化研究中自我实现感比人际和谐感的水平要低。考虑到质性研究中样本量较小，仅有21名受访教师，而量化研究的样本量达到2053个；并且质性研究的分析是根据编码统计Nvivo中的参考点计算出来的，而量化研究中的分析则是运用专门的统计软件SPSS计算出来的。所以笔者认为量化研究的结果更为准确，是对质性研究的结果的修正，并将在后续分析中采用量化研究的结果。

二、民办高校教师职业幸福感结构内涵的理论阐释

根据前文章节中阐述的积极心理学幸福理论，幸福感包含主观幸福感、心理幸福感和社会幸福感三个组成部分，具体可以分解成积极的情绪、投入、人际关系、意义和成就5种元素。本章发现的民办高校教师职业幸福感"五维"结构与这5种元素基本是对应的，是这5种元素的具体形态。其中，职业认同感反映的是对教师职业的意义和价值的认同，相当于意义元素；育人成就感相当于成就元素；自我实现感反映的是在高度投入状态下自身潜能得到发挥的良好心理机能，可以对应投入；人际和

谐感相当于人际关系元素;工作愉悦感是一种快乐的情绪状态,相当于积极的情绪元素。

从幸福感的层次结构来看,主观幸福感和心理幸福感属于个体层面,社会幸福感属于社会层面,从主观体验到潜能发挥再到社会贡献,反映了幸福感三个层次之间层层递进而又逐渐深入的阶段式发展的整体态势。[①] 主观幸福感居于幸福感的最外层、心理幸福感处于中间层次、社会幸福感位于最内层。本研究发现的职业幸福感、育人成就感、自我实现感、人际和谐感和工作愉悦感的"五维"结构,是幸福感的主观幸福感、心理幸福感和社会幸福感三层心理结构在民办高校教师身上的具体体现。其中,工作愉悦感反映的是教师从教育工作中感受到的乐趣,属于教师的主观心理体验,可以归于主观幸福感,居于外围层次;自我实现感和人际和谐感反映的是教师良好的心理机能,可以归于心理幸福感,处于从发挥个体潜能转向关注他人和社会公共利益的中间层次;职业认同感和育人成就感反映的是教师职业对社会和他人的意义,涉及职业伦理价值,可以归入社会幸福感,居于民办高校教师职业幸福感系统中的最核心层次。

根据前文量化研究中得出的各维度强度占比数据,可以算出三个层次幸福感的强度占比。其中,主观幸福感为工作愉悦感,强度占比为 18.34%;心理幸福感包含自我实现感(19.02%)和人际和谐感(19.49%),强度占比为 38.51%;社会幸福感包含职业认同感(22.49%)和育人成就感(20.66%),强度占比为 43.15%。据此,可以构建民办高校教师职业幸福感结构示意图(见图 4-3)。

下面将从理论上进一步阐释民办高校教师职业幸福感的"五维"结构和主要特征。

(一)民办高校教师职业幸福感的组成维度

1. 职业认同感

职业认同是教师对与教育教学有关的知识、信念和态度进行表达,对教师职业相关的经验和价值进行解释、再解释并获得意义的过程。[②] 意义对人的生命至关重要,与身体健康和生活满意度紧密相关。[③] 积极心理学"幸福 2.0 理论"把意义作为幸福的一个重要元素,认为生活有了意义,就有助于幸福的达成。教师认同自身职业,就会对教师职业本身及本人承担的职业角色表现出积极的评价,产生积极的心理能量。研究表明,教师的职业认同感越高,其心理健康水平就越高,工作投入和职

[①] 陈浩彬,苗元江. 主观幸福感、心理幸福感与社会幸福感的关系研究[J]. 心理研究,2012,5(4):46-52.

[②] Urzua' A, Vásquez C. Reflection and professional identity in teachers' future-oriented discourse[J]. Teaching and Teacher Education,2008,24(7):1935-1946.

[③] Ryff C D, Singer B H, Love G D. Positive health: connecting well-being with biology[J]. Philosophical Transaction of the Royal Society,2004,359(1449):1383-1394.

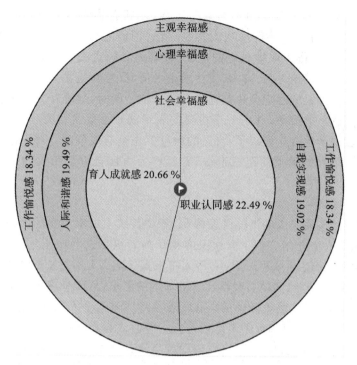

图 4-3 民办高校教师职业幸福感结构示意图

业满意度也相对更高。① 职业满意度提高,职业幸福感就会增强。不少民办高校教师正是认识到教师这个职业的重要意义,有了教育工作使命感,认识到教师职业的优越性,才喜欢教师这个职业,才选择当一名教师。正是他们对教师职业的认同和热爱,才催生了职业幸福感,这是一股根本性的力量。教师职业的根本意义在于培养人才,为社会做出贡献,所以职业认同感属于社会幸福感的范畴,处于核心层次。

2. 育人成就感

成就感是个体在完成某项学习或活动任务后产生的一种自我满足感,它促使个体的身心与客观环境保持平衡状态和增进健康。② 成就感不仅使人产生积极、愉悦的情绪,还让人认识到自己的活动更有价值,并产生对生活状态的控制感和决定意识。因此,积极心理学"幸福2.0理论"将成就作为幸福的一个重要元素,并认为成就是幸福诞生的现实依据,幸福是成功后自然的主观体验。教师的核心工作和职业目标是教书育人,教师的成就主要体现为育人的成就。民办高校教师的育人成就感主要包括学生成功自豪感、学生反馈兴奋感和学生关心温暖感。看到学生在学业成

---

① 吴伟炯,刘毅,路红,等. 本土心理资本与职业幸福感的关系[J]. 心理学报,2012,44(10):1349-1370.
② 朱智贤. 心理学大词典[M]. 北京:北京师范大学出版社,1989.

绩、思想品德、素质能力等方面不断取得进步,教师会感到由衷的欣慰并表现出积极、愉悦的情绪。当学生获得一项大奖、完成一项研究课题、考上心仪大学的研究生,或者毕业后在工作中取得较好的成绩,教师内心的自豪感会油然而生。而当学生把这些好消息反馈给教师并向其表达感激之情时,教师通常会掩饰不住内心的激动和兴奋,欢畅、满足的感觉会让其觉得无比幸福。同时,教师育人的成就也体现为学生思想和情感上的成熟,其中一个重要的表现就是学生主动关心老师,这也会让教师感觉所教的学生变得懂事了,自己的教育工作是有成就的。育人成就感是民办高校教师职业幸福感的重要组成部分,并且作为与社会贡献相关的一种社会幸福感,也居于核心层次。

3. 自我实现感

自我实现的实质是人的潜能的发挥[①]。哲学传统上的幸福实现论强调幸福不仅仅是快乐,更是人潜能的实现。亚里士多德认为幸福是人的功能之最充分的发挥。幸福感多维理论的创始人里夫(Ryff)等人将幸福感定义为通过发挥潜能努力达到完善的体验。[②] 激发潜能、实现自我整合了最基本的需求,从而呈现出一种更高层次的满足感和幸福感。民办高校教师的自我实现感主要包括个人发展进步感、人生理想实现感、学生认可满足感和教学工作创造感。他们认为当前的工作实现了自己教书育人的人生理想,体现了人生的价值,内心就会感到满意和幸福;在工作中展现自己的才干,自己获得成长,就会变得更加成熟和自信;他们在教学过程中思考、理解和创造合适的方法把知识传授给学生,就会满足不断改进、检验教学效果的好奇心并带来成功的兴奋感;得到学生的认可,受到学生的尊重和仰慕,就会感到由衷的高兴和满足。这些感受都能反映他们在职业生活中发挥了自己的潜能,实现了人生价值,从而收获职业幸福感。自我实现感是个体层面的高峰体验,属于心理幸福感的范畴,处于民办高校教师职业幸福感系统中的中间层次。

4. 人际和谐感

人际关系是生活的基石。[③] 人不可避免地会寻求与群体内其他成员的积极关系。[④] 积极心理学"幸福2.0理论"将人际关系作为幸福的一个重要元素。其研究表明,幸福不能存在于孤独之中,而是产生于真诚交流、团结合作、互相帮助和信任分享之中。对于民办高校教师而言,和谐的人际关系是他们感到幸福的重要组成部分。同事之间的相互支持和帮助、跟学生快乐的交流以及在课堂上学生的默契配合,都会让他们感受到与身边人亲密和谐的人际关系。如果我们能够花时间享受

---

① 焦建利. 马斯洛"自我实现"的实质[J]. 宝鸡文理学院学报(哲学社会科学版),1994(1):34-38,33.

② Ryff C D,Keyes C L M. The structure of psychological well-being[J]. Journal of Personality and Social Psychology,1995,69(4):719-727.

③ Berscheid E,Reis H T. Attraction and close relationships[M]//D T Gilberts,S T Fiske,G Lindzey. The handbook of social psychology. 4th ed. New York:McGraw-Hill,1998.

④ 马丁·塞利格曼. 持续的幸福[M]. 赵昱鲲,译. 杭州:浙江人民出版社,2012.

（教师身边的）这些亲密关系，那么我们不但会变得更幸福，而且能够获得更多的力量，克服一切艰难险阻。① 尤其是大部分民办高校教师比较年轻，处于职业生涯的"生存期"或者"适应期"而不是"成熟期"。他们面对新鲜的工作环境、繁重的教学任务和较高的科研要求，会出现较重的心理负担。同事之间的交流和支持能够给他们提供精神慰藉和实际帮助，与学生的交流会给他们带来轻松和快乐，学生的默契配合更会让他们感觉工作顺利和信心倍增，所以他们容易从这种和谐的人际关系中体验到幸福。和谐的人际关系反映人的健全心理机能，所以人际和谐感也属于心理幸福感，居于中间层次。

5. 工作愉悦感

愉悦是令人感觉良好、令神经活跃的一种正面情绪，是一种快乐的心理感受。幸福快乐论强调幸福主要就是快乐。伊壁鸠鲁把快乐视为幸福生活的开始和目的；阿里斯底波认为人生活的目标在于享受极大的快乐，幸福就是所有快乐的总和；洛克把幸福界定为所能享受的最大快乐；弗洛伊德认为幸福就是没有痛苦的强烈的快乐。虽然苏格拉底、柏拉图、亚里士多德和康德等人反对将幸福简单地等同于快乐，更强调人的理性能力和自我实现，快乐属于幸福的范畴却无人否认，尤其是内心深刻持久的精神快乐。民办高校教师的工作愉悦感主要包括校园情景舒心感、工作环境单纯感和课堂教学快乐感。教书本身是一件趣味性较强的工作，课堂是教师生命极重要的舞台，教师在课堂上高度专注和投入，可以忘掉疲惫和烦恼，沉浸在传道授业解惑、实现自我的喜悦之中。校园具有优美的环境、浓厚的文化氛围和多姿多彩的文娱活动，工作和生活于其中会给人一种心旷神怡的舒适感。夸美纽斯曾说过，学校本身应当是一个惬意的场所。一位受访教师也谈到，走在校园里，看见学生在那里读书、打篮球，就感到很开心，感觉自己也很年轻。除了物理的校园环境之外，人文环境的简单轻松也让人心情舒畅。民办高校教师正是由于从不同的工作场景中体验到快乐，他们才获得积极的情绪和愉悦的心情。积极心理学"幸福2.0理论"把积极的情绪作为幸福感的一个重要元素和外在表象。工作愉悦感也成为民办高校教师职业幸福感的组成部分，并且作为个体的一种主观体验，居于最外层。

（二）民办高校教师职业幸福感的主要特征

在民办高校教师职业幸福感的结构中，职业认同感和育人成就感作为社会幸福感是该系统的核心，也最强（社会幸福感占整体职业幸福感的43.15%）；自我实现感和人际和谐感作为心理幸福感是该系统的中间层次，强度居中（心理幸福感占整体职业幸福感的38.51%）；工作愉悦感作为主观幸福感是该系统的外围层次，强度最弱（主观幸福感占整体职业幸福感的18.34%）。这说明，民办高校教师职业幸福主

---

① 泰勒·本-沙哈尔.过你想过的生活[M].倪子君，刘骏杰，译.北京：中信出版社，2016.

要是一种培育人才、奉献社会的精神幸福；主要表现为内在的，而非外显的。精神幸福给人带来精神享受，是教师职业幸福的根本核心。精神幸福也是教师较普遍的职业幸福。本研究发现的"五维"结构反映了教师职业幸福感的本质属性。民办高校教师感受最深的主要是这种较根本、内在的精神幸福。精神性和内在性是民办高校教师职业幸福感较突出的两大特征。

1. 精神性

幸福是物质性和精神性的统一。教师职业幸福感虽然也要以一定的物质条件为基础，但精神性是其最鲜明的特色，这主要是因为教育活动本质上是一种精神活动，这种精神活动给教师带来精神享受，让教师体验到职业幸福。教育过程本身是一种精神对话，是一种以爱为基础的心灵交流。教师在教育的过程中虽然付出了身体上的劳累，但也获得了精神享受。檀传宝曾指出，这种师生之间在知识学习和道德人生上的精神融通和情感交流是在其他职业中所难以得到的享受。[①] 尤其是学生取得学业进步、道德成长和身心健康发展，最后成为一个幸福的人、一个对社会有用的人时，教师会从内心感到由衷的欣慰，这是教师较幸福的时候。教师职业幸福除了体现在与学生的心灵交流和学生的进步成长之外，还表现为教师享有崇高的社会地位。从古代的"天地君亲师"相并列和"贵师而重傅"的优良传统，到当今的《中华人民共和国教育法》规定"全社会应当尊重教师"，无不让教师在一种特殊的尊重中体验到幸福，而且这种幸福是其他职业难以企及的，是教师职业所特有的，也主要是精神性的。民办高校教师职业幸福感结构中社会幸福感最强，正是这种社会贡献的精神性的体现。

2. 内在性

幸福包括感性幸福和理性幸福两个维度，幸福感细分为主观幸福感、心理幸福感和社会幸福感。感性幸福以主观幸福感的形式主要表现为感官快乐，具有外显性的特点；理性幸福以心理幸福感和社会幸福感的形式主要表现为自我实现和社会贡献，具有内在性的特征。民办高校教师职业幸福虽然也包括感官快乐，比如享受优美的校园环境、可口的食堂美食、便捷的运动场所、丰富的校园活动、轻松的人文环境等，但是教师职业幸福更主要的是体现在自我实现和社会贡献，尤其是社会贡献。根据马斯洛的自我实现理论，个体充分发挥自身潜能，做到了应该做到的事情，就是自我实现。教师在整个职业生涯过程中，从入职之初到退休之后，都在竭尽全力进行创造性劳动，将自己的道德情操和学识才干毫无保留地示范给学生、传授给学生。与此同时，教师自身还要不断追求专业发展，不断提高和完善自己。心理学研究表明，当一个人以内在价值和自主选择的方式来追求目标并达到可行程度时，他的幸福感就会增加。当教师在退休时感叹问心无愧、此生无憾时，就说明其体验到了较完美的自我实现的幸福。当然，教师职业幸福最重要的体现还是在于立德树人，培

---

① 檀传宝.教师伦理学专题——教育伦理范畴研究[M].北京：北京师范大学出版社,2010.

养人才,为社会做出贡献。教师职业的劳动成果不是有形的产品,而是促进人的发展,使之成为有道德、有精神、有理想、有知识、有文化、有追求、对社会有用的人,将来能够幸福地生活并对社会做出贡献。教师的职业幸福也正在于这种成就。这种幸福是深层次的,是一种内在的幸福,不会稍纵即逝。民办高校教师职业幸福感结构中,位于最内层的社会幸福感和中间层的心理幸福感明显比最外层的主观幸福感要强,反映的就是这种内在性。

三、民办高校教师职业幸福感结构内涵解析与比较

根据前文通过质性研究对民办高校教师职业幸福感组成维度的归纳、通过量化研究对"五维"结构的检验,以及从理论上对各个组成维度和主要特征的阐释,其结构基本可以得到确认。下面将简要解析其内涵,并与公办高校教师职业幸福感的结构进行对比分析。

(一)民办高校教师职业幸福感的内涵解析

上述分析表明,民办高校教师职业幸福感是由职业认同感、育人成就感、自我实现感、人际和谐感和工作愉悦感组成的一个完整系统。精神性和内在性是其较鲜明的特征。据此,可以将民办高校教师职业幸福感定义为:教师在教育工作中认同教师职业、获得一定育人成就并实现自我价值、感受到和谐人际关系和工作愉悦的一种积极心理体验(见图 4-10)。认识了民办高校教师职业幸福感的结构和内涵,有助于探索其实现路径和支持条件,从而提出有针对性的提升策略。

表 4-10 民办高校教师职业幸福感内涵解析显示表

定 义	组 成 维 度	表 现 特 征
教师在教育工作中认同教师职业、获得一定育人成就并实现自我价值、感受到和谐人际关系和工作愉悦的一种积极心理体验	职业认同感 育人成就感 自我实现感 人际和谐感 工作愉悦感	精神性 内在性

(二)公办高校教师职业幸福感结构与民办高校教师职业幸福感结构比较

前文已经分析过,幸福感具有文化属性,不同群体的幸福感结构和影响因素存在一定差异,群体之间的文化特性差异越大,其幸福感的差异就越大。虽然教师是一个大的群体,具有教师职业的共同特征,但是不同的教师群体由于具体的制度文化环境存在一定差异,其职业幸福感也存在一定区别。前文中分析过,中小学教师和公办高校教师的职业幸福感结构有一定区别;小学教师的职业幸福感由教师专业

身份认同感、教育教学满意感、人际交往和谐感、职业情境舒适感四维度组成[①],公办高校教师职业幸福感包括学生发展、友好关系、工作满意、工作成就、工作自主和价值实现[②]。可以看出,这种区别不是根本性的,而是在教师职业幸福感的大框架下有些表现形式存在差异而已,这种差异在很大程度上是由中小学教师和公办高校教师在工作内容、工作要求、工作目标、工作资源、文化环境等方面存在区别而造成的。

民办高校教师属于高校教师,因此他们与公办高校教师是较为相似的。但是,民办高校与公办高校的工作环境具有一定区别,尤其是制度环境的差异较为明显,这就使得民办高校教师职业幸福感与公办高校教师职业幸福感不完全相同。下面将重点对比分析两者之间的异同。学界对教师职业幸福感结构的探讨不多,尤其是采用实证方法进行定量分析的研究成果较为少见。公办高校教师职业幸福感结构与民办高校教师职业幸福感结构对比表如表4-11所示。

表4-11 公办高校教师职业幸福感结构与民办高校教师职业幸福感结构对比表

项目	公办高校教师职业幸福感结构	民办高校教师职业幸福感结构
结论来源	张玉柱、金盛华《高校教师职业幸福感的结构与测量》	本研究
研究方法	通过访谈构建量表,并使用探索性因子分析和验证性因子分析方法对问卷调查结果进行分析	
组成维度	学生发展 友好关系 工作满意 工作成就 工作自主 价值实现	职业认同感 育人成就感 自我实现感 人际和谐感 工作愉悦感

表4-11显示,两项研究的方法路径是完全一致的,得出的结论大体是相同的,但也略有区别。公办高校教师职业幸福感结构由学生发展、友好关系、工作满意、工作成就、工作自主和价值实现六个维度组成,而民办高校教师职业幸福感由职业认同感、育人成就感、自我实现感、人际和谐感、工作愉悦感五个维度组成。其中,民办高校教师的育人成就感与公办高校教师的学生发展在较大程度上是相同的,人际和谐感与友好关系相对应,自我实现感与价值实现相对应。职业认同感是民办高校教师

---

① 胡忠英.教师幸福感结构的实证研究[J].全球教育展望,2015,44(4):86-94.
② 张玉柱,金盛华.高校教师职业幸福感的结构与测量[J].心理与行为研究,2013,11(5):629-634.

体会到的一种比较强烈的幸福感,这可能因为不少民办高校教师是真正喜欢当老师、认可教师这个职业才选择到民办高校教书,职业信念成为他们忽略学校类型而选择从教的主要动因。这一点在他们对职业生活进行感知评价时比较明显。在回答"您当初为什么选择到民办高校来教书"时,受访的21名教师中有12名教师表示"就喜欢当老师,没有考虑其他的职业"。另外,工作愉悦感也是民办高校教师体会到的一种幸福感,这可能一方面是因为他们确实喜欢教书,另一方面是因为他们大部分从教时间较短,对校园生活、对教学工作有新鲜感和兴奋感。但是,公办高校教师体会突出的工作成就、工作自主和工作满意,对于民办高校教师来说并不明显。民办高校教师普遍较为年轻,工作年限不长,还难以取得较大的工作成就,更多的是体会到个人的发展进步(归于自我实现感)。他们的工作自主权也比较小,这主要是由于民办高校普遍实行企业式管理造成的。投资方对学校的日常管理往往表现出一定程度的专断,导致教师民主参与学校事务的程度较低。受访的21名教师中有14名教师谈到自己在学校的地位较低,主要是执行命令、完成任务。基于这样的工作环境,他们很难对工作表现出较明显的满意。可以看出,民办高校教师职业幸福感结构的独特性主要体现在较强的职业认同感和一定的工作愉悦感,这是与公办高校教师职业幸福感结构较为明显的区别。

当然,应该说,民办高校教师职业幸福感与公办高校教师职业幸福感,甚至与中小学教师职业幸福感,在本质上和特点上没有根本的区别,只是在不同工作环境中的表现形式存在一定差异而已。这是由教师职业的根本属性所决定的。不管是民办高校教师,还是公办高校教师,甚至是中小学教师,都具有责任重、专业强、压力大、成效慢、关联多等共同特点,他们的职业幸福感都具有主观幸福感、心理幸福感和社会幸福感三层结构,精神性和内在性是他们的职业幸福感的共同特征。然而,他们的工作目标和工作任务存在一定差异,工作要求和工作资源也有所不同,这就使得他们的职业幸福感在具体的表现形式方面不完全相同。在文献综述中已有研究探索了中小学教师和公办高校教师职业幸福感的组成维度,本研究探索了民办高校教师职业幸福感的组成维度,经过比较,也证明了这一点。

本章回答了第一个研究问题:民办高校教师职业幸福感是什么(民办高校教师职业幸福感由哪些维度组成,具有什么特征,其定义是什么,民办高校教师职业幸福感的结构与公办高校教师职业幸福感的结构相比有何异同)。

第五章　民办高校教师职业幸福感的水平现状

英国历史学家罗德里克·弗拉德(Roderick Floud)说:当我们在描述存在于过去或存在于现在的人类社会时,我们就不可避免地要使用数字和数量。① 通过量化技术,我们能够跳出个体感觉经验的局限,由感性知觉到理性研究,由模糊混沌的体验转化为明确清晰的测评。② 本研究针对民办高校教师职业幸福感的水平现状,主要根据前面量化研究的数据,并结合质性访谈的文本资料进行分析。其中,对于量化研究的数据,由于本研究调查问卷采用李克特5级计分制,所以主要根据题项的均值判断幸福感的高低程度。在问卷中,1表示完全不符合、2表示不太符合、3表示不好说(中立)、4表示比较符合、5表示完全符合,而且所有题项均为正向题。因此,均值越大表示幸福感越高,1表示很不幸福、2表示不太幸福、3表示说不上幸福,也说不上不幸福(中立)、4表示有点幸福、5表示很幸福。访谈的文本资料则根据受访者的描述分析判断其幸福感水平的高低程度。

需要说明的是,前面章节已经归纳出正式调研数据中民办高校教师职业幸福感各维度的均值和标准差,但主要侧重于统计各维度在整体职业幸福感中的占比。本章将进一步分析各维度的均值和标准差,但主要侧重于判断各维度的水平高低,并结合访谈资料深入描绘民办高校教师职业幸福感的现实样态。也就是说,本章与前面章节使用的问卷调查数据是相同的,但分析的目的不同。另外,本章还将详细分析具有不同人口属性特征的民办高校教师的整体职业幸福感及各维度幸福感的具体差异,以深度呈现民办高校教师各个群体职业幸福感的水平现状。有些研究将教师的性别、婚姻状态、年龄、教龄、职称、学历等人口属性特征归为教师职业幸福感的影响因素,但正如笔者在文献综述中所归纳的那样,人口属性特征属于客观因素,是教师个体特征的客观事实,并不能轻易改变,而笔者在后续章节中将要探索的影响机制主要指可以改变的主观因素。因此,本研究不将教师的人口属性特征作为职业幸福感的影响因素来探讨,而是将其作为区分不同组别教师的依据,这样可以更为深入细致地探讨民办高校教师职业幸福感的水平现状。前面文献综述表明,教师的人口属性特征对教师职业幸福感的影响存在不同的甚至是完全相反的结论;还有研

---

① 田汝康,金重远.现代西方史学流派文选[M].上海:上海人民出版社,1982.
② 苗元江.幸福感,社会心理的"晴雨表"[J].社会,2002(8):40-43.

究发现,人口属性特征只能解释幸福感差异的极小部分。[①] 因此,将教师的人口属性特征作为职业幸福感的影响因素来讨论意义不大,也难以根据教师的人口属性特征提升其职业幸福感。事实上,对于职业幸福感影响因素的探索,近年来的研究更多的是关注人口属性特征之外的其他因素。这也是本研究不将教师的人口属性特征作为职业幸福感的影响因素来探讨的重要原因。

一、民办高校教师职业幸福感总体水平

本研究在正式问卷中单独设置了一道题目,请受访教师评价自己的整体职业幸福感水平(Q10:您觉得您现在的职业幸福感处于什么水平?),同时设置了由 25 道题目组成的"民办高校教师职业幸福感组成维度"量表,该量表又分为 5 个维度。可以根据 Q10 题项的均值和 25 道题目加总的均值来判断整体职业幸福感水平,根据每个维度所属题项加总的均值来判断每个维度幸福感的水平。民办高校教师职业幸福感描述性统计结果表如表 5-1 所示。

表 5-1 民办高校教师职业幸福感描述性统计结果表

项目	最小值	最大值	均值	标准差
Q10:您觉得您现在的职业幸福感处于什么水平?	1.00	5.00	3.60	0.81
整体职业幸福感	1.04	4.64	3.57	0.56
职业认同感	1.00	5.00	4.02	0.66
育人成就感	1.00	5.00	3.69	0.76
自我实现感	1.00	4.67	3.39	0.64
人际和谐感	1.00	4.75	3.48	0.64
工作愉悦感	1.00	4.60	3.28	0.76

(一)整体职业幸福感水平

从表 5-1 可以看出,关于民办高校教师整体职业幸福感的两种统计途径的均值比较接近。一是单项题目"Q10:您觉得您现在的职业幸福感处于什么水平?"的均值为 3.60,二是 25 道题目加总之后的均值为 3.57。这说明,他们的整体职业幸福感介于 3.57~3.60 之间的水平,即处于"说不上幸福,也说不上不幸福(中立)"与"有点幸福"之间,但又偏向"有点幸福"的水平,总体上倾向一般。

从单项题目 Q10 的各个选项的选择人数来看,选择"1 很不幸福"的人数占总样本的 0.79%、选择"2 不太幸福"的人数占总样本的 6.00%、选择"3 说不上幸福,也说不上不幸福(中立)"的人数占总样本的 37.78%、选择"4 有点幸福"的人数占总样本的 43.21%、选择"5 很幸福"的人数占总样本的 12.22%(见图 5-1)。选择 3 和 4 的

---

① Argyle M. The psychology of happiness[M]. London:Routledge,2001.

人数占到总样本的 80.99%。再从 25 道题目加总后的整体职业幸福感的选择人数百分比来看,选择 3 以下的百分比为 10.91%,选择 3~4 的百分比为 64.15%,选择 5 的百分比为 24.94%(数据相对更集中,标准差更小)。可见,绝大多数民办高校教师的整体职业幸福感介于 3~4 之间的水平。

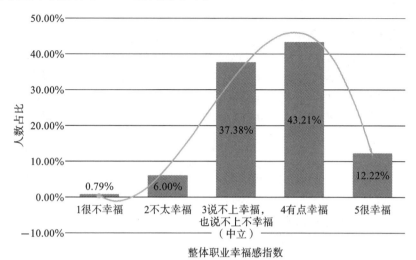

图 5-1　民办高校教师整体职业幸福感水平分布图

民办高校教师职业幸福感的这种水平也可以从访谈资料中感受到。一名受访教师在回答"您在这所民办高校教书,职业生活幸福吗？为什么？"这个问题时,其幸福感体验有一定代表性。这名教师说：

我在民办高校教书,有一点幸福但又没有那么幸福。有一点幸福其实并不是这个学校带给我的,更多的是大学老师这个职业带给我的。比如说,教师职业比较稳定,时间比较自由,同事关系比较好处,能跟学生交流,等等。但是呢,又没有特别幸福。这是因为,我觉得这个学校管得比较严,尤其是这两年面临评估,然后感觉生活在一种高压之下。身边不断有同事离职。基本上一个学期就离职了好几个,这个学期又有两个离职了。你不知道什么时候你的合同就突然到期了,然后就不续签了,然后你的年龄又到 40 岁了。如果我 40 岁时把我再放到人才市场上,可能也没有什么竞争力了。(FML3)

可以看出,这名教师有一定的职业认同感和人际和谐感,却有较强的工作不安全感,所以降低了其职业幸福感水平,最终整体职业幸福感水平为一般。

(二) 各维度职业幸福感水平

从表 5-1 还可以看出,民办高校教师职业幸福感五个维度的均值存在一定差异,其中职业认同感最高,数值为 4.02,达到"有点幸福"的水平;育人成就感其次,数值为 3.69,与整体职业幸福感水平相当;自我实现感和人际和谐感比较接近,数值分别为 3.39 和 3.48,人际和谐感稍高,均处于一般水平;工作愉悦感最低,数值为 3.28,接近"说不上幸福,也说不上不幸福(中立)"的水平。另外,这 5 个维度职业幸福感的标准差也存在一定差异。育人成就感和工作愉悦感的标准差最大,均为 0.76,说明不同教师对这两个维度存在较大的感知差异,两极分化更严重一些;职业认同感、自我实现感和人际和谐感的标准差比较接近,分别为 0.66、0.64 和 0.64,说明教师在这三个方面的感知相对集中一些。

在 5 个维度中,职业认同感和育人成就感要高于整体职业幸福感,而自我实现感、人际和谐感和工作愉悦感均低于整体职业幸福感。这说明,职业认同感和育人成就感对民办高校教师职业幸福感具有重要作用,而这两个维度代表的是社会幸福感,这也从另一个侧面证明了民办高校教师职业幸福主要是一种奉献社会的精神幸福。

1. 职业认同感

职业认同感是"五维"结构中均值最高的,为 4.02,达到"有点幸福"的水平。为了进一步了解民办高校教师在职业认同感不同水平层次上的人数百分比,笔者运用 SPSS 23.0 将正式问卷中该维度的 5 道题目进行加总处理,并计算选项的频率,结果表明选择不同分值的教师人数(频率)以及占所有样本的百分比(包括当前分值的有效百分比和累计百分比)存在一定的特点。以 3(中立)为界线,选择 3 以下的教师人数相对较少,选择 3 及以上的教师人数明显增多。选择 1~2(介于很不幸福到不太幸福)之间的教师人数占 2.19%,选择 3(说不上幸福,也说不上不幸福)以下的教师人数占 6.58%;但是,选择 3~4(介于中立到有点幸福)之间的教师人数占 45.49%,选择 4~5(介于有点幸福到很幸福)之间的教师人数更是占到 47.92%,接近全部样本的一半。这些数据表明,绝大部分民办高校教师具有职业认同感,而且职业认同感较高,完全没有职业认同感的教师只占 6.58%。

职业认同感包含教师职业意义感、教育工作使命感和教师职业优越感三个分维度。分维度的水平高低可以进一步说明民办高校教师职业认同感的具体情况。运用 SPSS 23.0 统计三个分维度的均值和标准差。其中教师职业意义感的均值最高(4.32),教育工作使命感其次(4.13),教师职业优越感最低(3.20)。这说明,民办高校教师认同教师这个职业,主要是因为他们认为教师这个职业是很有意义的,并产生一种培养人才的使命感,同时也感受到这种职业的优越性。正如一名受访教师所言:

我觉得在教书育人方面有成效。一分耕耘一分收获,你的劳动成果能够得到学生、学校、社会的认可和尊重,自己就会感觉幸福。个人方面,自己热爱这个行业,老师本来就是一种很光荣的职业。能够为社会培养人才,本身就感觉挺幸福的。(FML4)

还有受访教师专门提到,在民办高校任教也有独特的意义:

在民办高校当老师当然也有意义。毕竟民办高校也解决了部分学生上大学的问题。作为本科教育,它既然存在,肯定有它的道理,也解决了学生追求高等教育的这种渴望心理。所以我感觉在社会上,我们还是创造了价值。我感觉还比较幸福。(FMP1)

我觉得另一个比较幸福的地方是,像我们第一届的这个汉语国际教育专业招了27个学生,考取研究生的就有14个,还有出国教书的,还有在国内当了公办学校、私立学校老师的,绝大多数同学都非常感谢老师,毕业之后都给老师发消息,民办高校的作用就体现出来了。工作还是很有意义的。(MML1)

上面是关于三个分维度的整体水平的分析。同时,在这三个分维度中,教师职业意义感和教育工作使命感的标准差相对较小(分别为0.77和0.61),而教师职业优越感的标准差明显要大很多(1.17)。这说明,前两者不仅水平要高一些,而且不同教师的区别不是特别大;教师职业优越感不仅水平要低很多,而且不同教师对此的感知也存在很大差异,有些教师觉得教师这个职业有很大优越性,有些教师却不这么认为。至于有多少教师感受到了职业认同感的这三个分维度,下面将通过统计每个分维度题目的答案选项占比,来进一步探析三个分维度水平的高低。

在回答"我觉得教师这个职业虽然清贫,但非常有意义"这个关于教师职业意义感的题项时,44.91%的教师表示"比较符合"、41.74%的教师表示"完全符合"。这表明86.65%的民办高校教师认识到教师职业具有重要的意义,这个比例是非常高的,而且选择"完全符合"的教师人数占接近一半。在回答另一个关于教师职业意义感的题项"我为我能够帮助学生成长、培养人才感到高兴"时,36.87%的教师表示"比较符合"、58.74%的教师表示"完全符合",两者相加达到95.61%。这表明绝大部分民办高校教师都是认同教师职业的意义的,这对他们产生职业认同感和职业幸福感奠定了坚实的基础。在回答"能够让学生不断取得进步,我觉得再累也值得"这个关于教育工作使命感的题项时,高达92.26%的教师表示"比较符合"、1.56%的教师表示"完全符合",两者相加达到93.82%。在回答关于教育工作使命感的题项"总体而言,我上课时还比较投入"上,42.08%的教师表示"比较符合"、50.51%的教师表示"完全符合",两者相加达到92.59%。这反映出,民办高校教师不仅具有较高的教育工作使命感,而且有具体的行为表现,能够将使命感落实到实际工作中,这从一个侧面也说明他们的教育工作使命感是真实存在的。在回答"我觉得教师这个职业有很大优越性"这个关于教师职业优越感的题项时,2.00%的教师表示"比较符合"、22.21%的教师表示"完全符合",两者相加仅占24.21%。这些统计数据显示,在职业认同感的三个分维度中,具有教师职业意义感和教育工作使命感的教师人数明显较多,具有教师职业优越感的教师人数占比较低。这与三个分维度的均值的大小是一致的。

总体来看,职业认同感是五个维度中均值最高的,但也只达到"4有点幸福"的水平,还需要进一步提升。同时,还有6.58%的教师完全没有职业认同感,这是需要引起重视的。在职业认同感的三个分维度中,教师职业优越感是最低的,仅有24.21%

的教师认为教师职业是有优越感的,这个比例显然较低。因此,还需要进一步提高他们对教师这个职业的优越性的认识。

2. 育人成就感

育人成就感在"五维"结构中均值位居第二,数值为 3.69,明显要低于"4 有点幸福"的水平。运用 SPSS 23.0 将该维度 5 道题目的均值进行加总处理,可以看出民办高校教师在育人成就感不同水平层次上的人数百分比,结果显示选择 3(中立)以下的人数占比为 13.40%,这说明,完全没有育人成就感的人数比完全没有职业认同感的人数要多;选择 3~4(介于中立到有点幸福)之间的人数占 44.52%,明显增多;选择 4~5(介于有点幸福到很幸福)之间的人数稍微少一些,占 42.08%。这些数据表明,绝大部分民办高校教师具有育人成就感,而且大部分人还比较高;但是,两极分化要明显一些(标准差达到 0.76),完全没有育人成就感的人数占比超过 10%。

该维度包含学生成功自豪感、学生反馈兴奋感、学生关心温暖感三个分维度。通过分析每个分维度的均值和标准差,可以进一步探析民办高校教师育人成就感的具体情况。其中,学生反馈兴奋感的均值最高(3.85),其次是学生成功自豪感(3.60),学生关心温暖感最低(3.56)。可见,学生给老师反馈自己的进步与成就对于教师的育人成就感是非常重要的;学生毕业之后如果能够经常给老师反馈他们在工作和生活中取得的一些成绩,将极大提高教师的育人成就感。然而,在民办高校,学生对老师的关心还不是很多,这在一定程度上降低了教师的育人成就感。在访谈中,有老师谈到了这些感受。

我有一个 2017 级的学生,他已经毕业了。他当时考研没考上,今年他考研成功了,马上就给我发消息。这个学生能够在第一时间告诉我,并且还感谢我教会了他很多做人做事、不放弃的道理。我当时感觉挺好。这是他对我的信任,我感到特别自豪和光荣!所以说,能够看到自己的学生有好的发展,有好的成就,自己就感觉特别幸福。(FML4)

这名教师就体验到了典型的学生成功自豪感和学生反馈兴奋感。以前教过的一个学生,后来终于考上了研究生,然后第一时间告诉老师,而且表达了深深的感谢,这是育人成就感的一种典型体现。

在学生就业过程当中,倒不是说他找到非常好的工作,而是他参加工作之后回头告诉我说:"老师,我在课堂当中所学到的在工作当中也用到了。"这就使我感到非常幸福。(MMA3)

这名教师的感受说明,学生在毕业之后哪怕只是给老师反馈一下他在课堂上所学是有用的,都能让当老师的感到幸福。试想一下,如果学生反馈的是自己在事业上取得较大的进步或成就,老师可能会感到更加幸福。因为这直接反映了育人成就,体现的是教师职业价值。

特别幸福的倒没有,但是"小确幸"还是有的,比如说我过生日的时候,有的学生会比较细心,他们会给我一些特别温馨的瞬间,比如说会给我唱一首歌什么的,这让我觉得很幸福。教师节的时候还有学生会发短信给我。有些学生是我教过好长时间的,还有七八年前的学生,其实我都已经想不起来是谁了,但是他的举动让我觉得挺幸福的。(FML2)

这名教师的感受说明,学生不管是在校期间还是毕业之后,如果能够关心问候老师,尤其是在一些重要的节假日时,老师就会觉得温馨幸福。这说明,教师的工作得到了学生的认可,教师本人受到学生的喜爱,而学生也变得懂事,也是育人成就的一种体现。

再来看看三个分维度的标准差。在三个分维度中,学生成功自豪感和学生反馈兴奋感的标准差相对较小(分别为0.76和0.86),而学生关心温暖感的标准差明显要大很多(1.13)。这说明,民办高校教师普遍感受到学生取得进步和成就,并收到学生的积极反馈。但是,学生的关心存在较大差异,有的老师感受到学生的关心,有的老师却没有。那么,到底有多少教师具有这三个分维度的幸福感?每个分维度的幸福感占比如何?可以通过统计每道题目选择"比较符合"和"完全符合"的人数占比来反映。

在回答"我觉得我还是教出了不少优秀的学生"这个反映教育结果的题项时,分别有56.41%和17.39%的教师选择"比较符合"和"完全符合",这说明73.80%的民办高校教师认为自己在育人方面还是有成就的,所培养的学生还是很优秀的,这是他们育人成就感最重要、最直接的来源。在具体的成效方面,分别有36.73%和8.82%的教师认为"比较符合"和"完全符合""我教的学生有很多考上研究生或找到比较理想的工作",这就进一步说明了他们的育人成就是真实可见的。在学生的反馈方面,对于题项"有不少学生毕业之后会在教师节等节假日给我发来祝福",48.81%的教师选择"比较符合"、17.73%的教师选择"完全符合"。分别有49.29%和30.83%的教师认为"比较符合"和"完全符合""学生毕业之后给我的反馈,常让我感到兴奋",两者相加达到80.12%。这说明,绝大部分民办高校教师为自己培养的学生感到自豪,并且收到学生的正面反馈时感到非常兴奋,这进一步激发了他们的育人成就感。另外,分别有39.94%和20.70%的教师表示"比较符合"和"完全符合""经常有学生关心问候我的生活起居,我感觉非常温暖",两者相加为60.64%。这些数据表明,具有学生反馈兴奋感的教师人数是最多的,其次是学生成功自豪感,最后是学生关心温暖感,这与三个分维度的均值大小顺序是一致的。

总体来看,育人成就感虽然在"五维"结构中均值位居第二,但实际水平并不高,而且13.40%的教师完全没有任何育人成就感,这个比例是比较高的。教育的核心任务是培养人才,但超过10%的教师没有任何育人成就感,这说明民办高校还需要进一步提高人才培养的成效。在三个分维度中,学生成功自豪感和学生关心温暖感比较低,这反映出民办高校学生取得大的成就的还不是很多,而且师生关系和情谊也不是非常深厚。这些与民办高校的办学水平和校园文化是紧密相关的。

3. 自我实现感

在民办高校教师职业幸福感的"五维"结构中,自我实现感的均值相对较低,数值为3.39,接近中立(说不上幸福,也说不上不幸福)的水平。运用SPSS 23.0对每个水平层次的教师人数占比进行分析发现,自我实现感的最大值为4.67,这与前面职业认同感和育人成就感的最大值为5不同。这说明,没有一名教师对于自我实现感的所有题目全部选5,也就是说,没有一名教师对自我实现感的每个分维度都感觉"很幸福"。具体来讲,选择3以下的教师人数占比为15.64%,选择3~4之间的教师人数占比为59.32%,选择4~4.67之间的教师人数占比为24.94%。这些数据表明,完全没有自我实现感的教师人数是比较多的,明显比前两个分维度要多,绝大部分教师的自我实现感处于很一般的水平。

该维度包含个人发展进步感、人生理想实现感、学生认可满足感、教学工作创造感四个分维度。为了进一步探析自我实现感的具体情况,下面将运用SPSS 23.0统计每个分维度的均值和标准差。其中,人生理想实现感的均值是最低的,仅为3.11,接近中立水平。这说明,大部分民办高校教师的人生理想并没有得到很好的实现。教学工作创造感的均值最高,数值为3.79,这说明普遍较为年轻的民办高校教师群体喜欢在教学中改革创新,并有一定的收获。个人发展进步感和学生认可满足感居中(均值分别为3.41和3.23),但总体上水平也比较低,这说明他们感受到自己的成长进步并不大,获得学生的认可也不太多。这些分维度的情况从访谈中教师的回答可见一斑。

我可能跟有些同志想得不太一样,我不追求金钱和名利。我追求的是,实现我当老师教书育人的这样一个想法。所以让我感到最幸福的,就是有这么一个平台,让我去跟学生一起进行学习、研究。虽然可能学生的基础不怎么好,但至少我能够在这个地方发挥我的才能,实现我的理想,我感觉这是我最快乐的地方。而且我这几年的教学评价全部都是优秀。在这儿实现我的人生价值,这就是我感到最幸福的地方。(MML1)

我来这个学校主要是考虑地理位置,还有校园环境,当时想着进学校里面上班先锻炼一下。我的人生理想不在这里。公办高校进不了,也参加了一些考试,但是没有成功。先在这边工作,后面有机会再发展吧!(FML4)

这两名教师的回答表明,有的教师感觉在民办高校可以实现自己的人生理想,但也有教师把民办高校当作跳板,认为在这里并不能实现自己的人生理想。

当老师,也是磨炼心性的一个过程吧。我觉得我现在比以前更有耐心,更成熟。对待自己的孩子,对待自己的家人,都会更耐心一些。从事教育工作,可以给个人的成长带来一些好处。对个人的家庭生活,对个人,都还是有帮助的。当老师的话,会有更多的时间和精力去照顾自己的家庭。然后在教育上面,在与家人相处方面,你就会潜移默化地去用自己更多的耐心去思考怎么去把家庭经营好,怎么去把孩子教育好。这也是一个提升!(FMA4)

个人的发展,在科研方面说实话没有太大的提高。因为训练得比较少,也没有一个专门的系统训练教我怎么去做科研。学校在培训方面也做得不好,它是一味地催着大家写文章,但是我们如何选题、如何从事研究,就很少有这方面的讲座。所以科研能力方面没有得到长足的进步。但在教学方面还是有一些进步的,因为这个教材我教过两遍了,对教材比较熟悉,也了解民办高校学生的特点,知道上课的时候该用什么方式与他们互动,觉得教学水平有进步,科研方面没有。(FML3)

这两位受访教师的回答显示,在个人发展进步方面,他们能够明显地感觉到,随着工作时间的推移,自己变得更加成熟,同时经过课堂教学的磨炼,自己的教学水平也得到提高。但是,由于民办高校对科研工作重视程度不够,培训力度不大,教师的科研能力提升并不明显。

然后就是,在工作当中可以有更多的创造力!在企业里面工作,你可能更多的是接受领导安排的任务。但在教师工作中,你可以更多地去发挥自己的创造性。比如说,你怎么把课上好,怎么在课余钻研更多的知识,然后把这些传授给学生,我觉得有更多可以发挥的地方。(FMA4)

这名教师是从企业转到民办高校工作的,因此她对企业的工作特点和学校的工作特点都比较了解。经过对比,她明显感受到教学工作的创造感。她认为教学工作发挥了自己的创造性,也是自身潜能的一种实现。

上述分析反映了自我实现感四个分维度的情况。在这四个分维度中,学生认可满足感和教学工作创造感的标准差相对较小(分别为0.64和0.65),人生理想实现感的标准差居中(0.75),而个人发展进步感的标准差最大(1.17)。这说明,不同教师对前两者的感知区别不大,对人生理想实现感开始出现一定差异,而对个人发展进步感则存在较大差异,有的教师感觉自己取得了很大的进步,有的教师则感觉自己没有什么进步。下面将通过统计每道题目答案中选择"比较符合"和"完全符合"的数量进一步分析具有每个分维度幸福感的教师人数占比。

在回答"教书育人实现了我的人生理想"题项时,28.59%的教师认为"比较符合",1.36%的教师认为"完全符合",这表明近三分之一的民办高校教师认为当老师实现了自己的人生理想,因而产生人生理想实现感。对于个人发展进步感,在回答"我感受到在工作中自己不断变得成熟"题项时,分别有35.12%和0.88%的教师选择"比较符合"和"完全符合",这表明超过三分之一的教师认为自己通过职业生活获得了全面成长;在回答"当老师发挥了我的才干和潜力"题项时,分别有2.14%和28.06%的教师选择"比较符合"和"完全符合",两者相加达到三分之一;在回答"我对自己在工作中取得的成绩感到满意"时有1.90%和27.42%的教师选择"比较符合"和"完全符合",两者相加接近三分之一。对于学生认可满足感,29.27%的教师认为"学生还比较认可我""比较符合"自身实际情况,1.22%的教师认为"完全符合",两者相加约为三分之一。对于教学工作创造感,88.70%的教师认为"给学生上课激发了我的创造力""比较符合"自己的实际情况,0.68%的教师认为"完全符合",两者相加接近

90%。可见绝大部分民办高校教师具有教学工作创造感。在人生理想实现感的几个分维度中,除具有教学工作创造感的人数较多之外,其余均占三分之一左右。这一结果与四个分维度的均值大小基本是一致的。细微的区别是由四个分维度的标准差造成的。

总体来看,自我实现感的均值在"五维"结构中排在第四位,也就是倒数第二,而且标准差是五个维度中最小的。这说明民办高校教师的自我实现感较低,而且不同教师的区别不大,是一种普遍现象。自我实现的本质是发挥自身潜能。也就是说,绝大部分民办高校教师感觉自身潜能没有完全发挥出来,或者发挥得不充分。在四个分维度中,人生理想实现感的均值最低,这表明大部分民办高校教师感觉没有很好地实现自己的人生理想。这是导致他们职业幸福感不高的一个重要原因。当然,实现人生理想是一个复杂的过程,需要多种条件,也不可能一蹴而就。

4. 人际和谐感

人际和谐感的均值为3.48,基本上居于从"3中立"(说不上幸福,也说不上不幸福)到"4有点幸福"的中间,总体上偏低,这说明民办高校的人际关系氛围没有给教师带来特别高的幸福感受。但是,其标准差是五个维度里面最小的(0.64),这说明民办高校教师在人际和谐感方面的感知水平比较接近。运用SPSS 23.0对具体每个水平层次的教师人数占比进行分析发现,人际和谐感的最大值为4.75,这表明没有一名教师对于该维度的4道题目全部选择5(很幸福)。另外,选择3以下的人数占比为10.42%,但是选择3~4之间的人数占比达到54.95%,占到一半多,选择4~4.75之间的人数占比为34.63%。这些数据表明,十分之一的民办高校教师完全没有人际和谐感,三分之一的教师有一定的人际和谐感,一半多的教师感觉一般。

人际和谐感包含同事相互支持感、师生交流轻松感和师生教学默契感三个分维度。分维度的均值、百分比和标准差可以进一步说明维度的具体情况。下面运用SPSS 23.0统计三个分维度的均值和标准差。结果显示,三个分维度的均值都不是很高,与人际和谐感的整体均值(3.48)都比较接近。其中,同事相互支持感的均值是最高的,但也只有3.54,说明民办高校教师感到人际和谐,主要是同事之间能够相互支持和帮助。师生教学默契感的均值位居第二,说明在教学过程中,学生比较配合,老师感到教学还比较顺利。师生交流轻松感的均值最低,可能是因为老师与学生在课外交流的频次不多,老师感受不强烈。这些特点可从访谈中教师的回答得到解释。

跟同事交流可以带来快乐。在一起交流经验,包括上课的一些经验,一些收获,一些信息,最近发生的热点,我觉得还是能够启发思想,包括生活上的一些知识,我觉得都能够通过交流获得。(FMA2)

还有感到很幸福的地方,就是我所在的这个汉语国际教育系的氛围很好,我觉得我的同事之间没有那种尔虞我诈,也没有那种不团结,大家都像非常好的家人朋友,每天生活很开心。大家虽然都有烦恼,但是大家一起聊聊天,交流交流,做些教

学研究,一起上课,就没有了。(MML1)

跟同事的这种交往,整体上幸福感有所增强。因为我们平常交流得比较多,各种信息都能够很及时地传达,包括院系里面的信息,学校的信息,或者平常教学的信息。我们可以及时地交流意见,甚至对下一步的教学及时做出调整,这是一种很好的交流,正向的、积极的交流。然后就是科研工作坊。我们看到一些同事在科研方面做得很优秀,也可以给自己树立榜样,我们在科研方面做起来也更有动力。(FMA3)

这三名教师均感受到与同事在一起交流所带来的快乐。同事之间的交流形式是多种多样的,内容也丰富多彩,可以让教师在多方面受益。这也成为他们职业幸福感的重要组成部分。

我很喜欢讲台。我在讲台上站着讲课,望着学生那一双双求知若渴的眼睛,当我有输出、他们有输入的时候,就感觉到教室的氛围很和谐,师生之间的关系也很和谐,能够实现自我的价值,我就觉得很幸福。我觉得除了这个职业,也没有考虑过要干其他的事情。假设我从这个学校失业了,我的下一份工作可能还是会当老师。(FML3)

跟学生在一起交流,感觉自己也变年轻了。跟孩子们在一起,没有社会上一些比较复杂的问题,感觉很愉快。所以我后期没有再跳槽,也没有更高的追求,我可能也有这样的一些想法,主要是跟学生在一起感觉很快乐。(FMA1)

这两名教师分别感受到了比较强烈的师生教学默契感和师生交流轻松感。学生在课堂上能够积极配合教师的教学工作,师生之间表现出高度的默契,教师就会感觉非常顺心,从而促进教学相长。学生都是年轻人,思想活跃,也比较单纯,教师与学生交流没有任何思想负担,而且处于受尊敬的地位,因此很容易感受到愉悦,从而增强职业幸福感。

上述分析表明民办高校教师"有"人际和谐感。但是到底多少人有呢?通过统计每道题目的选项人数占比可以看出教师在这三个分维度上的感知水平。

在回答"我们同事之间能够互相帮助"这个关于同事相互支持的题项时,有0.63%的教师表示"比较符合",而38.48%的教师表示"完全符合",这说明有39.11%的教师感受到工作中同事之间的互相支持和帮助。另外,在回答"我有几个关系非常好的同事朋友"时,有41.89%的教师选择"比较符合",有0.54%的教师选择"完全符合",与上一题的人数比例基本相当。对于师生交流轻松感,有42.04%的教师认为"跟学生在一起,我感觉轻松愉快""比较符合"实际情况,0.63%的教师认为"完全符合"。另一种反映良好师生关系的情况是在教学方面,对于"学生整体上还比较配合我的教学工作",56.50%的教师表示"比较符合",0.44%的教师表示"完全符合",这表明超过一半的教师感觉学生与自己在教学上是比较默契的。这些数据表明,在人际和谐感这个维度中,具有师生教学默契感的教师人数最多,其次是师生交流轻松感,最后是同事相互支持感。

这一结果,与上述三个分维度的均值不完全一致。同事相互支持感的均值是最大的,但对上述两道相关题目选择"比较符合"和"完全符合"的人数却不是最多的。经查看这个分维度的标准差,同事相互支持感在三个分维度中是最大的,数值为0.79(其余两个为0.67和0.64)。这说明,民办高校教师对于人际和谐的感知,同事相互支持是最强的,但两极分化较大,有些教师感受到较强的同事支持,有些则感受到较弱的同事支持或者完全没有。师生交流轻松感均值最低,而师生教学默契感居中,可能师生交流发生最多的是在课堂上,课外交流相对较少。

总体来看,人际和谐感的均值在"五维"结构中排第三,低于整体职业幸福感的平均水平,尤其是十分之一的民办高校教师完全没有人际和谐感。这说明,民办高校的人际关系氛围还不是非常和谐。人际关系是开展工作和完成任务的重要基础,只有具有和谐的人际关系,教师才能舒心地投入教育工作,才会有高的教育质量。在三个分维度中,师生交流轻松感的均值最低。因此,民办高校还要创造条件,让教师能够有时间、有需要、有心情在课外与学生进行更多的交流。

5. 工作愉悦感

工作愉悦感是"五维"结构中均值最低的,数值为3.28,非常接近中立(说不上幸福,也说不上不幸福)的水平,基本上相当于"无感"的状态。进一步分析工作愉悦感每个水平层次上的人数百分比可以发现,工作愉悦感的最大值为4.60,是所有五个维度里面最低的。这说明,没有一名教师在工作愉悦感的几个分维度题项上全部选择"5 很幸福",而且在这个维度上感受最强的教师,也比其他教师在其他维度上最强的感受要弱。选择3(中立)以下的人数占比达到23.92%,这表明完全没有工作愉悦感的人数也是最多的;选择3~4之间的人数占比为53.77%,表明超过一半的教师的工作愉悦感处于"4 有点幸福"以下;选择4~4.60之间的人数占比22.31%,比完全没有工作愉悦感的人数要少。可见,大部分民办高校教师的工作愉悦感还不到"4 有点幸福"的水平,而且相当一部分教师完全没有工作愉悦感,仅有少部分教师的工作愉悦感达到"4 有点幸福"以上水平。

工作愉悦感包含校园情景舒心感、课堂教学快乐感、工作环境单纯感三个分维度。通过分析每个分维度的均值和标准差,可以进一步探析民办高校教师工作愉悦感的具体情况。运用 SPSS 23.0 统计三个分维度的均值和标准差,结果显示,校园情景舒心感的均值是最高的(3.38),课堂教学快乐感其次(3.35),工作环境单纯感最低(3.02)。但三者整体上都比较低,基本上接近中立和"无感"的水平。从这三个分维度的均值可以看出,民办高校教师从工作中感受到的一点愉悦情绪主要来自校园情景和课堂教学中的一些开心快乐的事情(校园情景舒心感和课堂教学快乐感的均值明显要高一些)。

正如一名受访教师所讲:

我在家的时候积极愉悦不起来,我的生活也比较简单,但是我只要一到学校,跟年轻人、跟孩子们在一起上课、聊天,我哪怕走在校园里面,看见他们打篮球,在那里读书,我就感到很开心,我就感觉我也很年轻,就像没有老一样,可能这是我个人性格使然。所以我上课是倍儿有精神。我只要一上课或者说只要在备课,在做教学研究、教学准备的时候,我基本可以不受任何外界的影响,因为我热爱教学。我课堂上就像上了发条一样,按照那个节奏去运转。我要不上课就不开心(MML1)。

这名教师特别喜欢校园环境,喜欢校园的一景一物,同时他也能从教学工作中感受到乐趣,因此他有非常高的校园情景舒心感和课堂教学快乐感,表现出非常明显的积极情绪。至于工作环境单纯感这个分维度,其均值是最低的,这说明教师对民办高校的校风、学风、文化氛围和领导关系等人文环境方面不是特别满意(本研究将同事关系和师生关系归为人际和谐感,所以此处的人文环境不包括教师的同事关系和师生关系),总体上感觉学校的人文环境有点复杂,并不像同事关系或师生关系那样单纯(前文分析过同事关系和师生关系的分维度幸福感均值达到3.50左右,比此处的工作环境单纯感均值要高)。这些特点在访谈中也有所体现。

我们学校的人文环境挺好。因为我们这边年轻老师居多。包括我们的领导,风格比较雷厉风行,大家之间没有太明显的上下级感,大家都是以老师相称,工作氛围也挺好。老师之间关系都挺好,沟通也很多。(MMT2)

我觉得理想的工作环境就是比较公平,比较公正,比较合理。还有就是比较人性化。但是现在感觉还达不到。(FML4)

还有一个问题,就是民办高校很容易形成"一言堂"。老师们在基层的声音很难传到上面去,意见反映的渠道不畅通。老师有比较好的建议或者意见可以提,但是最后不被采纳。(MMA1)

之前那个校长,大学里面退休的,不是太好,整个学校里的人文环境不是太好,因为那一任校长太专断了。(MDP1)

这几名教师对于民办高校人文环境的感受差异较大。有的觉得领导比较平易近人,关系容易相处,有的却感觉领导比较专断,学校风气不正。这可能是由教师的身份差异或不同学校管理风格迥异造成的。年轻教师和中老年教师对学校人文环境的感知是存在差异的,同时,不同民办高校的领导方式也存在较大的差异。

从上述分析中可以看出工作愉悦感三个分维度的整体水平高低。再来看看每个分维度的具体情况。校园情景舒心感的标准差最大,达到1.03,这表明民办高校教师对校园生活场景的喜爱程度存在较大差异。事实上,有的民办高校"大手笔"投资校园硬件建设,校园环境美观宜人,但有的则狭小简陋。其次是工作环境单纯感的标准差也比较大,达到0.85。正如前面访谈材料中所反映的,不同(学校的)教师对学校的人文环境感受存在较大的差异。标准差最小的是课堂教学快乐感,说明民办高校教师对课堂教学中的快乐体验比较接近,总体上不太高。为了探析具有每个分维度幸福感的教师人数占比,下面通过SPSS 23.0统计每道题目答案中选择"比较符合"和"完全符合"的数量来进一步分析。

对于校园情景舒心感的"我非常喜欢现在的校园生活"这一题项,1.36%的教师选择"比较符合",33.12%的教师选择"完全符合"。这说明,超过三分之一的教师非常喜欢现在的校园生活,这是他们工作愉悦感的重要表现形态。对于另一项关于校园情景舒心感的题项"我对学校的工作环境和工作条件感到舒心",1.32%的教师表示"比较符合",22.07%的教师表示完全符合,比喜欢校园生活的人数要少一些。在回答"我觉得在课堂上讲课很有趣"这个关于课堂教学快乐感的题项时,22.99%的教师认为"比较符合"真实想法,0.73%的教师认为"完全符合";在回答另一个关于课堂教学快乐感的题项"上课的时候,我感觉挺开心的"时,28.06%的教师认为"比较符合",0.49%的教师认为"完全符合"。这说明整体上不到三分之一的教师能够从课堂教学中体验到快乐。另外,对于的工作环境单纯感,在回答"我觉得学校的工作环境简单、单纯"这个题项时,22.99%的教师选择"比较符合",0.73%的教师选择"完全符合",两者相加也不到三分之一。因此,综合这几个分维度来看,民办高校中不到三分之一的教师能够从工作中体验到愉悦和快乐。

总体来看,工作愉悦感的均值最低,接近"无感"的状态,而且23.92%的教师完全没有工作愉悦感,这表明民办高校教师整体上在工作中没有多少直观的积极愉悦情绪。这是非常严重的问题。教育工作本身应该是非常愉快的,学校也应该是令人愉快的场所。教师如果在工作中没有愉悦情绪,不仅自身工作效率会降低,而且会影响学生的情绪。在三个分维度中,教师的工作环境单纯感最低,这反映出民办高校的管理制度、领导方式、人际氛围等方面还存在诸多问题。

二、民办高校不同教师群体职业幸福感水平

本研究正式问卷的第一部分主要为民办高校教师的人口属性特征题目,包括教师的性别、婚姻状态、年龄、教龄、职称、学历、年收入、年课时和学科等信息。下面运用SPSS 23.0对教师的性别差异进行独立样本T检验,对其他人口属性特征的差异进行方差分析,以探求不同教师群体在整体职业幸福感和各个维度职业幸福感方面的水平现状和差异(显著性水平为0.05,$P\leqslant0.05$表示存在统计学意义上的显著差异,$P>0.05$表示不存在统计学意义上的显著差异)。

正如前面章节分析的民办高校教师队伍结构组成那样,教师来源存在多种途径。民办高校教师在不同人口属性特征方面并不具有较强的规律性关联,教师在年龄、教龄、职称、学历、年收入、年课时等方面的特征并不完全一致。有的教师来自企业,教龄很短但年龄可能很大,学历和职称不高但收入可能比较高;有的教师来自教育培训机构,教龄很长但职称可能很低,年课时很多因此年收入很高(民办高校教师收入很大一部分来自课时费);有的教师来自其他学校,主要从事科研工作,其年课时很少,但年龄、教龄、职称、学历、年收入很高。这主要是由民办高校教师队伍的结构复杂性造成的,也是民办高校教师与公办高校教师和中小学教师区别较大的一种特征。

(一) 不同性别教师职业幸福感水平

本次调研样本中,男教师占 25.43%、女教师占 74.57%。对不同性别教师的整体职业幸福感和各维度职业幸福感进行描述性统计和独立样本 T 检验分析,结果如表 5-2 所示。

表 5-2 民办高校不同性别教师职业幸福感水平统计表

类别		男	女	分析结果
整体职业幸福感	均值	3.55	3.58	$t=-0.91$
	标准差	0.65	0.53	$P=0.36$
职业认同感	均值	3.96	4.04	$t=-2.29$
	标准差	0.74	0.62	$P=0.02$
育人成就感	均值	3.71	3.69	$t=0.50$
	标准差	0.85	0.73	$P=0.62$
自我实现感	均值	3.42	3.39	$t=1.00$
	标准差	0.71	0.63	$P=0.32$
人际和谐感	均值	3.46	3.49	$t=-1.03$
	标准差	0.70	0.62	$P=0.30$
工作愉悦感	均值	3.21	3.30	$t=-2.50$
	标准差	0.82	0.73	$P=0.01$

分析结果显示,男教师的整体职业幸福感均值为 3.55,女教师为 3.58,均处于"3 中立"(说不上幸福,也说不上不幸福)到"4 有点幸福"的中间位置,属于一般水平。男女教师在整体职业幸福感方面没有统计学意义上的显著差异,但是男教师的标准差稍大,说明不同男教师的整体职业幸福感的差异更大一些。

在各个维度方面,男女教师仅在职业认同感和工作愉悦感方面存在统计学意义上的显著差异。女教师的职业认同感和工作愉悦感均比男教师要高,这表明女教师更加认同教师这个职业,更容易从这个职业中获得幸福感,并且工作中的愉悦情绪也更多。同时,在这两个维度方面,女教师的标准差均比男教师要小,这说明女教师的职业认同感和工作愉悦感比较普遍化且较为平均,而男教师则出现两极分化,有些男教师是非常不认同教师这个职业的,从工作中也找不到快乐。

(二) 不同婚姻状态教师职业幸福感水平

本次调研样本中,未婚教师占 33.66%、已婚教师占 64.34%、再次单身教师占 1.56%、再婚教师占 0.44%。对不同婚姻状态教师的整体职业幸福感和各维度职业幸福感进行描述性统计和单因素方差分析,结果如表 5-3 所示。

表 5-3　民办高校不同婚姻状态教师职业幸福感水平统计表

类　别		未婚	已婚	再次单身	再婚	分析结果
整体职业幸福感	均值	3.58	3.57	3.46	3.41	$F=0.74$
	标准差	0.55	0.57	0.55	0.63	$P=0.53$
职业认同感	均值	3.99	4.14	3.89	3.33	$F=4.08$
	标准差	0.63	0.66	0.62	1.14	$P=0.01$
育人成就感	均值	3.70	3.69	3.69	3.71	$F=0.06$
	标准差	0.72	0.79	0.69	0.8	$P=0.98$
自我实现感	均值	3.4	3.4	3.22	3.35	$F=0.80$
	标准差	0.65	0.65	0.62	0.77	$P=0.49$
人际和谐感	均值	3.48	3.49	3.26	3.64	$F=1.52$
	标准差	0.64	0.65	0.56	0.5	$P=0.21$
工作愉悦感	均值	3.33	3.26	3.11	3.07	$F=2.25$
	标准差	0.73	0.76	0.79	0.87	$P=0.08$

分析结果显示,未婚教师的整体职业幸福感均值为 3.58、已婚教师为 3.57、再次单身教师为 3.46、再婚教师为 3.41,四组的均值比较接近,而且整体上不高,处于"3 中立"(说不上幸福,也说不上不幸福)到"4 有点幸福"的中间位置。不同婚姻状态的教师的整体职业幸福感没有统计学意义上的显著差异。四组的标准差也比较接近,再婚教师的标准差稍大,说明不同再婚教师的整体职业幸福感存在更大的差异。

在五个维度中,不同婚姻状态的教师仅在职业认同感方面存在统计学意义上的显著差异。再婚教师的职业认同感均值明显比其他组教师要低。但是,再婚教师的标准差较大,这说明再婚教师对教师职业的认同因人而异,而且差异很大。

(三)不同年龄教师职业幸福感水平

本次调研样本中,20～30 岁教师占 34.92%、31～40 岁教师占 48.17%、41～50 岁教师占 15.34%、51～60 岁教师占 1.56%。对不同年龄教师的整体职业幸福感和各维度职业幸福感进行描述性统计和单因素方差分析,结果如表 5-4 所示。

表 5-4　民办高校不同年龄教师职业幸福感水平统计表

类　别		20～30 岁	31～40 岁	41～50 岁	51～60 岁	分析结果
整体职业幸福感	均值	3.58	3.59	3.48	3.55	$F=3.21$
	标准差	0.55	0.55	0.61	0.59	$P=0.02$
职业认同感	均值	4.00	4.04	3.96	4.10	$F=1.65$
	标准差	0.64	0.65	0.73	0.56	$P=0.18$

续表

类　别		20~30岁	31~40岁	41~50岁	51~60岁	分析结果
育人成就感	均值	3.68	3.73	3.61	3.53	$F=2.74$
	标准差	0.72	0.76	0.84	0.82	$P=0.04$
自我实现感	均值	3.39	3.42	3.32	3.59	$F=2.68$
	标准差	0.65	0.64	0.69	0.64	$P=0.05$
人际和谐感	均值	3.48	3.50	3.44	3.47	$F=0.61$
	标准差	0.64	0.65	0.66	0.57	$P=0.61$
工作愉悦感	均值	3.38	3.27	3.09	3.06	$F=11.43$
	标准差	0.73	0.74	0.81	0.87	$P=0.00$

分析结果显示，20~30岁教师的整体职业幸福感均值为3.58、31~40岁教师为3.59、41~50岁教师为3.48、51~60岁教师为3.55；不同年龄的教师的整体职业幸福感存在统计学意义上的显著差异。41~50岁教师与其他组明显不同。从均值上看，41~50岁教师是最低的，其次是51~60岁教师，20~30岁和31~40岁教师的整体职业幸福感相对较高。41~50岁教师的整体职业幸福感最低，可能是因为这个年龄段的教师面临工作、家庭和社会各方面的压力是最大的。

在五个维度的职业幸福感中，不同年龄的教师在育人成就感、自我实现感和工作愉悦感三个维度上存在统计学意义上的显著差异。在育人成就感维度，31~40岁教师的均值最高，其次是20~30岁教师，两组比较接近，而往后教师年龄越大均值越小。51~60岁的教师的育人成就感最低，这可能是因为民办高校中该组教师大部分来自企业，从教时间相对较短，育人成就感还不明显。在自我实现维度，51~60岁的教师的均值最高，这反映他们从企业转岗到高校之后，较好地发挥了自身专长和潜能。41~50岁教师的均值最低，这个年龄段的教师大部分是民办高校较早的一批自招教师，他们长期待在民办高校，而且可能学历不高，科研能力不太强，职称也不占优，所以感觉过得不如意，也就谈不上发挥了自身潜能、实现了自我价值。这部分教师最大的问题就是要加快学历、职称和科研能力的提升，通过提高个人发展进步感来提升自我实现感。另外，20~30岁教师由于任教时间不长，人生事业才刚开始，所以自我实现感也不高。这部分教师最大的问题是要尽快获得学生的认可，通过提高学生认可满足感来提升自我实现感。在工作愉悦感维度，教师的年龄越小其感受越高，年龄越大则感受越低。这可能是因为年龄越小的教师对教育工作越有新鲜感，越注重自身感受，随着年龄增大会越发注重自我实现和社会贡献。

（四）不同教龄教师职业幸福感水平

本次调研样本中，教龄为1~5年的教师占50.56%、6~10年的占22.02%、11~15年的占14.61%、16~20年的占10.33%、21~25年的占1.80%、26~30年

的占0.68%。对不同教龄教师的整体职业幸福感和各维度职业幸福感进行描述性统计和单因素方差分析,结果如表5-5所示。

表5-5　民办高校不同教龄教师职业幸福感水平统计表

类	别	1~5年	6~10年	11~15年	16~20年	21~25年	26~30年	分析结果
整体职业幸福感	均值	3.59	3.59	3.54	3.47	3.44	3.67	$F=2.33$
	标准差	0.55	0.53	0.61	0.61	0.52	0.64	$P=0.04$
职业认同感	均值	4.14	4.00	4.01	3.81	4.01	4.37	$F=1.98$
	标准差	0.62	0.66	0.68	0.77	0.50	0.73	$P=0.05$
育人成就感	均值	3.66	3.77	3.76	3.63	3.45	3.60	$F=2.72$
	标准差	0.75	0.73	0.76	0.84	0.82	0.73	$P=0.02$
自我实现感	均值	3.41	3.43	3.36	3.34	3.27	3.61	$F=1.39$
	标准差	0.64	0.62	0.68	0.70	0.64	0.69	$P=0.23$
人际和谐感	均值	3.50	3.50	3.43	3.45	3.36	3.63	$F=1.15$
	标准差	0.64	0.61	0.69	0.65	0.54	0.67	$P=0.33$
工作愉悦感	均值	3.37	3.24	3.17	3.06	3.11	3.24	$F=8.75$
	标准差	0.72	0.73	0.82	0.77	0.82	0.92	$P=0.00$

分析结果显示,教龄为1~5年和6~10年的教师的整体职业幸福感均值都为3.59、教龄为11~15年的教师为3.54、教龄为16~20年的教师为3.47、教龄为21~25年的教师为3.44、教龄为26~30年的教师为3.67,不同教龄的教师在整体职业幸福感方面存在统计学意义上的显著差异。教龄为26~30年的教师的整体职业幸福感是最高的,比51~60岁教师的整体职业幸福感要高。这两组教师不完全重叠,51~60岁教师有一部分是一直任教、教龄较长的老教师,还有一部分是从企业转岗到民办高校任教的,教龄相对较短。另外,教龄为26~30年的教师和51~60岁教师的标准差均比较大,说明这两个组教师的职业幸福感组内之间存在较大差异。整体职业幸福感最低的是教龄为21~25年的教师,他们与41~50岁教师有一部分是重叠的,属于民办高校较早自招的一批教师,还有一部分是从教育培训机构跳槽而来的,在民办高校工作时间不长,培育人才不多。

在五个维度方面,不同教龄的教师在职业认同感、育人成就感和工作愉悦感方面存在统计学意义上的显著差异。在职业认同感方面,教龄为26~30年的教师是最高的,这可能也是他们坚持从教这么多年的主要原因;其次是教龄为1~5年的教师,然后随着教龄增加,职业认同感有所降低。教龄为16~20年的教师的职业认同感较低,这部分教师大多进入了职业瓶颈期,在专业发展和职称晋升方面遇到较大的压力和阻力,因此对教师这个职业的优越性产生动摇和怀疑。在育人成就感方面,教龄为6~10年的教师是最高的,其次是教龄为1~5年的教师和后面教龄较长的教师。教龄为 21～25 年的教师的育人成就感最低，标准差也比较大，可能是因为这个组的一部分教师是从其他学校或教育机构跳槽而来，在当前所在的学校任教时间不长，培养的学生不多，有成就的学生更少，因此他们的育人成就感相对较低。在工作愉悦感方面，教龄为 1～5 年的教师明显要高，这与年龄差异的特点是一致的，说明年轻教师有新鲜感，自身感受更强烈。教龄为 26～30 年的教师的工作愉悦感比前面四组还要高（标准差同时也是最大的），可能是因为这些教师中有部分是从其他学校或教育机构跳槽而来，对当前学校有新鲜感，工作愉悦感相应要高一些。教龄为 16～20 年的教师的工作愉悦感是最低的，主要是因为这组教师大部分为民办高校较早招聘的一批教师，他们的学历、职称和科研能力相对较弱，难以体验到工作中的快乐。

（五）不同职称教师职业幸福感水平

本次调研样本中，助教占 41.16%、讲师占 38.97%、副教授占 18.85%、教授占 1.02%。对不同职称教师的整体职业幸福感和各维度职业幸福感进行描述性统计和单因素方差分析，结果如表 5-6 所示。

表 5-6 民办高校不同职称教师职业幸福感水平统计表

类别		助教	讲师	副教授	教授	分析结果
整体职业幸福感	均值	3.61	3.56	3.50	3.67	$F=3.76$
	标准差	0.55	0.55	0.60	0.45	$P=0.01$
职业认同感	均值	4.06	4.00	3.97	4.15	$F=2.10$
	标准差	0.63	0.66	0.70	0.55	$P=0.10$
育人成就感	均值	3.68	3.71	3.66	3.89	$F=0.79$
	标准差	0.74	0.79	0.77	0.65	$P=0.50$
自我实现感	均值	3.42	3.39	3.35	3.54	$F=1.38$
	标准差	0.65	0.64	0.68	0.56	$P=0.25$
人际和谐感	均值	3.51	3.48	3.43	3.42	$F=1.57$
	标准差	0.65	0.63	0.67	0.58	$P=0.19$
工作愉悦感	均值	3.39	3.25	3.09	3.32	$F=15.19$
	标准差	0.73	0.73	0.81	0.70	$P=0.00$

分析结果显示，助教的整体职业幸福感均值为 3.61、讲师为 3.56、副教授为 3.50、教授为 3.67，不同职称的教师在整体职业幸福感方面存在统计学意义上的显著差异。教授的整体职业幸福感最高，而且标准差最小，说明不同教授的整体职业幸福感差异较小；其次是助教；然后是讲师；副教授的整体职业幸福感最低，而且标准差最大，说明不同副教授的整体职业幸福感差异较大。

在五个维度方面，不同职称的教师仅在工作愉悦感方面存在统计学意义上的显著差异。与整体职业幸福感不同的是,助教的工作愉悦感是最高的,可能是因为年轻教师具有新鲜感和注重自身感受。教授的工作愉悦感也相对较高,而且标准差最小,这可能是由于教授这个群体在民办高校压力相对较小。副教授的工作愉悦感最低,他们由于工作压力较大难以体验到工作愉悦,而且标准差最大,说明不同副教授的工作愉悦感存在较大差异。

(六)不同学历教师职业幸福感水平

本次调研样本中,专科学历教师占0.15%、本科学历教师占14.37%、硕士学历教师占82.46%、博士学历教师占3.02%。对不同学历教师的整体职业幸福感和各维度职业幸福感进行描述性统计和单因素方差分析,结果如表5-7所示。

表5-7 民办高校不同学历教师职业幸福感水平统计表

类别		专科	本科	硕士	博士	分析结果
整体职业幸福感	均值	3.20	3.56	3.57	3.56	$F=0.52$
	标准差	0.11	0.59	0.56	0.63	$P=0.67$
职业认同感	均值	3.53	4.02	4.02	4.03	$F=0.56$
	标准差	0.46	0.73	0.65	0.54	$P=0.64$
育人成就感	均值	3.53	3.67	3.70	3.68	$F=0.13$
	标准差	0.81	0.82	0.74	0.95	$P=0.94$
自我实现感	均值	3.17	3.39	3.40	3.49	$F=0.52$
	标准差	0.00	0.68	0.64	0.75	$P=0.67$
人际和谐感	均值	3.00	3.47	3.49	3.43	$F=0.77$
	标准差	0.25	0.68	0.64	0.63	$P=0.51$
工作愉悦感	均值	2.73	3.24	3.29	3.18	$F=1.19$
	标准差	0.50	0.75	0.75	0.85	$P=0.31$

分析结果显示,专科学历教师的整体职业幸福感均值为3.20、本科学历教师为3.56、硕士学历教师为3.57、博士学历教师为3.56。不同学历的教师不管是在整体职业幸福感还是在各个维度职业幸福感方面均没有统计学意义上的显著差异(所有的相伴概率值P均大于0.05)。但是,从均值上看,专科学历教师在各种类别幸福感上均要低于其他学历教师。本次调查中专科学历教师仅有3个样本,可能不足以说明问题,构不成统计学意义上的差异。本科、硕士、博士学历的教师的整体职业幸福感没有明显区别。

(七)不同年收入教师职业幸福感水平

本次调研样本中,年收入为1万~5万元的教师占3.56%、5.1万~10万元的教师占82.76%、10.1万~15万元的教师占12.32%、15.1万~20万元的教师占

1.27%、20万元以上的教师占0.10%。对不同年收入教师的整体职业幸福感和各维度职业幸福感进行描述性统计和单因素方差分析,结果如表5-8所示。

表5-8 民办高校不同年收入教师职业幸福感水平统计表

类别		1万~5万元	5.1万~10万元	10.1万~15万元	15.1万~20万元	20万元以上	分析结果
整体职业幸福感	均值	3.09	3.51	3.52	3.57	3.58	$F=3.09$
	标准差	0.96	0.54	0.59	0.44	0.45	$P=0.02$
职业认同感	均值	3.57	4.01	4.05	4.09	3.95	$F=2.41$
	标准差	1.03	0.65	0.75	0.47	0.71	$P=0.05$
育人成就感	均值	3.62	3.69	3.72	3.64	3.50	$F=1.19$
	标准差	0.92	0.75	0.80	0.84	0.71	$P=0.32$
自我实现感	均值	3.04	3.46	3.50	3.52	3.53	$F=2.62$
	标准差	0.99	0.61	0.65	0.48	0.24	$P=0.03$
人际和谐感	均值	2.91	3.51	3.47	3.45	3.45	$F=4.17$
	标准差	1.05	0.57	0.64	0.43	0.71	$P=0.00$
工作愉悦感	均值	3.21	3.29	3.23	3.38	3.70	$F=2.20$
	标准差	0.82	0.75	0.79	0.63	0.99	$P=0.07$

分析结果显示,年收入为1万~5万元的教师的整体职业幸福感均值为3.09、年收入为5.1万~10万元的教师为3.51、年收入为10.1万~15万元的教师为3.52、年收入为15.1万~20万元的教师为3.57、年收入为20万元以上的教师为3.58,年收入越高,整体职业幸福感就越高。不同年收入的教师在整体职业幸福感方面存在统计学意义上的显著差异。具体表现为年收入为1万~5万元的教师的整体职业幸福感明显比其他组教师要低很多,而且标准差也是最大的,说明这个组别的教师的整体职业幸福感不仅很低,而且彼此之间差异很大。在本次正式调研中,这个收入层次的教师占全部样本的3.56%。其他收入层次的教师表现出的总体趋势是收入越高整体职业幸福感的均值就越高。

在五个维度方面,不同年收入的教师在职业认同感、自我实现感和人际和谐感三个方面存在统计学意义上的显著差异。这三个维度的差异与整体职业幸福感的差异比较相似,年收入为1万~5万元的教师在这三个方面的均值比其他组别的教师要低,而且标准差最大。年收入为1万~5万元的教师感受不到教师这个职业在经济上的利益,就降低了教师职业意义感和教育工作使命感,职业认同感自然就不高。同时,收入越低的教师自我实现感就越低,年收入为1万~5万元的教师的自我实现感基本上为中立水平。这说明,收入对自我实现感具有显著的正向影响。民办高校教师年收入普遍不高,这是导致他们的自我实现感偏低的主要原因。在人际和谐感方面,年收入为1万~5万元的教师在工作环境中有一种自卑感,在与其他同事交往时较难感受到互相支持、互相帮助的和谐氛围。而年收入较高的教师人群,或是从企业转岗而来,或是晋升高级职称的,或是年龄较大的,人数总体较少,与广大的中青年教师存在一定隔阂,因此人际和谐感也相对较低。这些问题需要引起民办高校的重视,要积极开展教师集体活动,增进教师之间的交流和情感。另外,工作愉悦感的 P 值为 0.07,虽然认定为没有显著差异,但非常接近本研究划定的 0.05 的显著水平。从均值上看,总体趋势是收入越高工作愉悦感就越高。

(八)不同年课时教师职业幸福感水平

本次调研样本中,年课时为 1~100 的教师占 4.48%、101~200 的占 17.88%、201~300 的占 39.80%、301~400 的占 23.96%、401~500 的占 9.55%、501~600 的占 2.73%、600 以上的占 1.61%。对不同年课时教师的整体职业幸福感和各维度职业幸福感进行描述性统计和单因素方差分析,结果如表 5-9 所示。

表 5-9 民办高校不同年课时教师职业幸福感水平统计表

类	别	1~100	101~200	201~300	301~400	401~500	501~600	600 以上	分析结果
整体职业幸福感	均值	3.57	3.63	3.57	3.52	3.45	3.46	3.60	$F=3.69$
	标准差	0.64	0.57	0.55	0.58	0.55	0.55	0.54	$P=0.00$
职业认同感	均值	3.98	4.05	4.08	3.94	3.94	3.93	4.09	$F=1.66$
	标准差	0.81	0.68	0.61	0.69	0.59	0.68	0.49	$P=0.13$
育人成就感	均值	3.71	3.81	3.67	3.67	3.59	3.52	3.69	$F=2.48$
	标准差	0.85	0.73	0.91	0.75	0.79	0.67	0.76	$P=0.02$
自我实现感	均值	3.37	3.45	3.43	3.35	3.31	3.34	3.45	$F=1.72$
	标准差	0.71	0.63	0.66	0.65	0.63	0.67	0.67	$P=0.11$
人际和谐感	均值	3.42	3.48	3.51	3.47	3.42	3.46	3.53	$F=0.57$
	标准差	0.73	0.68	0.62	0.65	0.61	0.73	0.59	$P=0.76$
工作愉悦感	均值	3.40	3.39	3.33	3.22	3.01	3.09	3.12	$F=7.95$
	标准差	0.76	0.74	0.72	0.78	0.75	0.80	0.83	$P=0.00$

分析结果显示,年课时为 1~100 的教师的整体职业幸福感均值为 3.57、年课时为 101~200 的教师为 3.63、年课时为 201~300 的教师为 3.57、年课时为 301~400 的教师为 3.52、年课时为 401~500 的教师为 3.45、年课时为 501~600 的教师为 3.46、年课时为 600 以上的教师为 3.60。不同年课时的教师在整体职业幸福感方面存在统计学意义上的显著差异。年课时为 101~200 的教师的整体职业幸福感最高,其次是年课时为 600 以上的教师,再次是年课时为 1~100 的教师和年课时为 201~300 的教师,年课时为 401~600 的教师最低。民办高校教师的收入很大一部分来自

课酬,所以年课时越多收入就越高,但可能也越累。年课时较少就比较轻松,年课时较多收入就较高,所以处于这两头的教师的整体职业幸福感都比较高;处于中间的教师,既累,收入也不是很高,因此整体职业幸福感有所下降。

在五个维度中,不同年课时的教师在育人成就感和工作愉悦感方面存在统计学意义上的显著差异。育人成就感的差异与整体职业幸福感的差异比较相似,年课时为101~200的教师的育人成就感是最高的,年课时为501~600的教师的育人成就感是最低的。年课时为501~600的教师由于忙于上课,教学成了流水线的工作,教学质量可能受到一定影响,并且跟学生交流的机会也不是很多,也就体验不到多少育人成就感。学生关心老师和老师关心学生是相互的,只有老师投入更多的时间和精力去关心学生的成长,才会有学生的关心温暖感。因此,对于这部分教师,民办高校可以适当降低他们的工作量,以便他们能够有时间参与更多的辅导答疑、谈心谈话、竞赛指导、实习实践指导和毕业论文指导等与学生交流互动的活动。在工作愉悦感方面,整体表现为年课时越少均值就越高。年课时为401~500的教师和年课时为501~600的教师由于整天忙于上课,难以体验到工作愉悦感;同时也说明,这些教师对学校的人文环境更加敏感。民办高校在制定学校管理制度时应该更加重视这些教师的意见,同时尽量减轻他们的工作负担,解决他们在工作中的困难。年课时为600以上的教师的工作愉悦感虽然不是最低的,但标准差最大,说明这个组的教师的工作愉悦感存在较大差异。

(九)不同学科教师职业幸福感水平

本次调研样本中,文科教师占55.19%、理科教师占13.10%、工科教师占17.83%。对不同学科教师的整体职业幸福感和各维度职业幸福感进行描述性统计和单因素方差分析,结果如表5-10所示。

表5-10 民办高校不同学科教师职业幸福感水平统计表

类别		文科	理科	工科	分析结果
整体职业幸福感	均值	3.60	3.57	3.54	$F=1.34$
	标准差	0.58	0.59	0.54	$P=0.26$
职业认同感	均值	4.04	4.01	4.02	$F=0.27$
	标准差	0.68	0.64	0.68	$P=0.77$
育人成就感	均值	3.68	3.68	3.63	$F=0.42$
	标准差	0.75	0.73	0.87	$P=0.66$
自我实现感	均值	3.43	3.37	3.39	$F=1.05$
	标准差	0.74	0.61	0.68	$P=0.35$
人际和谐感	均值	3.51	3.52	3.46	$F=1.27$
	标准差	0.67	0.66	0.63	$P=0.28$

续表

类别		文科	理科	工科	分析结果
工作愉悦感	均值	3.34	3.30	3.24	$F=3.02$
	标准差	0.77	0.77	0.75	$P=0.06$

分析结果显示,文科教师的整体职业幸福感均值为3.60、理科教师为3.57、工科教师为3.54。不同学科的教师在整体职业幸福感和各个维度上均没有统计学意义上的显著差异(所有的相伴概率值P均大于0.05)。三组教师的均值和标准差都比较接近。这说明,从事不同学科的民办高校教师的职业幸福感没有显著差异。

三、民办高校教师职业幸福感水平现状特征与比较

本研究采用前面章节开发并经过检验的、专门针对民办高校教师的职业幸福感测量量表,在全国范围抽取较大样本进行调查研究,然后运用SPSS 23.0进行统计分析,并结合访谈的资料进行佐证,其结果应该能够较为客观准确地反映民办高校教师职业幸福感的现实样态。

(一)民办高校教师职业幸福感水平现状特征

1. 民办高校教师整体职业幸福感水平不高

本研究将幸福感的水平分为五个等级,其中1为"很不幸福"、2为"不太幸福",这两个等级皆为负的,相当于不仅不幸福而且还有点痛苦或者难受;3为"中立(说不上幸福,也说不上不幸福)",相当于幸福感为0,也就是没有幸福感,但也没有痛苦或难受;4为"有点幸福",相当于幸福感正向水平的中间层次;5为"很幸福",相当于幸福感正向水平的最高层次。

从本次调查的数据来看,民办高校教师整体职业幸福感的均值为3.57～3.60之间的水平,还不到幸福感正向水平的中间层次4的水平,还达不到"有点幸福"这个程度。换一种方式说,如果将幸福感的正向水平3～5换成0～2,那么民办高校教师职业幸福感的水平只相当于0.5这个层次,也就是只有整个幸福感高度的四分之一。因此,民办高校教师整体职业幸福感水平不高,可以说这是民办高校教师职业幸福感存在的最大问题。

与此同时,还有相当比例的民办高校教师感到不幸福,也就是负向的幸福感,即痛苦或难受。选择"3中立"以下的教师可以视为此种类型。从Q10单项题的数据来看,选择1和2的教师比例为6.79%。从25道题加总之后的数据来看,选择3以下的教师比例为10.91%。因此,这两种途径都反映出大约有十分之一的民办高校教师的职业幸福感是负向的,完全感受不到教师职业生活中的幸福。在访谈中,有受访教师表达了这样的感受。"在民办高校这里面谈幸福感,是很差的,因为根本就无法构成老师的幸福感,工资待遇比公办高校差很多,福利待遇也差很多。"(MMA1

"我感觉我这几年都挺悲伤的,因为评估太难受,压力太大。就是在整个评估过程中不断积累起来的难受和压抑。"(FML1)另外,本研究的问卷调查在最后设置了教师离职意向的题项,结果显示,8.67%的教师选择"有点想离职"、1.61%的教师选择"强烈想要离职",两者相加也约有十分之一,与选择负向幸福感的教师人数比例大致相吻合。因此,基本可以判断,民办高校十分之一的教师有负向的情绪和准备离职的意向,这是需要引起高度重视的问题。

2. 民办高校部分教师群体的职业幸福感需要特别关注

前文分析了不同人口属性特征教师的职业幸福感的差异。结果表明,年龄为41~50岁,或者教龄为21~25年,或者职称为副教授,或者年收入为1万~5万元,或者年课时为401~600的教师的整体职业幸福感较低。这些教师群体有的重叠,有的不重叠。同时符合这几个条件越多的教师,其职业幸福感就越低。

民办高校中年龄为41~50岁的教师,绝大部分为民办高校较早一批专任教师,他们从民办高校创立之初就来任教,持续至今。他们刚来的时候学历大部分不高,而且长期在民办高校工作,整天忙于课堂教学,缺乏高质量的在职培训和脱产进修,因此目前仍然处于学历不高、职称不高、科研水平不高但年龄比较大的尴尬局面。与后面招聘进来的高学历年轻教师及从企业引进的"双师型"教师相比,他们明显处于不利的境地。从整体职业幸福感、职业认同感、自我实现感、人际和谐感和工作愉悦感等方面来看,他们的均值普遍较低。从本研究的样本来看,这个群体的教师占民办高校教师总数的15.34%。

教龄为21~25年的教师与上述年龄段教师有一部分是重叠的,为民办高校较早一批专任教师,还有一部分可能来自教育培训机构。来自教育培训机构的教师教龄很长,但是学历和职称不高,尤其是他们的职称是到民办高校之后再开始评聘,起步相对较晚;同时,他们长于教学也忙于教学(比如英语四六级和雅思培训讲师),可能在科研方面相对薄弱,这就导致他们的职称晋升较慢。因此,他们可能具有较长的教龄和较多的年课时,但职称和总收入并不占优,也就导致他们的职业幸福感不高。他们在整体职业幸福感、育人成就感、自我实现感、人际和谐感等方面都不高。从本研究的样本来看,这个群体的教师占民办高校教师总数的1.80%。

副教授这个群体处于职业生涯最关键的时期,往往在单位担当重任,面临各方面的压力相对较大,但地位和待遇又不是很高。尤其是年龄稍大的副教授,他们还面临晋升教授的较大压力。民办高校由于教授相对较少,许多重要的任务主要由副教授承担,甚至牵头负责,同时还要给讲师和助教做表率。同时,民办高校对副教授的考核要求比较高,也缺乏特殊的照顾政策。这些均导致他们职业幸福感不高。从本研究的样本来看,这个群体的教师占民办高校教师总数的18.85%。

年收入为1万~5万元的教师绝大部分为学历偏低、职称偏低、工作量不饱满或者处于待岗的教师。这种情况在中小城市或偏远郊区的民办高校中还是存在的。他们由于学历、职称不高,基本工资较少,收入主要来自课时费。如果碰到本专业招生减少或教师增多的情况,他们的年课时就会减少,他们的收入也会下降。同时,还有极少部分由于考核或违纪等原因处于待岗的教师,他们只领取较少的生活补贴。他们的整体职业幸福感比其他收入群体的教师明显要低很多,而且他们的职业认同感、自我实现感、人际和谐感和工作愉悦感也都较低。从本研究的样本来看,这个群体的教师占民办高校教师总数的3.56%。

年课时为401~600的教师,与上述来自教育培训机构的教师和副教授有较多重叠。他们承担着比较多的教学任务,教学压力相对较大,但是收入又不是很高。所以,他们比年课时少的教师更忙,比年课时更多的教师收入要低。这导致他们的整体职业幸福感不高,而且职业认同感、育人成就感、自我实现感、人际和谐感和工作愉悦感都处于较低水平。从本研究的样本来看,这个群体的教师占民办高校教师总数的9.55%。

虽然上述教师群体在民办高校教师队伍中所占比例较小,但是他们较低的职业幸福感给民办高校教师队伍的整体建设带来较大的负面影响。幸福感能够表现为人的具体的精神状态和情感情绪,而消极负面的精神状态和情感情绪又具有较大的传染性。因此,民办高校应该重点关注这些人群的职业幸福感的提升。

(二)本研究与其他相关研究的调查结果比较

笔者在文献综述中分析过,已有四项高质量研究对民办高校教师职业幸福感进行过测量,其中有三项研究采用李克特5点计分制,一项研究采用李克特7点计分制。第一项研究将5点计分制设置为:1"非常不幸福",2"不幸福",3"一般",4"幸福",5"非常幸福"。与本研究相似,但样本仅为一所民办高校的218名教师,测量的均值为3.29[①],相当于一般水平。第二项研究借用国外工作情感幸福感量表将5点计分制设置为:1"从来没有",2"很少有",3"有时候有",4"经常有",5"总是有",相当于正向幸福感程度的1~5级,测量的均值为3.08[②],相当于中等水平。第三项研究采用经济合作与发展组织(OECD)的教师职业幸福感量表,将5点计分制设置为:1"非常不赞同",2"不赞同",3"中立",4"赞同",5"非常赞同"。与本研究相似,样本为全国58所民办高校的1161名外语教师,测量的均值为3.67[③],相当于一般水平。第四项采用7点计分制,没有给出民办高校教师职业幸福感的具体均值,只是报告民办高校教师和公办高校教师的职业幸福感没有统计学意义上的显著差异,均处于中等水平。但该研究样本量较小(只有73名民办高校教师),而且没有界定民办高校教师的范围,很可能包括在民办高校工作的公办高校退休返聘教授、银龄教师,因此该项

[①] 孙惠敏,王云儿.民办高校教师身份差异对幸福感的影响研究[J].黑龙江高教研究,2012,30(5):80-83.

[②] 徐星星.提升民办高校教师组织支持感与工作幸福感的实证研究[J].当代教育论坛,2020(5):80-88.

[③] Chen J P, Cheng H Y, Zhao D, et al. A quantitative study on the impact of working environment on the well-being of teachers in China's private colleges[J]. Scientific Report,2022(12):3417.

研究的可信度相对较小。上述四项研究的结论基本均为民办高校教师职业幸福感处于一般或中等水平。本研究的结论为一般水平,不到中等水平,这与第三项研究的结论一致,与第一项研究的结论比较接近。事实上,第三项研究与本研究都是基于全国大样本量的调查,结果应该更具普遍意义和可信度,而其他三项研究的样本量都较小,解释力有限。

正如笔者在前面章节中阐述的那样,幸福感测量量表的设计需要以幸福感的组成维度为理论基础,但不同人群的幸福感的组成维度是不完全相同的。只有先探索出一个人群幸福感的组成维度,再以此结构为依据设计相应的测量量表,然后用这个有针对性的量表去测量该人群的幸福感,结果才是较准确的。本研究正是基于这一逻辑进路,先采用质性研究探索出民办高校教师职业幸福感的"五维"结构,然后以这五个维度和下属的分维度设计测量量表,再采用这个量表并基于全国较大样本量去测量和分析民办高校教师的职业幸福感。与此同时,笔者开展的质性研究也佐证了量化研究的结论。所以从理论上讲,本研究的测量结果是可信的。

结合已有研究的成果和本研究的结论,基本上可以判断民办高校教师职业幸福感处于一般水平,不到中等水平。这需要引起各方的高度关注,也需要开展深入系统的研究,弄清其影响因素,再提出切实有效的提升措施。

本章回答了第二个研究问题:民办高校教师职业幸福感怎么样(民办高校教师职业幸福感总体水平如何,各个维度幸福感水平如何,他们的职业幸福感呈现什么特征,民办高校不同人口属性特征教师群体的职业幸福感有什么特征和区别,本研究与其他关于民办高校教师职业幸福感水平现状的研究相比有何异同)。

第六章 民办高校教师职业幸福感的影响机制

本研究和以往调查均显示,民办高校教师职业幸福感普遍不高[1][2][3],他们存在较高程度的职业倦怠和情绪衰竭[4],表现出较高的离职倾向和职业不稳定性[5][6]。所以,提高教师职业幸福感对于民办高校而言既重要又紧迫。但民办高校教师职业幸福感为什么不高?受到哪些因素的影响?各因素是如何产生影响的?弄清哪些因素会对教师职业幸福感产生什么样的影响,是提升教师职业幸福感的重要前提。

一、民办高校教师职业幸福感影响机制的实证研究

教师职业幸福感是教师内心的一种心理感受,影响因素极其复杂,有必要从教师自身感受出发进行系统、深入的探索。本章仍然遵循以质性研究构建初步理论、以量化研究检验修正理论的逻辑进路,首先对民办高校教师进行半结构化访谈,运用扎根理论方法构建民办高校教师职业幸福感的影响因素理论模型。然后根据研究结果设计问卷,通过问卷调查,运用定量统计的方法检验理论模型,并将质性研究的结果与量化研究的结果进行相互校验。最后总结对民办高校教师职业幸福感产生实质影响的因素和内在的影响机制,为后续提出提升措施提供理论依据。从构建初步理论,到检验修正理论,最终形成理论,整个研究就形成了完整的闭环,回答"民办高校教师职业幸福感为什么是目前的状况、受到哪些因素的影响以及如何产生影响"。

(一)质性研究

根据质性研究形成理论假设的设计思路,按照通过访谈获取文本资料—运用扎根理论方法分析资料—形成初步结论的步骤,首先在访谈提纲中设置诸如"在职业

---

[1] 姚春荣.民办高校教师幸福感的影响因素分析——以武汉晴川学院为例[J].才智,2018(15):159.
[2] 蔡清雅.民办高校教师职业幸福感影响因素及提升对策研究——以泉州市民办高校为例[D].泉州:华侨大学,2015.
[3] 孙惠敏,王云儿.民办高校教师身份差异对幸福感的影响研究[J].黑龙江高教研究,2012,30(5):80-83.
[4] 闫丽雯,周海涛.民办高校教师职业倦怠水平及影响因素分析[J].国家教育行政学院学报,2018(2):76-82.
[5] 白文昊.民办高校教师职业吸引力的贫乏与提升[J].黑龙江高教研究,2018,36(10):37-41.
[6] 景安磊.民办高校教师权益实现研究[M].北京:社会科学文献出版社,2019.

生活中,您感到幸福的原因是什么?""在民办高校工作,您感到不幸福的原因是什么?""您觉得在民办高校工作,理想的工作环境应该是怎样的?""您认为应该怎样提升教师职业幸福感?"等与教师职业幸福感影响因素相关的问题。然后对获取的21名教师的访谈文本资料进行归纳整理,按照扎根理论的分析流程进行三级编码。最后形成民办高校教师职业幸福感影响因素的理论假设。资料收集的方法和过程以及受访的21名教师的基本情况,已在前面章节做过介绍,为了避免重复,本章从分析访谈资料开始阐述。

1. 分析方法

由于本研究需要从民办高校教师内心深处了解到底有哪些因素影响着他们的职业幸福感,以及是如何影响的,这就需要"悬置"已有的认知,纯粹从他们的自述性资料中进行归纳总结,最终形成初步结论。而扎根理论的分析方法正好可以满足这种研究需求,从经验数据中建构理论。扎根理论的概念是由美国学者巴尼·格拉泽(Barney Glaser)和安塞尔姆·施特劳斯(Anselm Strauss)于1967年在他们合著的书籍《发现扎根理论:质性研究的策略》[1]中首次提出的,迄今已经历了多次更新迭代,并演变出不同的流派。一派是格拉泽和施特劳斯最早提出的经典扎根理论,强调在实证主义视角下发现理论;一派是施特劳斯和朱丽叶·科尔宾(Juliet Corbin)提出的程序化扎根理论,强调严格的三级编码等研究程序;一派是凯西·卡麦兹(Kathy Charmaz)提出的建构主义扎根理论,强调理论的解释性和编码的灵活性;一派是与卡麦兹合作的阿黛尔·克拉克(Adele Clarke)提出的后现代主义扎根理论,强调将社会情景作为扎根理论的分析单元。不同流派的扎根理论总体上具有很大程度的相似性。从基本表现形式来看,扎根理论是一套系统的数据收集及分析的方法和准则;从基本逻辑来看,扎根理论强调从经验数据中建构理论;从基本方法来看,扎根理论采用一种生成性的归纳法,从原始数据中不断提炼核心概念与范畴;从基本特点来看,扎根理论强调理论扎根于经验数据,但最终建构的理论不应仅局限于其经验性。[2]

本章旨在建构民办高校教师职业幸福感影响因素的理论假设,并通过后续的量化研究进行检验,同时将质性研究结果与量化研究结果进行相互校验,因此在扎根理论分析阶段需要严格的规范程序,确保所有的数据都指向最终的理论,而最终建

---

[1] Glaser B, Strauss A. The discovery of grounded theory: strategies for qualitative research[M]. Chicago: Aldine, 1967.

[2] 吴毅,吴刚,马颂歌. 扎根理论的起源、流派与应用方法述评——基于工作场所学习的案例分析[J]. 远程教育杂志, 2016, 35(3): 32-41.

构的理论也可以追溯到原始数据。基于这一需求,本研究采用程序化扎根理论模式[①]。这一模式有一套较为正式、规范的数据分析流程,主张通过执行系统化的开放式编码、主轴式编码和选择式编码三级编码程序以保证结论的可靠性。其中,在开放式编码阶段,首先将数据打散形成不同的范畴,然后为每个范畴寻找不同维度中的属性;在主轴式编码阶段,首先把开放式编码过程中分割的数据进行聚类分析以形成主范畴,然后在各个主范畴之间建立逻辑联系,这些关系可能是因果关系、时间先后关系、情景条件关系、过程关系、相似关系等;在选择式编码阶段,首先持续比较各个范畴概念,理清它们之间的关系,描述现象的"故事线",然后绘制范畴与范畴、范畴与次范畴之间的关系,从而建构理论模型图(在经典扎根理论模式中,选择式编码是提炼具有统领作用的核心范畴的过程,而在程序化扎根理论模式中,选择式编码是建构理论模型图的过程[②])。本研究将严格遵循程序化的编码流程,以保证研究过程的严谨性和研究结论的准确性。在编码完成之后,将建构民办高校教师职业幸福感影响因素和作用机制的理论模型,以供后续量化研究进行检验。

2. 分析过程

笔者将访谈文本导入质性分析软件 Nvivo 以辅助完成编码工作,同时保证分析过程的标准化和规范化。同时,笔者邀请另一名质性研究经验丰富的研究者与本人一起分开进行独立编码,碰头讨论编码分歧,通过这种不同研究人员之间"背靠背"地对编码结果进行相互校验,确保本研究结论的可信性。两者初始编码的一致性达到92%。对存在编码分歧的余下文本,笔者邀请了两名在民办高校工作的教授根据民办高校的实际情况进行讨论,并向访谈对象求证,最终形成一致意见,然后将语义相近的编码合并。此次编码,主要是针对访谈资料中与民办高校教师职业幸福感影响因素相关的文本进行的。

1) 开放式编码

扎根理论分析的初始编码一般分为数据驱动和理论驱动两种模式。数据驱动模式是将数据中所有的信息均进行编码,理论驱动模式是根据建构理论的需要从数据中寻找相关的信息进行编码。为了建构民办高校教师职业幸福感影响因素和作用机制模型,研究者在反复通读访谈文本的基础上,根据理论驱动模式,从访谈文本中寻找反映民办高校教师职业幸福感影响因素的意义单元(在 Nvivo 中标识为参考点)。意义单元不一定是一行文字或一句话,而是独立表达一个与主题相关的具有

---

① Corbin J, Strauss A. Basics of qualitative research: techniques and procedures for developing grounded theory[M]. 4th ed. Thousands Oaks: Sage, 2015.

② 吴毅,吴刚,马颂歌. 扎根理论的起源、流派与应用方法述评——基于工作场所学习的案例分析[J]. 远程教育杂志, 2016, 35(3): 32-41.

完整含义的几行或一段文字,强调的是意义。找到意义单元之后,将之抽象出初始概念并"贴标签"。然后比较初始概念的具体含义,将含义相近的初始概念合并,归为同一个范畴。为了慎重起见,笔者在完成开放式编码一个月之后,又仔细核对了从参考点到初始概念再到范畴的聚类是否准确。第二次编码挖掘出了更多的参考点,并对前一次的编码进行了更为合理的微小调整。为了聚焦重要的影响因素、凸显建构的理论的深刻性,笔者主要基于出现频率达 3 次及以上的 47 个初始概念展开后续分析。获得初始概念之后,笔者和参与编码的另一位质性研究者及两位民办高校教授进行认真讨论,仔细分析初始概念之间的共性关系,最后归纳为 13 个范畴:B1 工作任务、B2 考核评价、B3 学生基础、B4 薪酬福利、B5 培训进修、B6 管理模式、B7 工作自主权、B8 教育政策、B9 办学目的、B10 社会观念、B11 自我效能感、B12 个人心态、B13 专业能力。民办高校教师职业幸福感影响因素开放式编码举例表如表 6-1 所示。

表 6-1　民办高校教师职业幸福感影响因素开放式编码举例表

原始语句(举例)	初始概念	范畴	文件数	参考点数
T4:还有点不幸福,可能就是课时太多。虽然我喜欢上课,愿意上课,但一个学期上三四百节课,我还是有点吃不消。 T14:如果再提高老师幸福感的话,估计只能减轻教学任务	教学任务	B1 工作任务	17	36
T16:民办学校是难以通过一些方法或者手段来保证教师的科研的,所以科研这一块压力相对较大。 T7:要发表文章,我觉得科研这一块对我的压力还是比较大的	科研要求			
T19:现在老师们还要承担学生的班导师,甚至就业、招生等工作都给老师压下来了。 T5:你可能要做各种杂事。老师静不下心来搞教学	其他事务			

续表

原始语句（举例）	初始概念	范畴	文件数	参考点数
T11:上课很累就没有时间兼顾生活。但是如果你不上那么多课的话,你可能工资就会很低。但是你上那么多课,那就非常累,你的所有时间都会占满。那就没有办法充分生活,那就只能等放假。 T14:如果想做一些事情,就全靠夜晚加班来做,我就一点自己的时间都没有。现在想申请个项目,做个实验,就没有时间。所以感觉自己科研这条路慢慢已经被这些杂事耽搁了,慢慢地我的科研这条路就走不下去了,没有时间去做科研,就是看文献也是偶尔看,已经跟不上现在领域的前沿了。所以我就感觉这个幸福感低了一点	时间压力	B1 工作任务	17	36
……				
T12:主要是工资标准。因为我现在面临着车贷房贷,还要养父母,可能觉得经济上就有点捉襟见肘,有这种焦虑感。这是影响幸福感最大的一个原因。 T8:工资偏低。我们生活的压力还是蛮大的	工资水平	B4 薪酬福利	19	37
T16:其实对老师的关怀可能还是需要再投入一些,就是说老师要有除了工资之外的一些福利。 T11:除了工资,基本上没有什么福利,比如说春节、中秋节、端午节这些传统节日什么东西都没有,很少发什么物质上的东西	工作福利			
T15:我们学校有科研专项奖。我每年基本上都能拿到,感觉这个还挺好的。 T19:教学质量优秀的,有专项奖励。但是这种投入和回报还是远远不对等的	工作奖励			

续表

原始语句(举例)	初始概念	范畴	文件数	参考点数
T6:还有教师的个人发展。我觉得学校不愿意花钱让老师出去进修,进修都是我们自己花钱。这方面我觉得做得不太够。我觉得从关心老师,从个人成长,或者是从学校发展来说,民办学校应该更多地考虑老师的提升,师资队伍的稳定性。这些我觉得学校做得不是太够。 T11:你想去培训或进修的话,需要有资金,这个时候学院可能不会批准。我感觉我好久没有去培训过,就是需要有一定经费、太贵的那种培训学院可能不会让你去。最好要不就是免费、要不就是那种很便宜的培训。学校也没有什么固定的培训,也没有要求你必须参加什么培训。反正我自己好多年没有参加过什么培训	培训经费	B5 培训进修	19	39
T3:对于我们自身的提高,除了自己去努力以外,学校没有给我们提供任何支持。个人的专业发展很难。这方面是不太幸福的。 T17:还有教师教育培训,就是提供培训的机会。因为老师们专业方向不一样,所以能不能给每个老师提供个性化的需求,而不是说每次有个什么大会,一个学院分两个名额,大家去一下。这种大的培训很多时候并不是每个人都需要,所以大家可能就没有太多积极性去参与。主要是培训的针对性不强	进修机会			
T16:对于我们这个专业来说,基本上是没有什么平台的,因为生物制药或制药工程,或者生物类,可能属于需要高投入的。 T3:主要还是学校的平台。其实作为民办院校来说,我们的基础比较薄弱一些。 T21:能力不足,除了个人方面,还有工作单位能不能创造一个良好的环境,能不能给你发展的这种机会或者好的平台	发展平台			

续表

原始语句(举例)	初始概念	范畴	文件数	参考点数
T6:不算很好,不算很完善,没有系统地开展培训,这一块其实是比较欠缺的。校内的讲座有一些,但按专业、按学科的系统培训是比较少的。 T18:对我的专业发展不是很满意。我觉得学校的一些讲座是为了完成任务而完成任务的,没有首先调研我们想要得到哪些发展,然后来设置讲座,就是没有因材施教的感觉	在职培训	B5 培训进修	19	39
T6:目前我还没有感受到学校关于培训的政策和措施。我们学会计,相关知识年年都在变化,比如说经济法、税法什么的,老师们真的需要提高。教材年年在变,老师就需要一些机会去更新知识。 T12:进修好像不是很多。不允许我们读全日制的博士,如果要读的话就必须把工作辞掉,在职的话应该是支持的。对学校提供的培训、进修,我现在好像没什么期待,我现在很少接触这种机会,基本上外地的培训或者进修我也没去过	培训政策			
……				
T2:除此之外,就是能不能有一个指引。就是说,指明民办高校发展的方向。我觉得指挥棒还是很重要的,指引他往什么方向发展,希望他怎么发展,怎么规范,而不是仅仅靠自我优胜劣汰。民办高校毕竟是学校,毕竟还是有学校的功能,涉及一两万多名学生。如果学校倒闭了,会造成一些社会的不稳定因素,对不对? T6:我觉得国家应该规范民办高校教师的各种权益和福利待遇。比如养老金,医疗保险,或者是公积金,很多学校是按较低的标准给我们交。老师辛辛苦苦读书读了这么多年,至少也是硕士以上的学历,可是福利待遇较低,我觉得很不公平。我觉得国家应该有一种强制措施,应该有一个规范。这样老师们就没有后顾之忧,教育质量才能提高,教师才有幸福感。 T9:民办高校最后到底何去何从,包括发展不稳定性,我觉得不确定的因素非常多。我们现在很茫然,不知道应该怎样去发展。现在奋斗感觉是没有很大的方向的。对于民办高校,我觉得支持力度是不够的。我觉得危机感还是比较强的	规范指导	B8 教育政策	10	17

续表

原始语句(举例)	初始概念	范畴	文件数	参考点数
T1:民办高校应该获得跟公办高校一样的财政拨款,尤其是对学生的生均拨款。民办高校确实有一些自主权,但是我们办学需要场地,需要师资,需要经费投入,而财政支持不够。财政拨款是最直接的支持。要加大对民办高校的扶持,由公办高校对民办高校一对一进行帮扶,对专业进行扶持,这样才是对民办高校真正的支持。 T13:民办高校的一个处境是经济来源单一。民办高校的数量现在这么多,国家如果能够重视起来的话,那么民办高校发展会更快,不然太单一了。希望国家给予民办高校更多的支持	财政支持	B8 教育政策	10	17
T12:在申请基金项目的时候,有的时候有关部门会往公办学校倾斜,我觉得这个能不能取消掉。或者说多给民办学校一点倾斜,因为我们真的是弱势群体。 T13:在申报课题的时候,给民办高校的名额较少。民办高校教师想做科研的话,是受很多限制的	公平对待			

……

续表

原始语句(举例)	初始概念	范畴	文件数	参考点数
T2:我感觉我有一种不服输的性格,就是争强好胜。这其实也不是个坏事。我觉得这方面能够带给我很强烈的动力,真的。你不希望比别人差,所以就会督促自己不断前进。这可能也是我应对工作压力很重要的一点	争强好胜	B11自我效能感	8	11
T1:性格开朗的人,容易接受一些新的思想,不会很纠结,不会患得患失,所以其幸福感肯定比患得患失的人要高。 T15:我是个乐天派。任何一个工作都会有好的和不好的方面,你如果每天都盯着不好的方面,就没啥意思了。我觉得不管干什么工作,都要干一行爱一行	性格开朗			
T3:我自己跟原来的同学、老师经常保持联系,让他们帮我提供一些思路和想法。我能够获得一些专业信息或学科信息。我觉得我在工作中变得更有信心了,也缓解了部分工作压力。 T17:我对自己还是很有信心的。我经常参加社团活动,丰富了精神文化生活。我对于工作也能够保持积极的心态,觉得我应该能够做得很好	自信心			
……				

注:为节省篇幅,本表中只列出部分范畴化过程。

2)主轴式编码

主轴式编码是将开放式编码编译出来的概念和范畴,按照语义、因果、功能等逻辑关系进行有机关联,形成与研究问题高度相关的主范畴,为理论雏形的建构作铺垫。[①] 笔者对上述13个范畴进行聚类分析,并与其他几位老师一起认真分析和讨论各个概念和范畴之间的逻辑关系。其中,工作任务是教师在学校要做的主要事情,考核评价是考核教师的工作是否达到要求,学生基础是教师完成工作任务的一种现实条件。这三者反映的都是学校对教师在工作上的要求,所以可以合并为工作要求。薪酬福利、培训进修、管理模式、工作自主权这四个范畴是学校要求教师完成工

---

① Creswell J W. Qualitative inquiry and research design:choosing among five traditions[M]. Thousand Oaks:Sage,1998.

作任务时所能提供的支持,所以可以合并为工作资源。教育政策、办学目的、社会观念是与民办高校教师职业生活不直接相关,却起到重要影响作用的外在因素,所以可以合并为外部环境[①]。自我效能感、个人心态和专业能力都是教师自身具有差异性的一种特征,所以可以合并为个体特征。依此分析,笔者最终将13个范畴归纳为4个主范畴(见表6-2)。

表6-2 民办高校教师职业幸福感影响因素主轴式编码统计表

范畴	文件数	参考点数	主范畴	文件数	参考点数
B1 工作任务	17	36	C1 工作要求	19	62
B2 考核评价	11	23			
B3 学生基础	15	26			
B4 薪酬福利	19	37	C2 工作资源	20	126
B5 培训进修	19	39			
B6 管理模式	19	83			
B7 工作自主权	14	19			
B8 教育政策	10	17	C3 外部环境	20	68
B9 办学目的	18	45			
B10 社会观念	7	9			
B11 自我效能感	8	11	C4 个体特征	12	21
B12 个人心态	6	8			
B13 专业能力	7	11			

注:经核对,Nvivo中有些参考点包含多个初始概念,所以会出现每个范畴的参考点相加大于主范畴参考点的情况。

3)选择式编码

按照施特劳斯和科尔宾的程序化扎根理论模式,选择式编码是认真分析主范畴之间的关系并与核心范畴建立逻辑联系,以"故事线"的方式描述这些关系的联系脉络,并将这些关联进行抽象化,从而建构起理论框架。本章的核心范畴是民办高校教师职业幸福感影响因素,主范畴为工作要求、工作资源、外部环境和个体特征。其"故事线"可以描述为以下几个方面。工作要求中的学生基础给定了教师的工作对象,工作任务给教师带来了工作压力和心理负担,考核评价更是加重了心理压力,甚至带来工作不安全感,从而直接制约教师职业幸福感。工作资源则为教师达到工作要求提供支持,其中的薪酬福利是教师完成工作任务的物质回报,也是促使教师努

[①] 此处的办学目的主要指民办高校主办方创办学校的目的,与民办高校校长的具体管理模式不同。主办方的办学目的在很大程度上决定了校长的管理模式。由于民办高校主办方并不常驻学校,不少民办高校教师感觉其办学目的像是一只远方的手遥控着学校,所以此处将其归为外部环境。

力完成工作任务的重要动力来源之一。培训进修促进教师的专业发展以帮助教师更好地完成工作任务,管理模式的优化可以使得教师更好地完成工作任务并顺利通过考核,而工作自主权则可以让教师充分发挥自身聪明才智,创造性地完成工作,最终促进教师职业幸福感的提升。外部环境则为教师职业生活提供基本的保障,其中的教育政策为民办高校教师从事教育工作创造制度环境,民办高校举办方的办学目的为民办高校教师的职业生活模式奠定基础,而社会观念是影响民办高校教师职业心态的社会氛围,这些外部环境为民办高校教师的职业生活和职业幸福感起到支持作用。个体特征的差异会导致不同教师对相同外部环境、相同工作要求、相同工作资源出现不同的心理感知和评价,从而产生不同程度的职业幸福感。所以教师的自我效能感、个人心态和专业能力可以调节职业幸福感水平的高低。与此同时,外部环境也会对学校的工作资源和工作要求产生影响,工资资源和工作要求还会影响教师的个体特征。据此分析,可以构建民办高校教师职业幸福感影响因素作用机制初步示意图(见图6-1)。

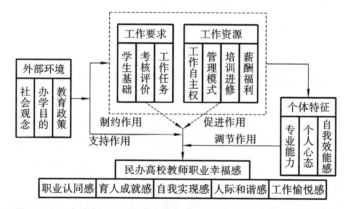

图6-1 民办高校教师职业幸福感影响因素作用机制初步示意图

3. 形成理论假设

通过扎根理论三级编码,笔者发现民办高校教师职业幸福感受到工作要求、工作资源、外部环境和个体特征四个主范畴的影响,其中工作要求起制约作用、工作资源起促进作用、外部环境起支持作用、个体特征起调节作用;同时,外部环境对工作要求和工作资源也起到一定影响作用,而工作要求和工作资源也会影响教师的个体特征。

每个主范畴包含数个范畴。其中工作要求包含工作任务、考核评价和学生基础,工作资源包含薪酬福利、培训进修、管理模式和工作自主权,外部环境包含教育政策、办学目的和社会观念,个体特征包含自我效能感、个人心态和专业能力。除了主范畴之间有关联,范畴之间也存在一定的联系,比如社会观念、薪酬福利、管理模式和考核评价会影响教师的个人心态,培训进修会影响教师的专业能力,办学目的会影响工作任务和薪酬福利,教育政策会影响培训进修、工作任务和学生基础,等等。可以看出,每个主范畴下属的范畴之间存在着错综复杂的内在联系。主范畴之间、范畴之间的各种关联表明民办高校教师职业幸福感影响因素是一个复杂的体系。

当然,笔者对理论的建构始终保持敏感性。上述通过对访谈资料不断比较与连续抽象生成的影响因素结构框架还只是一种理论假设。这些教师的体验是否反映了民办高校教师普遍的心理感知?这些影响因素是不是广泛存在的民办高校教师的共同感知?要弄清这些问题的答案,还需要通过大范围的调查进行统计分析。也只有找到民办高校教师职业幸福感影响因素的普遍客观规律,才能提出有广泛意义的提升措施。因此,笔者将开展量化研究以检验和修正上述影响因素结构模型和作用机制模型。

(二)量化研究

按照以质性研究提出初步理论、以量化研究检验修正理论的研究逻辑,笔者将通过量化研究检验并修正上述关于民办高校教师职业幸福感影响因素的结果。基本步骤是:以上述发现的13种具体影响因素为框架设计问卷,开展预调研分析问卷的质量并修改问卷,开展正式问卷调查获取数据,对数据进行统计分析以检验修正上述结论。

1. 问卷调查

前面章节已经阐述过问卷的设计过程、开展预调研的过程、问卷信效度检验和样本的基本特征,本章不再赘述。正式问卷的第三部分为民办高校教师职业幸福感影响因素题目。上述扎根理论分析得出的13种具体因素,经预调研修改后最终被设计成33道题目,每种具本因素有2~4道题目。13种具体因素分别归属工作要求、工作资源、外部环境和个体特征四大类属。民办高校教师职业幸福感影响因素与对应测试题项关系表如表6-3所示。

表6-3 民办高校教师职业幸福感影响因素与对应测试题项关系表

影响因素类属	测量题项
工作要求	Q36 我的教学工作量太多了,难以承受
	Q37 学校对我的科研要求太高了,我很难完成
	Q38 单位的事务性工作太多了,过多牵扯我的精力
	Q39 为了忙工作,我很少有自己的私人休闲生活
	Q40 我每次都很担心教学质量评价的结果
	Q41 年底绩效综合考评,我感觉压力特别大
	Q42 我们学校的职称评审条件太高了,我很难晋升
	Q43 我感觉学生基础太差了,很难教
	Q44 班级规模太大了,我很难教好这么多学生

续表

影响因素类属	测量题项
工作资源	Q45 我对我的工资水平感到满意
	Q46 我们学校有很多种福利补贴,福利还不错
	Q47 我们学校设有专项奖励和项目配套经费,老师们如果符合条件就可以申报获得奖励奖金
	Q48 我们学校有很多教师专业发展的机会和活动
	Q49 参加工作以来,我的工作能力和业务水平得到了较大的提高
	Q50 我对学校和院系的教师培训与发展政策、机会与措施感到满意
	Q51 我们学校的日常管理还比较规范合理
	Q52 我感觉单位风气还比较正
	Q53 我们学校很信任老师
	Q54 老师在工作上碰到困难时,向上反映一般都能得到解决
	Q55 达到最低课时量要求之后,我自己可以决定还要不要多上课
	Q56 我感觉我的工作自主权比较大
外部环境	Q57 国家政策能够保障民办高校教师的工资水平、退休待遇和医疗等物质利益和权益
	Q58 我对民办高校未来的发展充满信心
	Q59 我们学校的办学指导思想还是比较端正的
	Q60 我们学校投资人不以赚钱营利为目的,是真心办学
	Q61 民办高校教师在社会上同样受尊重
	Q62 社会舆论没有歧视民办高校教师
个体特征	Q63 我觉得老师幸不幸福主要靠个人心态的调节
	Q64 我觉得在民办高校教书,也可以过得很幸福
	Q65 我觉得我的专业能力能够满足工作的需要
	Q66 我善于规划,注重提高自己的专业能力
	Q67 我是一个乐天派,随时随地都很开心
	Q68 我对自己完成工作任务总是充满信心

上述题目中的五个选项均为"1 完全不符合""2 不太符合""3 不好说""4 比较符合""5 完全符合"。

2. 数据分析

质性研究的影响模型中包含两部分内容:一是工作要求、工作资源、外部环境和个体特征会影响民办高校教师职业幸福感,并且外部环境会影响工作要求和工作资源,工作要求和工作资源会影响个体特征,这需要进行影响效应检验;二是个体特征在工作要求、工作资源和外部环境影响职业幸福感的过程中起到调节作用,这需要进行调节效应检验。另外,如果这两项检验结果显示,个体特征本身对整体职业幸福感影响较大,且与其他三大影响因素相关性较高又对它们有调节作用。笔者判断个体特征应该还会起到中介作用,因此还将视具体情况进行中介效应检验。下面运用 AMOS 21.0 构建上述影响模型的结构方程模型进行影响效应检验,运用 SPSS 23.0 进行层次回归分析以检验调节作用,视具体情况运用 AMOS 21.0 进行中介效应检验。在分析过程,将删除有缺省值的题项。

1) 影响效应检验

分别以工作要求(题项 Q36~Q44)、工作资源(题项 Q45~Q56)、外部环境(题项 Q57~Q62)、个体特征(题项 Q63~Q68)和整体职业幸福感(题项 Q11~Q35)为潜变量,包含的各题项为观测变量,在 AMOS 21.0 中建立模型,以检验工作要求、工作资源、外部环境和个体特征对整体职业幸福感的影响。本研究采用克隆巴赫 α 值和建构信度 CR 来检测所建模型的信度,用收敛效度 AVE 来检验模型的效度。民办高校教师职业幸福感影响因素模型信效度检验结果表如表 6-4 所示。

表 6-4 民办高校教师职业幸福感影响因素模型信效度检验结果表

潜 变 量	克隆巴赫 α 值	AVE	CR
工作要求	0.86	0.57	0.84
工作资源	0.93	0.50	0.92
外部环境	0.91	0.60	0.90
个体特征	0.81	0.52	0.80
整体职业幸福感	0.95	0.55	0.95

通常来讲,克隆巴赫 α 值大于 0.7 则可视为测量模型内部一致性比较高,AVE 值大于 0.50、CR 值大于 0.70 说明数据聚合度较高。表 6-4 显示几项指标基本上都达到要求,这说明本研究构建的模型信效度较好。

在对模型进行分析时,需要检验模型数据的拟合度。拟合度是对初期研究的模型与最终调研数值一致性程度的反映。本研究采用比较稳定的 CMIN/DF 值、GFI 值、IFI 值、AGFI 值、TLI 值、CFI 值和 RMSEA 值作为模型拟合度衡量标准。通常来讲,CMIN/DF 值小于 5 表示拟合较好,小于 2 表示非常理想;GFI 值、IFI 值、AGFI 值、TLI 值、CFI 值大于 0.8 为良好,大于 0.9 为优秀;RMSEA 小于 0.08 为良好,小于 0.05 为优秀。

将上述初步建立的模型用 AMOS 21.0 进行处理,经过修正后拟合指数达到适配的标准,最终拟合结果如表 6-5 所示。

表 6-5 民办高校教师职业幸福感影响因素模型数据拟合指数表

CMIN/DF	P	GFI	IFI	AGFI	TLI	CFI	RMSEA
4.25	0.000	0.87	0.93	0.86	0.93	0.93	0.04

从上述数据可以看出,该模型的 CMIN/DF、GFI 和 AGFI 三项指标达到良好,其余指标均达到优秀程度,这说明数据的拟合度较高,样本与模型的适配度较好。运用 AMOS 21.0 就四大影响因素对整体职业幸福感的影响效应进行检验,检验结果如表 6-6 所示。

表 6-6 民办高校教师职业幸福感影响路径系数显著性检验结果表

假设	影响路径	标准化路径系数	S.E.	C.R.	P 值	假设是否成立
工作要求会影响整体职业幸福感	工作要求→整体职业幸福感	−0.05	0.03	−2.03	0.04	是
工作资源会影响整体职业幸福感	工作资源→整体职业幸福感	0.27	0.08	3.82	***	是
外部环境会影响整体职业幸福感	外部环境→整体职业幸福感	0.20	0.07	2.48	0.01	是
个体特征会影响整体职业幸福感	个体特征→整体职业幸福感	0.65	0.06	12.92	***	是

注:P 值小于 0.05 表示路径关系成立,假设检验通过;三个星号表示 P 值小于 0.001。

分析结果显示,工作要求、工作资源、外部环境和个体特征对整体职业幸福感均存在统计学意义上的显著影响(C.R. 值的绝对值大于 1.90,P 值小于 0.05),假设全部成立。从标准化路径系数来看,个体特征对整体职业幸福感的影响最强(0.65),其次是工作资源(0.27),再次是外部环境(0.20),影响最小的是工作要求(−0.05)。工作要求的影响系数是负值,说明工作要求越高,教师的职业幸福感就越低。

与此同时,在质性研究的影响模型中,外部环境会影响工作要求和工作资源,工作要求和工作资源会影响个体特征。因此,运用 AMOS 21.0 对这四大影响因素之间的关系进行分析,结果如表 6-7 所示。

表 6-7 民办高校教师职业幸福感影响因素相关性分析结果表

项目	标准化相关系数	S.E.	C.R.	P	是否相关
工作资源↔工作要求	−0.50	0.02	−13.43	***	是
外部环境↔工作要求	−0.50	0.02	−14.38	***	是
外部环境↔工作资源	0.90	0.02	17.54	***	是

续表

项目	标准化相关系数	S.E.	C.R.	P	是否相关
工作要求↔个体特征	−0.38	0.01	−11.12	***	是
外部环境↔个体特征	0.77	0.02	17.34	***	是
工作资源↔个体特征	0.72	0.02	15.32	***	是

注：P 值小于 0.05 表示显著相关，三个星号表示 P 值小于 0.001。

分析结果显示，四大影响因素之间均存在统计学意义上的显著相关。从标准化相关系数来看，外部环境与工作资源的相关性最强（0.90），其次是外部环境与个体特征（0.77），再次是工作资源与个体特征（0.72），接着是工作要求与个体特征（−0.38），工作资源与工作要求和外部环境与工作要求的相关性相同（−0.50）。相关系数为负值，则说明两者增减方向是相反的。

2）调节效应检验

在质性研究的理论假设中，个体特征在工作要求、工作资源和外部环境影响整体职业幸福感的过程中起到调节作用。检验调节作用有多种方法和手段，上述影响效应检验中已经证明了个体特征及工作要求、工作资源、外部环境都会影响整体职业幸福感并且这四者之间彼此相关。因此，为了简洁明了，本研究采用层次回归法检验个体特征对三种自变量是否存在调节作用。在质性研究结果中，个体特征包含专业能力、个人心态和自我效能感三个分维度，这三个分维度的含义存在一定区别，因此本研究除了将个体特征作为一个整体调节变量之外，还将选取三个分维度中最能代表专业能力、个人心态和自我效能感的观测变量作为调节变量进行检验。其中，代表专业能力的观测变量是"Q65 我觉得我的专业能力能够满足工作的需要"，代表个人心态的观测变量是"Q63 我觉得老师幸不幸福主要靠个人心态的调节"，代表自我效能感的观测变量是"Q68 我对自己完成工作任务总是充满信心"。整体个体特征和三个观测变量共四个调节变量，将分别检验工作要求、工作资源和外部环境的影响作用。

首先，运用 SPSS 23.0 将工作要求、工作资源和外部环境这三个自变量，整体职业幸福感这个因变量，以及四个调节变量的均值进行中心化处理；然后，准备交互乘积项（自变量均值×调节变量均值）。所有变量准备完成之后，首先检验整体个体特征，然后依次检验 Q65（专业能力）、Q63（个人心态）和 Q68（自我效能感）三个观测变量。检验的过程为，运用 SPSS 23.0 的层次回归分析功能，先导入自变量、因变量和调节变量进行第一层回归，然后加入交互乘积项进行第二层回归，这样形成两个模型。将两个模型进行对比，如果第二个模型与第一个模型的 R 方变化量存在显著差异（第二个模型的显著性 F 变化量小于 0.05），则说明存在调节效应；如果显著性 F 变化量大于 0.05，则表明不存在调节效应。

四个调节变量的分析结果如表 6-8 所示。

表 6-8 民办高校教师职业幸福感影响因素调节效应检验结果表

调节变量	模型摘要								
	模型	R	R方	调整后R方	标准估算的误差	更改统计			
						R方变化量	F变化量	自由度1	自由度2	显著性F变化量
个体特征	1	0.540	0.292	0.291	0.47151	0.292	242.221	3	1764	0.000
	2	0.635	0.403	0.402	0.43304	0.111	328.318	1	1763	0.000

调节变量	模型摘要								
	模型	R	R方	调整后R方	标准估算的误差	R方变化量	F变化量	自由度1	自由度2	显著性F变化量
专业能力	1	0.540	0.292	0.291	0.47151	0.292	242.221	3	1764	0.000
	2	0.591	0.349	0.348	0.45202	0.058	156.361	1	1763	0.000

调节变量	模型摘要								
	模型	R	R方	调整后R方	标准估算的误差	R方变化量	F变化量	自由度1	自由度2	显著性F变化量
个人心态	1	0.540	0.292	0.291	0.47151	0.292	242.221	3	1764	0.000
	2	0.574	0.329	0.328	0.45891	0.038	99.148	1	1763	0.000

调节变量	模型摘要								
	模型	R	R方	调整后R方	标准估算的误差	R方变化量	F变化量	自由度1	自由度2	显著性F变化量
自我效能感	1	0.540	0.292	0.291	0.47151	0.292	242.221	3	1764	0.000
	2	0.552	0.305	0.304	0.46713	0.013	34.242	1	1763	0.000

分析结果显示,以个体特征、专业能力、个人心态和自我效能感分别作为调节变量,每个层次回归分析中模型2的显著性F变化量均为0.000<0.05。这表明,不管是教师整体的个体特征,还是专业能力,还是个人心态,还是自我效能感,在工作要求、工作资源和外部环境影响整体职业幸福感时均起到统计学意义上的显著调节

作用。

3) 中介效应检验

上述两项检验结果显示,个体特征对整体职业幸福感的影响最大,且与其他三大项影响因素存在较高的相关性,笔者判断个体特征在工作要求、工作资源和外部环境影响整体职业幸福感的过程中起到中介作用。运用 AMOS 21.0 在前面影响效应检验模型的基础上进行中介效应检验。模型的信效度和拟合指数与前面相同,下面仅报告中介效应检验结果(见表6-9)。

表6-9 民办高校教师职业幸福感影响因素中介效应检验结果表

影响路径		标准化路径系数	S.E.	C.R.	P	是否中介
工作要求→个体特征	→整体职业幸福感	0.02	0.02	0.86	0.39	否
工作资源→个体特征		0.16	0.07	1.78	0.07	否
外部环境→个体特征		0.67	0.06	8.83	***	是

注:P 值小于 0.05 表示路径关系成立,假设检验通过;三个星号表示 P 值小于 0.001。

分析结果,个体特征仅在外部环境影响整体职业幸福感的过程中起到中介作用,而且影响系数较大,在工作要求和工作资源影响整体职业幸福感的过程中不起中介作用。

综合调节效应检验和中介效应检验的结果可以看出,个体特征在外部环境影响整体职业幸福感的过程中起到有中介的调节作用,在工作要求和工作资源影响整体职业幸福感的过程中仅起到调节作用。

3. 检验结果

上述对正式问卷调查数据的统计分析,证实了质性研究中的两项研究结果:工作要求、工作资源、外部环境和个体特征均会影响民办高校教师职业幸福感,且个体特征在其他三大因素影响过程中起到调节作用并对外部环境影响整体职业幸福感起到中介作用。量化研究的结果还表明,这四大因素影响民办高校教师职业幸福感的效力是不一样的,其中工作要求为-0.05,是最小的且为负值;工作资源为0.27;外部环境由于不仅有直接效应还有中介间接效应,总效应为 0.20+0.67×0.65=0.64;个体特征为0.65,是最大的,与外部环境非常接近。与此同时,这四者之间也是紧密相关的,两两之间均呈现出不同强度的相关性。

对于四大影响因素之间的关系,需要厘清调节作用、中介作用和相关性的异同。调节作用是自变量对因变量的影响受到调节变量的影响,中介作用是自变量通过中介变量影响因变量,相关性表示两个变量在数量变化方面具有一致性。个体特征在工作要求和工作资源影响整体职业幸福感的过程中起到调节作用,表示这两者的影响效力受个体特征的影响会发生变化;而个体特征在外部环境影响整体职业幸福感的过程中起到有中介的调节作用(且中介系数较高),说明外部环境对整体职业幸福感的影响主要通过个体特征间接作用于整体职业幸福感,直接影响效力也受到个体特征的调节。这四大影响因素之间均显著相关,说明两两之间存在一致变化的规律,根据两者的特征可以进一步分析出谁影响谁以及影响的强弱程度。从上述四大影响因素之间的相关性来看,外部环境与工作资源之间的相关性最强。外部环境包括教育政策、办学目的和社会观念,工作资源包含薪酬福利、培训进修、管理模式和工作自主权,可以判断是外部环境影响工作资源,因此可以说,外部环境对工作资源的影响最大。外部环境对个体特征的影响位居第二,工作资源对个体特征的影响位居第三,工作要求对个体特征的影响位居第四,外部环境对工作要求的影响和工作资源对工作要求的影响同时位居第五。

可以看出,虽然在直接影响路径上个体特征对民办高校教师职业幸福感的影响最大,但是在间接影响路径上外部环境起到至关重要的作用,因为它不仅较大地直接影响个体特征,而且较大地通过工作资源影响个体特征;相比之下,工作要求本身对民办高校教师职业幸福感的影响力较小,且与其他三者的相关度也较小。结合四大因素对教师职业幸福感的影响,以及四大因素彼此之间的影响,将质性研究中的影响机制初步示意图修正为图 6-2。

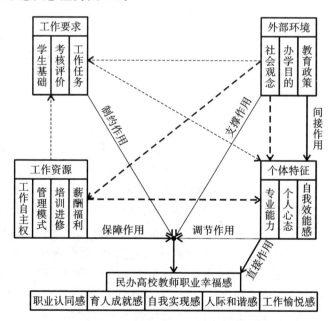

图 6-2 民办高校教师职业幸福感影响因素作用机制示意图

注:图中实线表示各因素对民办高校教师职业幸福感的影响作用,虚线表示各因素之间相互影响作用,点状线表示调节作用,箭头表示影响的方向,线条的粗细表示影响的大小。

二、民办高校教师职业幸福感影响机制的理论阐释

经过上述质性研究提出初步理论、量化研究检验修正理论,本研究发现民办高校教师职业幸福感主要受到民办高校教师工作要求、工作资源、外部环境和个体特征四个方面的影响,这四个方面既相互独立又有联系,共同造就了民办高校教师职业幸福感的水平现状。其中,工作要求是教师必须要在民办高校学生基础较差的情况下完成工作任务并接受考核评价,这往往会给教师带来工作压力,如果考核不达标或者排名靠后还会带来工作不安全感,所以对教师职业幸福感起到制约作用;工作资源是民办高校在薪酬福利、教师专业发展、管理模式和工作自主等方面提供支持和保障,以帮助教师顺利完成工作任务、通过考核评价,从而减轻教师的心理压力和工作不安全感,对教师职业幸福感起到保障作用;外部环境决定着工作要求、工作资源和经费投入的数量和质量,既监管民办高校的办学行为,又支持民办高校将薪酬福利等工作资源落到实处并不断提升质量,所以对教师职业幸福感起到支撑作用;个体特征包含教师的专业能力、个人心态和自我效能感,是影响教师职业幸福感的一个重要因素,它不仅直接影响教师职业幸福感,还对其他三者的影响效应起到调节作用并对外部环境的影响起到部分中介作用。当然,这只是通过实证的途径对民办高校教师职业幸福感影响因素获得的认知,还需要从理论上进行阐释。下面将采用工作要求-资源理论分析工作要求和工作资源对教师职业幸福感的影响,采用个体-环境匹配理论分析工作资源、外部环境和个体特征对教师职业幸福感的影响。

(一)工作要求起到制约作用

根据工作要求-资源理论,工作要求是工作对员工身体、心理、组织或社会方面的要求,需要员工持续努力,甚至付出一定的心理或生理代价。[①] 工作要求最显著的表现是需要员工在一定的环境和条件下完成规定的工作任务,并接受相应的考核评价,如果考核不合格,则可能面临某种形式的不良后果。所以,工作要求会给员工带来心理压力,从而降低员工的职业幸福感。民办高校的学生层次偏低,有时还存在学习风气欠佳或班级规模过大等问题,这些会增加教师完成工作任务的难度。民办高校教师工作任务繁重,除了超负荷的教学工作之外,还要完成近年来要求不断提高的科研任务,以及大量非教学工作,比如部分学校要求的招生和就业工作。尤其是科研工作需要一定的基础和条件,招生和就业还需要一定的社会资源,这让他们变得更加焦虑。他们在职务任期考核、年终绩效考核和教学质量考核时往往存在较大压力。不少民办高校又采取"末位淘汰"的做法,加剧了民办高校教师本来就没有编制的工作不安全感。工作不安全感对员工的工作幸福感和工作绩效有显著的消

---

① Skaalvik E, Skaalvik S. Job demands and job resources as predictors of teacher motivation and well-being[J]. Social Psychology of Education, 2018(5):1251-1275.

极影响。① 所以,工作要求对民办高校教师职业幸福感起到制约作用。

(二)工作资源起到保障作用

与工作要求相反,在工作要求-资源理论中,工作资源是工作中推动员工学习、成长和发展,帮助其减少工作要求、达成工作目标的身体、心理、组织和社会因素。② 有研究表明,工作资源可以减少组织中一些具体的压力来源,并使得个体在应对工作要求时能够控制情绪和思维。③ 这是因为工作中有了资源,员工就更有可能投入工作、更有可能完成工作任务。工作要求-资源理论的基础理论——资源保存理论还认为,当工作要求较高时,员工就更加需要工作资源,工作资源的作用也更加凸显。④ 员工能够完成工作任务、达到工作要求,职业幸福感就能够得到保持或者增强。所以,资源的充裕对于教师职业幸福感具有积极的作用,而资源的匮乏则会产生消极影响。然而,资源是一种跨文化和某种特定文化的产物⑤,所以不同的文化背景、不同的工作环境中的工作资源是不同的。更高的薪酬福利、更多的培训进修机会、更人性化的管理模式和更大的工作自主权,是民办高校教师最为渴望的四种工作资源。薪酬福利包括工资待遇、节假日福利和某些专项工作奖励,这是教师从事教育工作应该获得的物质利益,在马斯洛的需求层次理论中属于安全需要,位于较为基本的层次。关于幸福感的大量研究表明,收入在达到某个临界点之前对幸福感具有较大的正向影响,对幸福感起到保障作用,而这个临界点通常被认为是当地的中等收入水平。之后,对幸福感影响显著的是相对收入,而不再是绝对收入。民办高校教师的收入往往低于当地高校教师的平均水平,所以薪酬福利对于他们的职业幸福感还处于起到保障作用的阶段。在职培训进修可以促进教师专业发展、提升工作能力,从而顺利完成工作任务。教师的能力水平对于有效教学的信心和职业幸福感具有重要的影响。⑥ 民办高校教师普遍较为年轻,学历以硕士为主,教学水平和科研能力还需要进一步提升,培训进修项目对于他们而言就具有特别重要的意义。只有培训进修工作做得扎实有效,教师的专业能力得到提升,他们才能顺利完成工作任务、轻松面对考核评价。同时,从个体-环境匹配理论来看,教师只有受到培养并能够胜

---

① 冯冬冬,陆昌勤,萧爱铃.工作不安全感与幸福感、绩效的关系:自我效能感的作用[J].心理学报,2008(4):448-455.

② Bakker A B, Hakanen J J, Demerouti E, et al. Job resources boost work engagement, particularly when job demands are high[J]. Journal of Educational Psychology, 2007(2):274-284.

③ Demerouti E, Bakker A B. The job demands-resources model: challenges for future research[J]. Journal of Industrial Psychology, 2011(2):1-9.

④ Hobfoll S E. The influence of culture, community, and the nested-self in the stress process: advancing conservation of resources theory[J]. Applied Psychology, 2001(3):337-421.

⑤ Demerouti E, Bakker A, Nachreiner F, et al. The job demands-resources model of burnout[J]. The Journal of Applied Psychology, 2001, 86(3):499-512.

⑥ OECD. A flying start: improving initial teacher preparation systems[M]. Paris: OECD Publishing, 2019.

任工作,才能够与环境实现匹配从而获得职业幸福感。另外,由于民办高校的最终决定权掌握在投资人手中,而投资人又希望在短期内尽快看到办学成效,所以民办高校的管理模式往往表现出一定程度的专断,导致教师民主参与学校事务的程度较低,而且承受较大的考核压力。教师在学校的地位较低,主要是执行命令、完成任务,有时还得不到学校领导的完全信任。工作自主权是员工的一项基本心理需要。[①]创造性是教育的一项基本属性,教师需要一定程度的自主权,在教学大纲范围内自行决定具体教学内容、教学方法、教学进度和评价学生的方法。这种自主权可以激发教师能动性,从而更好地完成工作任务。总体来看,充足的工作资源可以在环境、条件、能力等方面保障教师工作任务的顺利完成,从而减轻工作压力,因此对民办高校教师职业幸福感起到保障作用。

(三) 外部环境起到支撑作用

根据个体-环境匹配理论,个体只有在与环境交互的过程中达到较好的兼容状态时才能获得较高的职业幸福感。本研究中的外部环境包括社会观念、教育政策和民办高校主办方的办学目的。在中国社会文化传统中,教师是受人尊敬的职业,也享有较高的社会地位,这主要是由于教师职业有着重要的社会作用。教师是文化知识的传递者,是社会精神财富的创造者,是人才生产的主要承担者。因此,教师享有较高的专业地位、经济地位和职业声望。这支撑着教师获得职业认同感。教育政策为教师开展工作和获得相应的报酬提供国家层面的法律保障,使得教师能够安下心来从事教育教学活动。育人工作是一项长期的任务,教师发展和自我实现更是终身的使命,教师只有在有稳定保障的情况下才会做长远打算,才会有育人成就感和自我实现感。如果说上述两方面间接影响着民办高校教师职业幸福感,那么民办高校主办方的办学目的则会直接体现在学校的日常管理过程之中。办学目的会指导如何办学,具体反映在校长的管理理念等方面,并会进一步体现在学校的招生工作、教师的工作任务、考核评价、薪酬福利、培训进修和管理模式等具体方面,对教师的职业生活质量起到重要作用。总体来看,外部环境的三个方面对民办高校教师开展教育教学工作有利,教师就容易与这个大环境兼容,从而获得职业幸福感;如果这些方面导致民办高校教师在价值观、专业能力与工作要求等方面不能与组织相匹配,兼容性自然就降低,职业幸福感也较低。因此,外部环境对于民办高校教师能否获得职业幸福感具有根本性影响,可以看作是对民办高校教师获得职业幸福感起到支撑作用。

(四) 个体特征起到调节作用

个体特征千差万别。本研究中的个体特征包含教师的专业能力、个人心态和自

---

① Bakker A, Bal M. Weekly work engagement and performance: a study among starting teachers[J]. Journal of Occupational and Organizational Psychology, 2010(1): 189-206.

我效能感三个重要方面。教师的专业能力是教师能否胜任工作的重要保障。根据个体-环境匹配理论,个体只有能胜任工作才有可能与环境实现良好的兼容并获得幸福感。教师的专业能力在教师与环境的交互过程中是可以发生改变的,如果教师的知识技能陈旧过时而又未能及时获得培训进修,则其专业能力就难以满足工作的需要,个体与环境就不能匹配;只有教师紧跟时代发展、不断提升自己,才能做到适应工作需要,从而实现与环境的良好兼容。心态是指个体对事物发展的反应和理解表现出的不同的思想状态和观点。有什么样的心态,就会对事情采取什么样的态度。马斯洛曾经说过:"心态改变,态度跟着改变;态度改变,习惯跟着改变;习惯改变,性格跟着改变;性格改变,人生就跟着改变。"正如:"人生快乐不快乐看心情,幸福不幸福看心态。"自我效能感是指个体对自己是否有能力完成某一行为所进行的推测与判断。自我效能感理论的创始人阿尔伯特·班杜拉(Albert Bandura)认为,自我效能感可以从多方面促进一个人的幸福感;个体的自我效能感较高,就会对未来的成功抱有更高的期望,设置更高的绩效目标,同时不断拓展胜任力并构建稳定的心理契约,在遇到困难和挑战时也会表现得更加乐观。积极心理学的研究表明,乐观是幸福感的重要来源,个体的自我效能感较高就会更加乐观,也就更能体验到幸福感。总体来看,个体特征在较大程度上决定着职业幸福感水平,但个体特征又可受其他因素影响而发生改变,因此可以将个体特征看作是对职业幸福感起到调节作用。

从质性研究提出初步理论,到量化研究检验修正理论,再到理论分析阐释合理性,证明了上述民办高校教师职业幸福感影响机制模型是成立的。至于民办高校教师职业幸福感为什么呈现出很一般或较低的水平,则需要根据调研的数据进行具体分析。

三、民办高校教师职业幸福感水平不高的原因分析

通过前文对民办高校教师职业幸福感水平现状的分析发现,民办高校教师职业幸福感处于很一般或者较低的水平(均值为5分制下的3.57)。下面,将根据本章前面探索的影响机制分析具体原因。

虽然对民办高校教师职业幸福感产生直接作用最强的因素是个体特征,但是外部环境对个体特征的影响效应更强,个体特征在外部环境影响整体职业幸福感的过程中起到重要的中介作用,而且外部环境对工作资源的影响是四大因素之间最强的,工作资源对整体职业幸福感和个体特征的影响均位居第二。这些均表明,外部环境是直接作用于工作资源和通过个体特征影响民办高校教师职业幸福感的最重要的深层次原因。与此同时,个体特征包含教师的专业能力、个人心态和自我效能感,它们在很大程度上受到外部环境、工作资源和工作要求的影响。比如教师的专业能力直接受到工作资源中的培训进修影响,个人心态受到工作资源中的薪酬福利、管理模式和工作要求中的考核评价的影响。而且从相关性系数来看,外部环境、工作资源和工作要求对个体特征的影响均很明显。根据四大因素彼此之间的影响

关系,下面分析导致民办高校教师职业幸福感不高的原因。

(一) 外部环境支撑力度不够

外部环境包括社会观念(社会对民办高校及民办高校教师的认识和态度)、教育政策(关于民办高校设立、评估、监督管理及民办高校教师权益保障的法律法规和政策措施)和办学目的(民办高校主办方的办学目的及对学校管理模式的影响和指导)。从理论上讲,这些因素应该也可以为民办高校教师开展教育教学活动、享受幸福的职业生活提供法律、政策、心理和物质上的支撑和保障。但从实际情况来看,这种支撑和保障力度是不够的。

1. 社会观念和舆论对民办高校教师不公平

一种职业的社会地位在很大程度上影响着该职业从业人员的自豪感和职业幸福感。教师这个职业在我国社会文化生活中享有较高的社会地位,但是民办高校教师的社会地位明显不如公办高校教师,社会对待民办高校教师不像对待公办高校教师一样公平。

一位未婚受访男教师讲述了他的经历:

我觉得社会对民办高校教师是有偏见的,甚至是有误解的。比如曾经有一次,我妈代替我去相亲。其实,她也没有说要找一个什么样的人,就是去看看,刚好就遇到旁边几个家长也是代自己女儿来相亲。别人就问我妈:"你儿子是做什么的?"我妈说:"我儿子是大学老师。""真的呀!哪个大学的老师?"我妈就说哪个哪个大学。她说:"你这是民办大学,那算了。"然后转头就走了。可能她觉得民办大学的老师跟企业里面打工的一样,待遇也不高,不能算是真正的大学老师。(MML1)

还有一位女老师也讲述了她的亲身感受。

出去跟其他学校的老师一起开会的话,我总会有一种自卑感,就会觉得可能公办学校的老师会有一种优越感。我明白我自己可能会弱一点。就是这个身份问题总让我觉得低人一头,尤其是当公办学校的老师不想跟我们在一起或者不想认识我们的时候,我就会有自卑感。(FML2)

社会观念对民办高校教师职业幸福感的影响主要体现在文化传统和社会舆论方面。从问卷中教师对社会观念题目的回答来看,对于"民办高校教师在社会上同样受尊重",选择"比较符合"的占31.07%、选择"完全符合"的占7.70%,这两项相加占38.77%;对于"社会舆论没有歧视民办高校教师",选择"比较符合"的占31.59%、选择"完全符合"的占7.05%,两项相加占38.64%。也就是说,仅有不到四成的民办高校教师没有感受到社会的偏见或歧视,而六成多的民办高校教师或多或少地感受到社会的偏见或歧视。

造成这种局面的根本原因是民办高校目前的教育质量还不能与公办高校相比,但也与现实生活中关于民办高校"不正规""营利性"的舆情环境有直接的关系,这导致社会对民办高校的认可度相对较低。这种社会观念在民办高校教师开展社会交往时无形中会降低职业价值,从而降低民办高校教师的身份认同感和职业幸福感。

2. 教育政策未能给予民办高校教师充分保障

教育政策对教育活动和行为起到规范作用、导向作用、协调作用和控制作用。当然,本研究中的教育政策是广义的,包括教育法律法规、教育行政命令、教育规章制度等。有关部门自2003年以来已经出台了一系列关于促进民办教育发展的法律法规和政策文件,但是从民办高校教师的亲身感受来看,相关政策还不能充分保障民办高校教师的自身权益和发展利益。

一位受访教师谈道:

我觉得国家应该规范民办高校教师的各种权益和福利待遇。比如养老金,医疗保险,或者是公积金,很多学校是按较低的标准给我们交。老师们辛辛苦苦读书读了这么多年,至少也是硕士以上的学历,可是福利待遇较低,我觉得很不公平。我觉得国家应该有一种强制措施,应该有一个规范。这样老师们就没有后顾之忧,教育质量才能提高,教师才有幸福感。(FMA1)

在访谈的21名教师中,有14名受访教师提到学校购买的社保和住房公积金都是政策范围内较低档次的,与公办高校教师差距较大。

与此同时,根据现行的关于民办教育发展的政策,有关部门无须对民办高校提供财政支持。不少民办高校教师表示这一政策不公平,是导致他们的薪酬福利得不到保障的重要原因。有9名受访教师认为,民办高校也是为社会培养人才,有关部门应该适当给予学生培养经费,以补充民办高校自身学费收入,从而提高教师的待遇。

一位受访教师的意见比较有代表性。

民办高校应该获得跟公办高校一样的财政拨款,尤其是对学生的生均拨款。民办高校确实有一些自主权,但是我们办学需要场地,需要师资,需要经费投入,而财政支持不够。财政拨款是最直接的支持。要加大对民办高校的扶持,由公办高校对民办高校一对一进行帮扶,对专业进行扶持,这样才是对民办高校真正的支持。(MMA1)

民办高校教师在深感当前的薪酬福利和未来的退休金均不高的情况下,还担心随时可能会失业。教师产生这种工作不安全感最重要的原因是,他们认为有关部门没有明确规定民办高校未来的发展方向,也缺乏规范的指导。尤其是近年来高职院校快速发展,人口生育率又下降,民办高校的生源这一生命线受到威胁,民办高校倒闭现象不断进入人们的视野,加剧了教师的工作不安全感。

另外,民办高校教师在参加有关部门组织的教师培训或科研项目申请时也经常受到忽视。当然,教育行政部门是从民办高校的性质和民办高校教师的科研水平出发做出这样的安排,可以说有一定的道理。但是,民办高校教师一般认为这是相关政策不公平,没有保障他们的发展权益。在民办高校主办方不能投入大量资金用于教师发展项目时,教育行政部门在组织面向全体高校教师培训时也应该考虑民办高校教师,因为他们也是为社会培养人才。

从问卷中教师对教育政策题目的回答来看,对于"国家政策能够保障民办高校教师的工资水平、退休待遇和医疗等物质利益和权益",选择"比较符合"的占24.15%、选择"完全符合"的占7.83%,两者相加为31.98%,约为三分之一;而选择"完全不符合"的占10.70%、选择"不太符合"的占23.37%,两者相加占34.07%;还有33.94%的教师选择"不好说"。对于"我对民办高校未来的发展充满信心",选择"比较符合"的占27.68%、选择"完全符合"的占8.36%,两者相加为36.04%,约为三分之一。

事实上,《中华人民共和国教师法》和《中华人民共和国民办教育促进法》均明确规定民办学校教师与公办学校教师享有同等的法律地位,也就是说,民办高校教师的正当权益和福利待遇是有法律保护的。但民办高校教师仍然感觉自身权益和待遇没有充分获得法律保护,这在很大程度上是由于有关部门监管功能缺位,导致这些法律条款没有得到真正落实。当然,相关的法律和教育政策还需要进一步细化和完善,以便具有可操作性,才能落地执行。

3. 民办高校办学目的未能顾及教师的长远发展利益

民办高校主办方的办学目的影响着学校的治理方式和人事政策。作为民办高校教师,其长远发展利益是学校能够稳定发展,不断提升质量和知名度,自己能够不断获得成长,但这需要主办方大量、持续地投入资金。虽然很多民办高校投资人有崇高的教育理想和教育情怀,但追求一定的经济回报事实上也是相当多民办高校的一个办学目的。可以说,民办高校在总体上有着"育人+营利"二元办学目的。从经济学的角度看,追求利润就会按照企业运行模式经营,而不一定按照教育规律治理学校。同时,主办方在对学校发展进行规划和对学校领导进行考核时可能会看重利润回报,这会导致民办高校难以坚持循序渐进、不断积累、逐步提升的长期规划,也难以保持稳定的学校治理团队。

不少民办高校教师希望的是能够在一个稳定的环境中不断成长,不断发展,不断取得成绩,不断提升自己,最终实现自我价值。如果民办高校主办方对学校发展缺乏长远规划,哪一天突然把学校变卖,或者把土地转让改作他用,这些教师就会突然"被失业",这显然是不符合他们的长远利益的。另外,如果民办高校主要领导频繁更换,就会导致学校治理模式总是处于变化之中,也会给教师发展带来不利影响。

一位受访教师认为:

民办高校没有一个长期固定的规划。民办高校的校长总在换,其政策的连续性受到挑战。每个校长有不同的风格,有不同的想法,老师要去适应新的方法、新的做事方式和新的发展方向,以前的成绩有可能就打了水漂,事业感就没有了。老师会觉得自己是弱势群体,所以会觉得自己不够幸福。(MMA1)

这位教师已经是副教授职称,本来干劲十足,想在这所民办高校好好干出一番事业,但是他对学校几任校长因为所谓的"经营不善"而被撤换并带来学校的一系列震荡深感失望。

从问卷中教师对民办高校办学目的题目的回答来看,对于"我们学校的办学指导思想还是比较端正的",选择"比较符合"的占 56.14%、选择"完全符合"的占 16.06%,两者相加占到 72.20%,相对来讲还比较高。对于"我们学校投资人不以赚钱营利为目的,是真心办学",选择"比较符合"的占 37.60%、选择"完全符合"的占 12.40%,两者相加为 50.00%,明显要少很多。正如一位受访教师谈及的那样,如果民办高校营利和办学不能平衡的话,就会对教师带来较大伤害。

学校的发展运作,我觉得还是应该完全按照高等学校的规律去办事,如果掺杂更多的企业式追逐利润的话,这个学校是办不好的。当然作为民办高校来说,它不可能像公办高校那样,我觉得最好的方法就是找到一个平衡点,既要兼顾到按照这个高等教育的规律办学,同时还得照顾到企业的一些发展利润。如果太偏向后者,受伤的是老师。(MDP1)

可以看出,目前不少民办高校的办学目的没有很好地考虑到教师的发展利益。这会间接导致教师难以实现自我价值,也缺乏工作愉悦感,最终降低职业幸福感。

(二)学校工作资源保障不力

工作资源包括民办高校教师的薪酬福利、培训进修、工作自主权及学校的管理模式。这些是教师开展教育教学活动、体验幸福职业生活的重要基础。根据工作要求-资源理论,工作资源为个体完成工作任务提供各种帮助,为个体减轻工作压力、获得职业幸福感提供保障。但从本次调查的结果来看,民办高校的工作资源对于教师获得职业幸福感的保障作用不力。

1. 民办高校薪酬福利降低了民办高校教师的待遇和地位

在马斯洛的需求层次理论中,薪酬福利属于安全需求范畴,属于较基本的需求,是个体迫切需要满足的。但民办高校教师反响最强烈的问题是付出的劳动与福利待遇不对等;他们承担着繁重的工作任务却只能获得不高的物质回报,在考核评价靠后时还面临罚款的风险。

几乎所有受访教师均认为,民办高校的工资水平偏低,社保标准处于较低档次,日常福利也较少。"待遇肯定是第一位的,这可能是个比较现实的问题。民办高校没有太多保障,也没编制,这可能是大家不太满意的一个点。"(MMT2)。在访谈中,不少教师对此表示不满。

待遇方面的差距是有点大的。公办高校老师有各项奖金,各种收入,而民办高校老师主要就是工资收入,没有其他收入。民办高校教师要提高点待遇,达到社会平均水平。像我的工资已经多少年没变过了。我们基本上没有过节费了。不说向公办高校看齐,至少要跟社会平均水平看齐吧。(FMA4)

除了工资,基本上没有什么福利,比如说春节、中秋节、端午节这些传统节日什么东西都没有,很少发什么物质上的东西。而且我们本身也没有什么年终奖,会让人觉得有点失落。福利这方面降低了幸福感。我比较在乎这些。(FML1)

还有一位受访教师的教龄为 15 年,职称为副教授,年龄为 41 岁。像他这样的教师应该算是民办高校的骨干教师,收入应该是不错的。然而,他认为,他的工资收入严重影响了他的职业幸福感,他甚至因为工资问题感觉自己不像是一名教师。

不太幸福的一点就是民办院校的工资待遇水平还是稍稍有一些低的。不说跟重点院校比,最起码应该往事业单位方面去靠。不能说完全按照他们的标准,也要差不多。但现在是学校自己制定一套工资标准来执行。所以每当我们听说社会上要求提高教师的待遇,会觉得这些东西对我们来说好像没有什么关系一样,感觉自己像是局外人。所以这方面感觉不太幸福。工资待遇有点低,没有达到教师应有的水平,这方面需要改善和提高。(MMA2)

再从问卷中教师对薪酬福利题目的回答来看,对于"我对我的工资水平感到满意",选择"完全不符合"的占13.89%、选择"不太符合"的占33.97%、选择"不好说"的占29.40%,而选择"比较符合"的只占20.08%,选择"完全符合"的仅有2.66%。对于"我们学校有很多种福利补贴,福利还不错",选择"完全不符合"的占14.08、选择"不太符合"的占32.35%、选择"不好说"的占29.88%,而选择"比较符合"的只占20.74%,选择"完全符合"的仅有2.95%。可见,民办高校教师对于工资水平感到满意的只有五分之一多,认为学校福利不错的也只有五分之一多。

问卷调查还发现,3.56%的民办高校教师年收入为1万～5万元;82.76%的民办高校教师年收入为5.1万～10万元,表明大部分民办高校教师年收入在10万元以内;12.32%的民办高校教师年收入为10.1万～15万元;1.27%的民办高校教师年收入为15.1万～20万元;仅有0.10%的民办高校教师年收入达到20万元以上。可以看出,民办高校教师的年收入整体较低,尤其是与公办高校教师的年收入存在一定差距。

究其原因,当然主要是民办高校主办方的办学理念造成的,为了盈利就会压缩开支,而其中教职工的薪酬福利就是较大的一项开支。另外,民办高校经费紧张也是一个原因。不像国外私立大学能够获得大量的校友捐赠,我国民办高校的经费主要来自学费。但一方面国家由于物价原因对学费有一定控制,另一方面民办高校需要投入大量经费用于校园建设和教学设备购置,投资方还要获取一定的经济回报,所以经费明显不如公办高校宽裕。

2. 民办高校培训进修未能发挥提升教师专业能力的应有作用

教师入职后需要参加培训进修以不断提升自身专业能力,适应教育教学改革与发展。高校教师在职培训进修的形式多种多样,从出资方角度可以分为国家公费培训、学会或协会培训、公益免费培训、学校组织培训和个人自费培训。民办高校教师能够享受前三项的机会很少,最后一项由于教师自身收入所限也不多见,因此主要依赖民办高校出资组织培训进修。但是,民办高校比较关注成本与效益、投入与产出,在教师队伍建设上普遍表现出重使用轻发展的取向,不愿举办高质量的教师发展培训项目,导致教师专业能力难以提高,影响工作成效和身份认同,甚至出现离职意向。教师出现离职意向,民办高校就更不愿举办此类项目,由此产生恶性循环。

这也导致学术氛围不浓和教师科研成果不多及职称晋升困难等诸多问题。民办高校培训经费投入不足，培训效果不理想，也就难以发挥提升教师专业能力的应有作用，影响了教师的长远发展，降低了教师的身份认同和自我实现，进而降低教师的职业幸福感。

有9名受访教师表示，自己近3年来没有参加过任何培训项目，"每天都在拼命地上课"。一位已经30岁的受访教师，于所在的民办高校任教4年，职称为讲师，她表示入职以来基本上没有参加过在职培训项目。

你想去培训或进修的话，需要有资金，这个时候学院可能不会批准。我感觉我好久没有去培训过，就是需要有一定经费、太贵的那种培训学院可能不会让你去。最好要不就是免费、要不就是那种很便宜的培训。学校也没有什么固定的培训，也没有要求你必须参加什么培训。反正我自己好多年没有参加过什么培训。（FML1）

这位教师的情况当然是比较少见的。更多的民办高校教师会参加一些培训进修项目，只不过是比较方便省事、比较节省开支的一些项目，有的质量也很高。一位教龄为8年的39岁讲师讲述了其所在学校的情况。

进修好像不是很多。不允许我们读全日制的博士，如果要读的话就必须把工作辞掉，在职的话应该是支持的。对学校提供的培训、进修，我现在好像没什么期待，我现在很少接触这种机会，基本上外地的培训或者进修我也没去过。（FML2）

从问卷中教师对培训进修题目的回答来看，对于"我们学校有很多教师专业发展的机会和活动"，选择"比较符合"的占36.35%、选择"完全符合"的仅占4.95%，这说明民办高校组织的教师培训项目是非常少的。对于"我对学校和院系的教师培训与发展政策、机会与措施感到满意"，选择"比较符合"的占40.44%、选择"完全符合"的占8.47%，两者相加为48.91%。

民办高校教师普遍较为年轻，学历以硕士为主，教学水平和科研能力还需要进一步提升，培训进修项目对于他们而言就具有特别重要的意义。只有培训进修工作做得扎实有效，教师的专业能力得到提升，他们才能顺利完成工作任务、轻松面对考核评价。但是，民办高校目前的在职培训体系显然难以在较大程度上促进教师的专业发展和能力提升。

3. 民办高校管理模式忽视教师在高校应有的地位

教师和学生是学校的双主体。教师在学校的治理和运行过程中应该享有主人翁的地位和重要的发言权。民办高校的主导权掌握在投资人手中，而投资人又希望在短期内尽快看到办学成效，所以民办高校的日常管理往往表现出一定程度的专断，导致教师民主参与学校事务的程度较低，而且承受较大的考核压力。教师在学校的地位较低，主要是执行命令、完成任务，有时还得不到学校领导的完全信任。教师的主体地位难以得到保障。

正如一位受访教师所讲述的那样：

现在我们对教师的身份认同感不强，因为我们像企业一样。学校管得特别多，

对老师的约束特别多,待遇也比较低,制度也比较僵化。(FMA2)

在访谈的21名教师中,有这种感受的教师还有很多。一位54岁的副教授,是从企业跳槽到民办高校任教的,他教书已经有十几年了。他的总体感觉为:"这个高校是个私人企业,做事感觉就是跟私人老板打工。这个感觉特别明显。但教育不应该是这样的,这是不利于教学的。就是没有归属感。"(MBA1)一位41岁的副教授(应该是民办高校的骨干教师)说:"我们基层的建议或者意见很难被上面听到和采纳,领导也不太重视,或者是听不到。这个对我们从教的心理来说有一点影响。"(MMA2)他们的讲述基本上是一致的,都反映出教师在民办高校缺乏主体地位和主人翁地位。

从问卷中教师对管理模式两道典型题目的回答来看,对于"我们学校很信任老师",选择"比较符合"的占41.48%、选择"完全符合"的占9.42%,两者相加为50.90%;对于"老师在工作上碰到困难时,向上反映一般都能得到解决",选择"比较符合"的占43.29%、选择"完全符合"的占8.09%,两者相加为51.38%。这两组数据进一步印证了受访教师的讲述。

从民办高校教师的亲身感受可以看出,民办高校在管理上主要是贯彻和执行主办人的意图和想法,教师缺乏主体地位和主人翁地位,民主参与学校管理的机会也较少。这种管理模式具有较大的负面效应,极大地降低了教师的职业幸福感。

4. 民办高校教师工作自主权不足以使其发挥主观能动性

工作自主权是员工的一项基本心理需要。创造性是教育的一项基本属性,教师需要一定程度的自主权,在教学大纲范围内自行决定具体教学内容、教学方法、教学进度和评价学生的方法。这种自主权可以激发教师能动性,从而更好地完成工作任务。但是,民办高校本质上是企业,教师的学术力量较弱,缺乏工作自主权,导致他们在工作中难以发挥主观能动性。

在受访的21名教师中,有8名教师提到自己在决定作业量与作业形式、掌握课堂教学进度、选用教材等方面几乎没有自主权。一名教师讲述了她的情况。

整个教研室要统一,包括教材、教学进度之类,我基本上没有什么自主权。这种自主权我觉得很重要……对于我们这种已经形成了自己风格的老师来说,我觉得这样会对我的教学造成一种限制。(FML2)

这位教师讲述的情况在民办高校可能是比较普遍的。民办高校为了应对教育部的本科教育质量评估,往往在教学方面采取统一要求,包括讲什么、需要准备什么材料、什么时候讲,甚至怎么讲,都要完全一致。这对于新老师可能是一种规范性训练,但是对于有自己教学风格和特点的老教师可能就是强人所难。

除了在教学方面要求步调一致外,在学生管理方面也有类似要求。有的教师认为这样的要求是缺乏人性化的。

有些要求我觉得已经到极限了,就是不能够更严了的感觉。有些不是很合理,但是没办法,现在找份工作太难了。就是缺乏一些自己发挥的空间,所以我们缺乏工作的活力。比如说,学校要求老师负责监督学生在课前手机入袋,可是我们外语课堂上如果没有手机,很多工作将难以开展。总之就是有些措施对于老师来说不是特别人性化。(FMP2)

再从问卷中教师对工作自主权的题目回答来看,对于"我感觉我的工作自主权还比较大",选择"比较符合"的占31.40%、选择"完全符合"的占5.80%,两者相加为37.20%,这表明只有三分之一多的教师认为自己的工作自主权比较大,这个比例是非常低的。对于"达到最低课时量要求之后,我自己可以决定还要不要多上课"的题目,选择"比较符合"的占36.06%、选择"完全符合"的占9.13%,两者相加也只有45.19%。可见,很多教师在已经达到了最低课时量要求之后,自己也不能决定还要不要再多上课。这说明,他们在工作上更多的是"强制被安排",也就难以发挥主观能动性了。

民办高校教师工作自主权较小,降低了工作愉悦感和职业幸福感。

(三)学校工作要求求全责备

工作要求需要员工不断付出身体的和心智的努力,甚至是心理和生理的代价。本研究中的工作要求包含工作任务、考核评价和学生基础三个方面,教师要在学生基础较弱的情况下完成较多的工作任务,并接受较严的考核。民办高校教师的工作任务以教学为主,但近年来学校也要求教师承担科研、招生、就业等其他任务,并且在学生基础较差的情况下还要求教师培养的学生达到相应的层次,这些均给教师带来较大的工作压力。教师的工作要求最终反映在考核评价上,考核评价是对教师工作的一次综合评判,会直接影响教师职业幸福感体验,甚至导致工作不安全感。从本次访谈和问卷调查的情况来看,民办高校对教师的工作要求具有求全责备的特点,在一定程度上降低了教师职业幸福感。

1. 民办高校过重工作任务占据教师过多时间和精力

民办高校是教学为主型高校,民办高校教师最主要的工作任务是课堂教学,而且课时量往往较大。近年来,民办高校为了评估、排名和转型发展的需要,对教师逐渐提出了越来越高的科研工作要求。同时,学校为了做好招生和就业工作,也要求任课教师承担招生和就业等行政任务,并且实行包干负责制,将其纳入考核范畴。这些工作任务对尚处于职场初期的青年教师而言过多过重,占据了他们过多的时间和精力,打破了他们的工作-生活平衡。

在受访的21名教师中,有9名教师的年课时超过400,有4名教师在500以上,最高达到640(每周20节课)。有12名受访教师表示,除课堂教学之外,还要完成作业批改、课外辅导、竞赛指导、创业指导、实习指导、毕业论文指导,以及每年至少发表一篇论文(副教授以上教师一般要求核心论文)或成功申报一个科研项目的科研工作。受访的15所学校中有6所学校要求教师包干负责学生的招生和就业等任务。

对于课时太多,一位受访教师讲述了他的情况。

还有点不幸福,可能就是课时太多。虽然我喜欢上课,愿意上课,但一个学期上三四百节课,我还是有点吃不消。(MML1)

当然这位教师的情况比较极端。绝大多数教师不至于到这个程度,但是也都表示课时量有点大。有两位受访教师讲述了他们的工作状态和感受,有一定代表性。

现在民办高校的管理模式有点像企业。其实其本来就是企业,其本身定位就不是学校。所以从这个定位的角度来说,可能对大家的影响更大一些。规定必须完成的工作任务,完成不了的话就会追责。就像生产零件一样,生产产品一样,你一个月、一年必须要生产多少产品,生产出来了再看其他的东西,这就像对企业员工一样的要求。你像我们上课,每年要上很多课时。其实很多老师都提过意见,这个工作量太大。在这个工作量之下,还要完成多少的科研,有时候很难做到。我们每天就是忙着上课,课下还要申请项目。我们学校对申请教研项目和科研项目的数量都有要求。就是教学任务比较重,然后科研有压力,时间也有压力。我们毕竟还要照顾家里的小孩。(MMA2)

我们最大的问题可能是课比较多,比其他学校可能课会多一点,教学任务比较重。课太多了导致我现在上课没有太多的创新力,因为回来就很累。我觉得我现在就像一个教书机器一样。(FML2)

工作上的事务过多,直接后果就是会打破工作-生活平衡。有位受访教师谈到这种情况时表现出一脸的无奈,抱怨最多的就是日常琐事比较多。

对于老师的约束性太强了。我觉得老师肯定是乐于把自己的知识以一种更合理或者更科学的方式传递给学生的。但是太多条条框框,或者是太多的一些烦琐的事务性工作,或者日常性工作,让老师过于牵扯精力了。像招生也要老师,宣传也要老师,然后又希望你做科研,又希望你搞教学,什么都需要你弄,这点比较可怕。(MDL1)

如果想做一些事情,就全靠夜晚加班来做,我就一点自己的时间都没有。现在想申请个项目,做个实验,就没有时间。所以感觉自己科研这条路慢慢已经被这些杂事耽搁了,慢慢地我的科研这条路就走不下去了,没有时间去做科研,就是看文献也是偶尔看,已经跟不上现在领域的前沿了。所以我就感觉这个幸福感低了一点。(FDA1)

从问卷中教师对工作任务两道典型的题目的回答来看,对于"为了忙工作,我很少有自己的私人休闲生活",选择"比较符合"的占33.49%、选择"完全符合"的占12.18,两者相加为45.67%。前面提到,除了教学和科研工作之外,民办高校教师还要完成其他很多工作。对于"单位的事务性工作太多了,过多牵扯我的精力",选择"比较符合"的占33.49%、选择"完全符合"的占23.12%,两者相加达到56.61%,超过了一半。这些数据基本印证了访谈中教师们的讲述。

当然,公办高校教师的工作任务也很重,只是民办高校教师的工作任务有一些特殊之处,而且整体上占据了他们过多的时间,导致他们的工作体验不好,降低了工作愉悦感。这与民办高校的管理模式、管理水平和管理效率是有较大关系的。

2. 民办高校学生较差的学习基础加剧了教师工作负担

民办高校的学生基础普遍较差,基础较差的学生有很多学习习惯也不佳,甚至学习态度不够端正。所以,要想学生在学习上取得较大的进步与成绩(比如考取研究生),教师感觉比较困难,尤其是民办高校的学生与公办高校的学生面临同样难度的全国大学英语四六级考试、研究生入学考试等,这些给教师提出了较高的要求,使他们面临的压力较大。

一位受访教师表示学生的情况让他感到非常不幸福。

其他让我感到不幸福的地方,就是民办学校的学生绝大多数基础比较差,甚至少部分同学在课堂上不太认真听讲,不能吸收老师教给他的东西,并且不能理解老师教育教学的一番苦心,所以我们在教育教学上面花费的心思可能就比公办高校老师要多一些。(MML1)

学生基础较差,学习习惯和态度再不好的话,他们在课堂上的知识吸收自然就要大打折扣了。这样,教师的教学工作就更难开展了,也更难取得教学成就。

不满意的就是学生基础,给我落差感比较大。无论是翻转课堂也好,传统课堂教学也罢,或者是学生主导型课堂,我这堂课所传达的东西,差不多也就一半的学生能够吸收。学生的基础能力不一样,学习态度也不一样。我们学校学生的学习习惯是有一定问题的,学习态度也是有问题的。所以我在教学过程当中传授知识,学生吸收就不多。我觉得很难有成就感。(MMT1)

从问卷中教师对学生基础题目的回答来看,对于"我感觉学生基础太差了,很难教",选择"比较符合"的占28.26%、选择"完全符合"的占6.47%,两者相加为34.73%,这说明超过三分之一的教师感觉学生基础太差,很难教;对于"班级规模太大了,我很难教好这么多学生",选择"比较符合"的占25.12%、选择"完全符合"的占6.66%,两者相加为31.78%,也超过三分之一。这两组数据表明,民办高校不仅存在学生基础较差的问题,还存在合班上课的问题,这就更增加了教师的教学难度。

学生基础差的问题在很大程度上是由民办高校的层次决定的,因此在短期内难以得到根本改观。民办高校在对教师进行考核时,对于学生的毕业率、考研率、就业率等出口数据可以尽量降低比重,以减轻对教师考核结果和职业幸福感的影响。

3. 民办高校考核评价加大了教师的心理压力

考核评价是为了督促、检查工作任务的落实与完成,并发现薄弱与不足之处,从而改进工作,民办高校对教师的考核评价可能还有对教师进行末位淘汰的目的。考核评价在形式上一般包括课堂教学质量评价和年终综合评价。考核评价涉及对教师职业道德、工作态度和工作能力的认可,薪酬待遇和职务职称的晋升与否,以及工作饭碗能否保住,既关乎"面子"又涉及"里子",因此对教师意义重大,容易加大教师的心理压力,影响职业幸福感。

在21名受访教师中,有16名教师表示,学校的考核结果与经济利益直接挂钩,并影响职称晋升。任课教师首先面临的就是教学质量评价,尤其是学校教务部门在学生中开展的匿名评教活动。有18名受访教师表示,此项活动对自己的心理影响很大。有1名受访教师甚至提到,每到学生评教前夕就担惊受怕、夜不能寐。民办高校主要根据学生打分的结果评定教师的课堂教学质量,而课堂教学质量又在很大程度上决定了年终考核结果和年终奖金及职称申报资格。民办高校是以教学为主的学校,所以学校非常看重教师的课堂教学质量。由于专家督导评价和领导同行评价不够健全,所以学生评教就占到过高的比重。另外,学校还会在课堂安插信息员。不少民办高校以不公开的方式在各班学生中挑选信息员,定期向教务部门反馈教师的课堂教学表现。教师并不知晓哪名学生是信息员,甚至有的教师并不知道自己班上还有信息员。知道此事的1名受访教师略带愤怒但又无奈地说:"上课受到无形监视,我哪还是个老师啊?"这在一定程度上伤害了教师自尊心,削弱了教师身份认同,从而降低了职业幸福感。

一位受访的副教授表示,作为学校的骨干教师,自己对考核评价也很担心。

在民办高校让我觉得很尴尬,要发核心论文一方面可能自己的水平还达不到,另外一个方面就是即使你的论文达到了一定水平,但是因为这个单位的地位,也很难作为核心论文发表。学校又有硬性要求,必须要发核心论文,所以在这方面觉得压力挺大的。考核评价,尤其是这种科研的要求有点高。除了科研,现在还要求指导学生创新创业,所以我们还得带学生做一些创新创业的项目。我觉得对老师的要求越来越多。(FMA3)

再从问卷中教师对考核评价的题目回答来看,对于"我每次都很担心教学质量评价的结果",选择"比较符合"的占39.30%、选择"完全符合"的占9.99%,两者相加为49.29%,这表明约有一半教师每次都很担心教学质量评价的结果。对于"年底绩效综合考评,我感觉压力特别大",选择"比较符合"的占33.21%、选择"完全符合"的占10.85%,两者相加为44.06%。这与前面受访教师讲述的情况基本是一致的,均反映了民办高校考核评价对教师带来了较大的心理压力。

当然,任何单位只要有工作任务就会有相应的考核评价。考核评价也有积极的作用。只是考核评价应尽量做到公平、公正、公开,主要起到激励而非淘汰教师的作用。

(四)教师能力和心理资本不强

教师职业幸福感是教师对于从工作中获得存在意义和满足感的体验和感受[①],首先是一个心理学概念。积极心理学认为,幸福作为人心的主观感受,归根结底取决于人的心态及对自身优势、美德的辨别和运用,来源于对生活意义的理解和追求。

---

① OECD. The teachers' well-being conceptual framework: contributions from TALIS 2018[M]. Paris: OECD Publishing, 2020.

教师自身的能力和心理资本对于职业幸福感的高低具有重要的影响。民办高校教师职业幸福感不高,在某种意义上是因为他们的能力素质和心理资本还不强,主要表现在以下几个方面。

1. 民办高校部分教师专业能力难以适应民办高校高质量发展的要求

专业能力对于教师顺利完成工作任务、通过考核进而获得职业幸福感,具有至关重要的作用。如果专业能力强,教师就容易在工作中取得成就、实现自我价值,并且过得开心愉快,与同事相处融洽,职业幸福感自然就高。当然,这在一定程度上还取决于工作要求的高低。如果工作要求较低,专业能力不需太强也能轻松完成;如果工作要求不断提高,而教师的专业能力提升滞后,就难以完成工作任务。近年来,民办高校正在从规模扩张向质量提升转型,民办高校的高质量发展对教师专业能力的要求必然越来越高。民办高校教师职业幸福感不高,在很大程度上是因为他们不能很好地适应这种要求。

一位受访教师对此有较深的体会。其认为民办高校教师的能力就这么高,就只能有这个水平的工资收入,也就只能有这样的幸福感。

以前我也抱怨我们没啥幸福感,因为收入不高。后来我们主任跟我讲了一句话,他说你拿这么多钱,是因为你只能给我们学校带来这么多,我们学校给你的这些,跟你的能力是相匹配的。我就记得他这句话,我觉得挺有道理的。说白了,还是自己不够优秀。(FML2)

这就说明,教师认为幸福感主要靠工资收入决定,而工资收入又由自己的专业能力决定。教师的专业能力不强,职业幸福感自然就不会太高。

在民办高校,即使是那些已经晋升为教授的教师(一直在民办高校工作的本土教师,而不是从公办高校退休返聘的教授、银龄教师)也感觉自己的专业能力不够强。"我在工作中难以取得成就,可能是我自己的知识水平和知识储备也不是那么充足。"(FMP1)

当然,不少教师不愿意承认自己的专业能力不能满足工作的需要,只是强调需要不断提升。就像一位受访教师提到的那样:"教师最重要的不是教,反而是学,要不停地接收外界信息,与时俱进,增加人生积累和阅历。专业能力强了,幸福感也会提高。"(MML1)。

但是,教师提高专业能力除了自身努力好学之外,还依赖于民办高校组织高质量的培训进修项目。所以,民办高校教师的专业能力难以适应民办高校高质量发展的要求只是一种客观事实,根本的原因还是在于学校的培训进修和经费投入不足。

2. 民办高校部分教师个人心态难以摆脱不断的社会比较

快不快乐看心情,幸不幸福看心态。可以说,心态对幸福感具有重要作用。但是,人的心态又是受到社会比较的影响的。民办高校教师容易将自己的工作任务和薪酬福利与公办高校教师进行对比,当他们感觉自己的付出是相同的但收入要低很多时,自然就会降低自身的职业幸福感。因此,可以说,民办高校教师职业幸福感不高在一定程度上也是因为他们还难以摆脱不断的社会比较。

一位自我感觉还比较幸福的受访教师对此有比较深刻的体会。

作为民办高校教师，我觉得要有一种平和的心态。心态非常重要，守住心里那份宁静，不要觉得别人赚钱比自己多，同学比你混得好。应该让自己心里能够守住宁静的状态，不跟别人比，就跟自己比，跟昨天比，跟前天比，看今天有没有更好一点，今天有没有努力，明天能不能比今天要再好一点。我觉得这种心态非常重要，就是守住自己心里的宁静，才能获得幸福感。(FMA2)

再从问卷中教师对个人心态题目的回答来看，对于"我觉得在民办高校教书，也可以过得很幸福"，选择"比较符合"的占49.74%、选择"完全符合"的占13.58%，两者相加占63.32%，说明另外还有36.68%的教师不认为在民办高校教书也可以过得很幸福，这就是心态处于"不宁静"的状态。有这样的心态，职业幸福感自然就不会太高。

当然，随遇而安可能导致不求上进。所以，适当的社会比较也有其积极作用。最好的心态是既随遇而安，又不断追求上进。这就要求民办高校教师不断地反思，调整好自己的心态，增强自己的幸福能力。

3. 民办高校部分教师的自我效能感偏低导致其对未来前途不够乐观

根据班杜拉等人的研究，自我效能感影响或决定人们对行为的选择，以及对该行为的坚持性和努力程度；影响人们的思维模式和情感反应模式，进而影响新行为的习得和习得行为的表现，最终表现为对未来前途持乐观还是悲观的想法。自我效能感较高的个体往往会将逆境或者困难视为挑战而非威胁，并不惧怕失败；他们往往对自己追求的任务更有内在的兴趣，并会加倍努力找寻解决困难的方法。在这个过程中，他们对自己的能力始终保持着乐观和自信，并体验着奋斗的乐趣和幸福。而自我效能感较低的人，往往聚焦于任务的艰巨性和自身能力的薄弱性，从而对自身能力丧失信心，回避具有挑战性的任务，表现出对未来前途的消极悲观，最终难以获得成就感和幸福感。

部分民办高校教师因为身份、自身条件及工作环境、工资待遇等原因表现出一种自卑感，进而在工作上表现出自我效能感偏低，以致对未来前途消极悲观，对自身的发展和民办高校的发展失去信心，职业幸福感自然不高。就像一位受访教师所讲的那样，"我有一种自卑感，总感觉很累，上课没有太多的创新力，也不知道以后会怎么样。"(FML2)这位教师对于在民办高校工作缺乏自信心，还有的教师是对民办高校的运行和发展失去信心。"很多和我一起进来的老师都对学校非常失望，觉得这个学校挺不靠谱。"(FML1)本研究的问卷调查也显示部分民办高校教师的自我效能感不高。对于"我觉得我的专业能力能够满足工作的需要"，选择"比较符合"和"完全符合"的比例共占83.16%，这说明还有16.84%的教师对自己专业能力的自信心是不足的；对于"我对自己完成工作任务总是充满信心"，选择"完全不符合"的占2.87%、选择"不太符合"的占16.19%，两者相加为19.06%。不自信，对未来就不乐观;缺乏积极乐观的情绪,就不会有较高的职业幸福感。

当然,作为一种心理资本,自我效能感的形成与提升既靠自身心理调适,也有赖于有利的情境条件。不同的环境给人的心理感受是不一样的,不利的情境会让人感到焦虑并丧失信心。因此,提升民办高校教师的自我效能感一方面需要教师自己做出努力,另一方面也需要民办高校建设有利于教师发挥才能的工作环境,激发教师的创造力,为他们在工作中能够不断取得成绩创造条件。

综合来看,上述情况在根本上是由民办高校的特殊性、民办高校教师和学生的现实状况导致的。民办高校整体上发展历史较短,基础较为薄弱,所以教育质量与公办高校相比还有一定差距。这就使得社会对民办高校和民办高校教师有一定轻视,甚至歧视,出现一些不公平对待民办高校教师的情况。同时,民办高校普遍存在"育人+营利"的二元办学目的,在没有国家财政支持和学费受到控制的情况下,仅靠学费收入,既要支付校园建设、教学设施建设、日常运行开支等众多支出,又要提取一定比例的营利收入,剩下用于工作资源建设和教职工薪酬福利开支的经费自然就不会太宽裕,这是由民办高校特殊的办学性质决定的,也是影响民办高校教师职业幸福感的根本原因,与公办高校只有"育人"一元办学目的和经费来源多样化且有保障的情况存在根本区别。民办高校教师与公办高校教师也具有一定差异。如前所述,民办高校教师普遍较年轻,学历和职称比公办高校教师总体上要低,处于职业生涯的初期阶段,需要大力提升教学科研水平。但他们教学任务繁重,用于专业发展的时间和精力有限。同时民办高校缺乏浓厚的学术氛围和高质量的发展机会,导致他们的专业能力和学术水平难以满足民办高校高质量快速发展的需要,他们的工作压力就会增大,从而降低职业幸福感。另外,民办高校学生与公办高校学生也存在一定区别,主要体现在学习基础、学习方法和学习态度等方面。不少民办高校教师感觉民办高校学生难教,在毕业时难以使他们达到公办高校毕业生那样的水平,学生参加全国性考试(如全国大学英语四六级考试、研究生考试等)的通过率与公办高校学生存在一定差距,而且他们毕业之后在事业上取得成就的概率比公办高校毕业生要小。这些均会降低教师的育人成就感和工作愉悦感,这是学生群体的特殊性造成的。所以,从根本上讲,民办高校教师职业幸福感的水平现状是由他们所处的特殊职业环境,以及民办高校的特殊性、民办高校教师队伍的特殊性和学生群体的特殊性决定的。

本章从民办高校教师自述的角度探析了影响其职业幸福感的具体因素和影响机制,并结合访谈资料和问卷调查的数据分析了民办高校教师职业幸福感不高的具体原因,回答了第三个研究问题:民办高校教师职业幸福感为什么处于现在的水平(民办高校教师职业幸福感受到哪些因素影响,不同因素影响民办高校教师职业幸福感的机制是什么,导致民办高校教师职业幸福感呈现出当前水平现状的具体原因是什么)。

第七章 民办高校教师职业幸福感的提升策略

教师职业幸福的实现不仅要以一定的外在条件为保障,而且要以教师自身的专业素养和主观努力为基础。[①] 本研究发现民办高校教师职业幸福感不高的原因主要是外部环境支撑力度不够、学校工作资源保障不力、学校工作要求求全责备、教师能力和心理资本不强,这里涉及政府、学校和教师个人三个主体。下面,将从政府、民办高校和教师个人三个方面提出民办高校教师职业幸福感的提升策略。

一、政府管理思路:从"区别对待"转向"一视同仁"

我国民办高校目前登记为民办非企业法人,既不是事业单位,也不是企业,这与公办高校存在根本区别。但是民办高校教师与公办高校教师具有同等的地位并享受同等的权利,法律却有明确的规定。《中华人民共和国民办教育促进法》明确了民办高校教师的法律地位和合法权益。例如,第二十八条规定,民办学校的教师、受教育者与公办学校的教师、受教育者具有同等的法律地位。第三十二条规定,民办学校教职工在业务培训、职务聘任、教龄和工龄计算、表彰奖励、社会活动等方面依法享有与公办学校教职工同等权利。目前较大的问题是,《中华人民共和国教师法》规定的教师权利与义务和《中华人民共和国民办教育促进法》关于民办高校教师与公办高校教师享有同等法律地位、同等权利和同等待遇的规定没有得到真正落实,在现实中民办高校教师与公办高校教师在社会声誉、薪酬待遇、职业发展等方面还存在一定差距。本研究发现,导致民办高校教师职业幸福感不高的外部环境因素,包括社会观念和舆论环境对民办高校教师不公平和有关部门未能充分保障民办高校教师的合法权益。为此,有关部门应该严格落实《中华人民共和国教师法》和《中华人民共和国民办教育促进法》关于保障民办学校教师合法权益的相关规定,切实履行监管职能,在对待民办高校教师时管理思路要从"区别对待"转向"一视同仁",让民办高校教师像公办高校教师一样享受应有的社会地位、福利待遇和职业发展。

具体而言,根据本研究的发现,有关部门应推动社会对民办高校教师形成正确认知,弘扬一视同仁的尊师重教社会风尚;保障民办高校教师的福利待遇也不低于公务员的平均水平;保障民办高校教师享有与公办高校教师相同的职业发展机会。

---

① 王传金.论教师职业幸福实现的要素[J].教师教育研究,2009,21(2):39-44.

（一）推动社会对民办高校教师形成正确认知

在当前阶段，社会大众对民办高校的办学质量还不是十分认可，或者说不十分了解民办高校的特点和优势。人们普遍的思维逻辑是：民办高校教育质量不高，在很大程度上是因为民办高校教师的水平较低，因此民办高校教师就不值得像公办高校教师那样受人尊重。对于这种认知，有两点需要澄清：一是民办高校有其相应的教育质量和存在价值；二是民办高校教师属于人民教师序列，同样在为社会培养人才，理应享有人民教师应有的社会地位。第一点，诚然，的确有少数民办高校的办学目的不够端正，教学质量较低；但是，通过教育部组织的独立学院转设评估和本科教育质量合格评估和审核评估之后，绝大多数民办高校的教育教学质量都得到了较大提升，不少民办高校走上了快速发展的道路，在应用型人才培养方面取得了一定的成绩。另外，还有一些民办高校主办者本身就是具有教育情怀的知名人士，他们办学不图回报，把教育当作公益事业来办，教育质量也一直居于前列。这些都是民办高校发展中积极的一面，并逐渐成为主流。可以说，我国民办高校在应用型人才培养方面发挥了重要作用，也具备了培养应用型人才的相应经验和质量。第二点，民办高校教师尽管是在民办高校工作，但同样是光荣的人民教师，同样是为社会培养人才，也同样有不少艰辛感人的育人故事，理应受到同样的认可和礼遇。尊师重教是尊重所有的教师，教师的身份是根据职业性质和工作特点而不是根据供职单位来确定的。尊重所有的教师，而不再将教师分为三六九等，是我们追求社会公平的应有价值取向。

为此，有关部门有责任推动社会对民办高校和民办高校教师形成正确认知，在尊师重教时做到一视同仁。民办高校办学取得的一些成绩和教师奋斗奉献的感人事迹应该得到认可和广泛宣传。社会上对民办高校和民办高校教师的一些歧视性甚至错误的观念需要舆论进行引导和纠正，甚至在可能的情况下可以用宣传片的方式为民办高校正名，为民办高校教师正名，消除公众对民办高等教育的偏见，提高公众对民办高校和民办高校教师的认可度。民办高校的发展和民办高校教师的职业幸福感需要积极的舆情环境。只有传统社会认知发生改变，至少不歧视，民办高校教师的社会地位才能得到改善；只有全社会正确地认识民办高校，公平地对待民办高校教师，形成一视同仁的社会环境，他们的职业生活才会有幸福的土壤，他们的职业幸福感才能提高。当然，民办高校自身提高教育质量、教师精心育人出成绩是赢得社会认可的根本所在。

（二）保障民办高校教师的福利待遇得到落实

《中华人民共和国教师法》规定，教师的平均工资水平应当不低于或者高于国家公务员的平均工资水平，并逐步提高。民办高校教师属于人民教师序列，理应受到《中华人民共和国教师法》的保护，民办高校教师的平均工资水平也应当不低于或者高于国家公务员的平均工资水平。虽然民办高校教师的工资是由民办高校从学费收入中开支,但国家有法律依据要求民办高校主办方履行法律义务。其中,首先需要当地政府定期公布公务员的平均工资水平,然后教育行政部门需要定期对民办高校的教职工薪酬开支情况进行核查,并督促整改到位。政府要履行管理职能,有效发挥监管作用。本研究调查发现,民办高校还有部分教师的年收入在5万元以下,而且他们的职业幸福感较低。当地政府和民办高校应该重点关注这部分教师,确保他们的工资达到合理水平。

除了工资水平之外,民办高校教师诟病较多的福利待遇当属社会保险和住房公积金标准。正如访谈中不少教师反映的那样,民办高校为教师购买的社会保险和住房公积金通常是按照劳动合同要求中规定的最低标准,无任何额外补贴,与公办高校教师和公务员的实际数额存在较大差距。这是由民办高校教师的工资基数较低决定的。公办高校教师和公务员的基本社会保险通常享有财政补贴。既然民办高校教师属于人民教师序列,同样为社会培养人才,也应该享受教师的社会保障。教师的社会保障应该按照教师的职业身份来提供,而不是按照教师所供职的单位属性来区分。有关部门一方面要监管民办高校的经费开支,确保教职工的薪酬福利达到相应的标准;另一方面要提供专项财政支持,确保民办高校教师的合法权益落到实处。

(三)促进民办高校教师的职业发展与时俱进

民办高校教师普遍较为年轻,处于职业生涯的初期阶段,还需要在教学和科研等方面不断提升,实现更大的发展。但是,他们的职业发展主要靠自身努力,外界的支持和帮助非常有限。一是由于他们教学任务较重,整天忙于课堂教学及各种会议和检查,难以抽出大量时间进行专业学习和参加培训进修;二是身边学术氛围和团队合作较为缺乏,没有专门的团队,没有专家教授的带领和指导,自己单打独斗难以取得显著成效;三是民办高校对于教师重使用、轻培养,较少组织高质量的教师发展项目,教师没有多少机会参加专业培训;四是有关部门和社会组织的教师培训进修项目和科学研究课题有很多不对民办高校教师开放,民办高校教师不能享受与公办高校教师相同的职业发展机会。

前三项可以说是由于民办高校和教师自身的原因,但说到底还是由于经费的原因。民办高校自身经费紧张,并且担心教师成长之后离职他就,不愿意投入过多经费用于教师发展。对此问题,有关部门需要设立专项的民办高校教师发展基金,专门用于民办高校教师的培训进修,并对民办高校开展教师培训进行单独核算,对资金的使用情况进行监管和绩效评价,督促民办高校将教师发展落到实处。对于第四项,有关部门应对民办高校教师开放所有的培训进修项目,单列或增加民办高校的名额或比例,至少能让民办高校教师享受到与公办高校教师同等的机会。对于国家科研课题,甚至也可以像对待西部边远地区一样单独设立民办高校专项,帮助民办高校教师不断提高科研能力。经过一段时间的努力,民办高校教师得到发展,中坚骨干力量会越来越多,学术氛围也会逐渐变得浓厚,由此形成良性循环。

对此,关键是有关部门要转变观念,要把民办高校教师纳入人民教师队伍的管理之中,而不是将之与公办高校教师区别对待。这是思想认识的问题。民办高校教师虽然身在民办高校,但也是为社会培养人才。有关部门只有真正认识到民办高校教师也是人民教师,也是社会重要的教育财富,才会真正重视、考虑民办高校教师的发展问题。有关部门一方面应督促和监管民办高校的教师队伍建设工作,另一方面应为此给予财政支持和政策倾斜。

二、民办高校发展:从"经济逻辑"趋向"教育逻辑"

本研究发现,民办高校的办学目的和学校内部的工作资源与工作要求对民办高校教师职业幸福感具有较大的影响。正如前文所分析的那样,不少民办高校存在"教育+营利"的二元办学目的,而且学校的运行更多是以"经济逻辑"为主导。在"经济逻辑"主导下,民办高校主办方就会把学校当作企业来办,一方面竭力压缩开支,并实行垂直化的目标责任制管理;另一方面不断提高对教师的工作要求,促使教师做出较大贡献。然而,民办高校毕竟是学校而不是企业,学校的运行和发展需要遵行"教育逻辑"而不是"经济逻辑"。"教育逻辑"需要民办高校以教师和学生为主体,以师为本、以生为本,围绕如何促进教师和学生取得成就构建积极的工作环境。有助于个体取得成就的工作环境才是好的工作环境。[①] 因此,为了提升民办高校教师职业幸福感、促进民办高校高质量发展,民办高校应从"经济逻辑"转向"教育逻辑",建设与优化工作资源,并合理设置工作要求,为教师创造积极的工作环境。具体而言,主要是加大办学的经费投入,实行民主的内部治理,建设系统的培训机制,设置合理的工作要求。

(一)加大办学的经费投入

办学经费投入不足会导致各种问题,并严重制约教育质量的提升。对于教师而言,投入的经费应用于以下两个方面。第一,教师的工资和社会保障。民办高校教师工资水平不高、薪酬福利较少,"五险一金"的标准也比较低,这与人民教师的社会经济地位是不相称的,也影响着教师职业幸福感的提升。民办高校应该加大这方面的经费投入,尽力使得教师的薪酬福利达到当地公务员的平均水平,并增加和完善节假日、教师生日、健康体检、午餐费、住院费等福利补贴,从生活中的细节处让教师感受到关怀和温暖。第二,满足教师发展的需求。民办高校教师普遍比较年轻,学历和职称也偏低,他们需要在专业方面进一步提升,所以优质的专业发展机会对于他们特别重要。同时,教师的专业能力还是个体特征的重要组成部分,也是影响职

[①] Cazes S, Hijzen A, Saint-Martin A. Measuring and assessing job quality: the OECD job quality framework(OECD Social, Employment and Migration Working Papers, No. 174)[M]. Paris: OECD Publishing, 2015.

业幸福感的重要因素。民办高校应该鼓励教师脱产或在职进修,并组织高质量的培训班或研讨会,不断提高教师教学能力和科研水平。当然,民办高校经费主要来自学费,在学费标准受到有关部门控制和招生竞争的压力下,经费来源不够充裕。为了保证足够的办学经费投入,民办高校应该降低回报期望或放弃营利目的,毕竟教育是高尚的事业而非逐利的工具,并广泛寻求社会资金的支持。据了解,目前绝大多数民办高校登记为非营利型,营利型民办高校占少数。既然主要是非营利型,民办高校就应彻底放弃赚钱的办学目的,将所有收入用于办学,不断提高教师的薪酬福利和专业能力。这两个方面做好了,教师离职的意愿就会降低,安心于民办高校工作、推动学校发展的动力就会增强,最终实现教师与学校互利共赢,并走上良性循环的道路。

(二)实行民主的内部治理

民办高校实行民主的内部治理,重点在于真正实行现代化的大学治理制度。民办高校在建校初期主要是投资办学。投资行为必然伴随着企业式经营管理模式。民办高校内部管理明显存在着这一模式。它赋予了民办高校办学机制灵活、内部运行高效等优点,但容易造成管理方式极端行政化,挫伤教师作为具有理性精神、需要创新意识的知识分子的职业身份认同感和工作积极主动性。不少民办高校还实行家族式领导,投资人兼任校长,拥有过大的权力,导致教职工参与学校决策程度较低,教师只是被动的执行者。我国公办高校推行去行政化和加强学术治校已进行多年,并取得一定成效,但民办高校由于私人企业的办学特点和学术力量弱小的现实,在这一进程中进展较为缓慢。民办高校治理要实现现代化,关键是内部要努力实现利益相关者共治,进一步健全法人治理结构,建立"董(理)事会领导、校长行政、党委保证、教授治学、民主管理"的现代民办大学制度。在这个治理框架下,各利益相关方各司其职,不越俎代庖,尤其不能忽视教师的声音。参与式民主是现代学校管理转型的重要目标之一,教师也应该成为民办高校的主人,在工作决策中享有足够的自主权。教师在民办高校的"董(理)事会"中应该占有一定比例的席位,教职工代表大会应该行使民主管理和监督的权利,教师工会组织也应具有相对独立性,使得教师能够真正参与到民办高校的治理之中。另外,民办高校还要进一步规范管理,增强为师生服务的意识,注重师生的民主参与,营造浓厚的尊师重教氛围,完善激励机制,推进学术研究。

(三)建设系统的培训机制

培训进修作为一项重要的工作资源,极大地影响着民办高校教师的职业幸福感,这主要是因为培训进修对于民办高校教师提升专业能力、顺利完成工作任务至关重要。民办高校专任教师普遍较为年轻,绝大部分处于职业生涯的初期阶段,需要不断提高教学能力和科研水平。民办高校要树立"以师为本"的人力资源管理理念,用人先育人,着眼于可持续性长远发展,为教师发展建设系统的培训机制。首先,要建立不同层级的教师发展机构和组织。在学校层面要设立教师发展中心,统筹教师发展的经费预算、活动安排和后期考核;在院系层面要建立各种教学团队、科研平台和课程小组等学术共同体,组织经常性的教学科研活动,增强教师的团队凝聚力和组织归属感。其次,要根据不同阶段、不同专业、不同需求的教师开展有针对性的培训活动。新入职教师、合格阶段教师、成熟阶段教师和骨干阶段教师的教学和科研培训应有不同的侧重点,培训内容要切合教师的实际需求。教学工作坊、科研工作坊、学术讲座是常见的形式。同时,民办高校还可以利用公办高校退休返聘教授、银龄教师的资源,开展"一对一"提升计划。另外,民办高校还要鼓励教师脱产进修,攻读学位,并积极向上级教育主管部门申请"国培计划"、国内外访问学者项目,给教师创造尽可能多的提升机会。最后,要健全培训管理制度和考核制度。教师参加培训进修项目,涉及培训计划、经费开支、时间安排、与日常教学工作的协调,以及后期培训效果的评估等问题,民办高校应制定相应的规章制度和措施,为培训的顺利开展提供条件和保障。建设系统的培训机制,关键在于民办高校要转变观念,着眼长远,以师为本,拿出真金白银用于教师发展。如果教师提升较快,发展顺利,其会更加容易完成工作任务,从而体会到更高的自我实现感和职业幸福感,也会更加愿意待在本校,后面为学校的发展还可能做出更大的贡献。培养教师,对于民办高校而言是一种双赢的投资,也是民办高校作为一所学校应尽的义务。

(四)设置合理的工作要求

本研究发现影响教师职业幸福感的工作要求主要有民办高校的学生基础、工作任务和考核评价,民办高校教师要在学生基础较弱的情况下完成较重的工作任务,并接受较严的考核。为了提升教师职业幸福感,民办高校应降低工作要求对教师带来的负面影响,合理设置工作要求。具体而言,就是尽力改善学生基础、安排适当工作任务、慎重开展考核评价,目的是减轻教师的工作压力。

首先,对于学生基础,应尽量争取优质生源并避免合班教学。民办高校招收的学生整体基础较弱,这无形中会增加教师的教学难度。民办高校可以通过开设热门专业和打造"王牌专业"来提高对优秀考生的吸引力,想方设法争取优质生源。同时,在教学安排上,要尽量避免因师资不足等原因合班教学。学生基础本来就弱,如果班级规模又较大,教师的教学难度就会加大,这无形中会增加教师的工作压力。

其次,民办高校要给教师安排合适的教学工作量和科研任务,并尽量减少事务性工作。民办高校是教学为主型高校,教师的课堂教学任务往往比较繁重。与此同时,近年来民办高校又不断给教师提出越来越高的科研要求,以及招生和学生就业等附加要求。民办高校希望"快跑""超车"的心情是可以理解的,但欲速则不达,尤其是在师资力量还不够强的情况下采取拔苗助长的方式,结果可能适得其反。教师是人而不是机器,而且是有专业性的人,应该专注于其专业所长。如果要求教师什么都做,其结果只可能是什么都做不好。民办高校教师本身专业能力较弱,需要花费一定时间和精力用于专业发展,不可能将全部时间和精力用于工作。因此,民办高校应进一步增加教师数量,将生师比控制在国家规定的18∶1的合格标准之内,以减轻教师的教学工作量,并安排合适的科研任务,同时尽量减少事务性工作。本研究发现,年龄为41~50岁,或者教龄为21~25年,或者职称为副教授,或者年课时为401~500的教师的整体职业幸福感是较低的。这些教师均为民办高校的中坚力量。民办高校在给这些教师安排工作任务时,更要特别注意适度,不能因为他们是骨干就无限制地加压,导致他们难以承受而离职。

最后,要根据教师的实际情况制定合适的考核标准。民办高校对教师的年终考核和职务任期考核大多与经济利益挂钩,且逐步加大对科研的要求,这给教师带来极大的心理压力。民办高校应根据教师的实际情况制定合适的考核标准,充分发挥考核的激励作用而非惩罚作用,尤其是对于"末位淘汰""非升即降""非升即转""不合格就扣工资"等做法要慎重。

总之,民办高校在发展过程中要从"经济逻辑"转向"教育逻辑",按照教育规律办学,构建积极的工作环境,促进教师发展,最终才能推动民办高校的高质量发展。

三、教师幸福意识:从"自轻迷茫"走向"乐观进取"

前面理论探索中论述过,幸福感的实现路径在于感悟和奋斗的统一。积极心理学认为,幸福是人的主观感受,归根到底取决于人的心态和对自身优势、美德的辨别和运用,来源于对生活意义的理解和追求。所以幸福是一种能力,可以通过学习来掌握,通过训练而提升。幸福的人一般都是心理健康、精神富足的,具体表现为:一是乐观,永远都对未来充满希望,永远相信未来会更美好;二是平和,能够始终以平常心看待个人得失与世界万物,内心和谐,正面地进行社会比较,具有总能让自己感到快乐和幸福的良好心态;三是进取,能够积极主动地提升自己,发挥自我潜能,实现人生价值,为他人和社会做出贡献。

民办高校教师职业幸福感不高,从个体特征角度来说是由于教师能力和心理资本不强。不少民办高校教师对未来发展信心不足,跟公办高校教师相比心理不平衡,但又不知道如何去奋斗,或者不愿意去改变,同时他们自身的专业能力又难以适应民办高校快速发展的需要,所以他们难以相对轻松地完成工作任务,难以体验到较高的职业幸福。可以说,他们在幸福意识上呈现一种"自轻迷茫"的状态。教师的幸福意识是教师在职业生活中追求职业幸福的思想观念和精神状态,对于教师职业幸福的实现具有决定性的导向作用。本研究发现,教师的自我效能感、个人心态和专业能力对职业幸福感具有较大影响,在一定程度上对应着上述的乐观、平和、进取三种人格特质。这与前文理论探索中提出的幸福感的实现路径有赖于感悟和奋斗是一致的。因此,要提升职业幸福感,民办高校教师可以从乐观自信、平和心态和积极进取三个方面加强自我修炼,在幸福意识上从"自轻迷茫"走向"乐观进取"。

(一)乐观地接纳民办高校

积极心理学是以研究人的幸福为中心的一门学科,其核心思想就是帮助人通过正面思考,建立积极情绪从而获得幸福感。其中,正面思考就是凡事往好的方面想,也就是乐观。人只有乐观,才会有积极情绪。积极情绪包括三部分:对过去感到满意,对现在感到快乐,对未来充满希望。乐观有利于解决生活中的各种问题,有助于成功,也就有助于个体体验到幸福。积极心理学认为乐观是一种重要的幸福能力。

教师在追求职业幸福感的过程中,要做到乐观首先要具有坚定的职业信念。信念支撑着人负重前行、实现理想,给幸福感提供不竭的活力源泉。教师要发自内心地对教育产生敬畏之心和执着之爱,增强职业认同感,形成教师特有的职业生活方式,积极主动地去享受教书育人之乐。民办高校作为国家批准的正规学校,具备开展正常教学活动的全部条件,也为教师实现教育理想提供了舞台。教师如果具有坚定的职业理想和信念,热爱教师职业和教学工作,即使是在民办高校任教,也会全身心地投入教学工作,体验到心流的幸福,并积极主动地钻研本职工作,不断取得进步和成就,最终实现自我、获得职业幸福感。教师职业的魅力大大超越公办学校与民办学校的客观差异。其次,要对民办高校的未来充满希望。从世界范围来看,世界名校大部分是私立大学。私立大学引领高等教育是一种世界性的潮流和事实。我国民办高校由于发展历史较短,目前还处于低质量的初期阶段,但近年来从规模扩张向质量提升的转型越来越快,未来民办高校的教育质量和社会声望一定会越来越高。民办高校教师要相信民办高校一定会有美好的明天,并且永远对未来充满希望,即使在工作中遇到暂时不如意的情况也要乐观,要相信自己,积极勇敢地去克服困难,克服困难之后就会变得更加乐观和自信,也更容易克服下一个困难,这样形成良性循环,不断提升自己并取得成就,最终收获职业幸福。因此,乐观地接纳民办高校是通往职业幸福之路的思想认识起点。

(二)平和地面对工作环境

心理学的相关研究表明,每个人都有两种心态,一种是积极心态,另一种是消极心态。正如拿破仑·希尔(Napoleon Hill)所言,人与人之间只有很小的差异,但这种很小的差异却造成了巨大的差异;很小的差异就是人的心态是积极还是消极的,巨大的差异就是人的成功和失败。心态决定成败,也决定命运。积极的心态就是在乐观型解释风格的状态下平和地看待得失成败,不沮丧不气馁,不进行不必要的社会比较而徒增烦恼,而是坚定执着地专注于自己的本职工作,一步一个脚印,逐渐走向成功。在民办高校工作,虽然可能会面临更多的挑战和不利条件,但比上不足比下有余。如果能够心态平和地面对工作环境,而不进行不必要的社会比较,在现实工作中做一名乐观、积极、上进的民办高校教师,幸福的职业生活也就不远了。作为民办高校教师,大可不必天天跟公办高校教师比待遇、比福利,这两者虽然工作性质是一样的,但工作任务、工作要求、工作资源和工作环境存在较大区别,所以没有可比性。民办高校教师要以平和的心态看待这两者的差别。

教师形成平和的心态需要有较高的职业道德素养做保证。教师职业道德贯穿于教师职业生活的全过程和全方位,确保教师职业生活的正当性。高尚的职业道德给教师深刻而持久的精神满足,是通往职业幸福的阶梯,也影响着教师在日常生活中的心态和行为方式。只有品行高尚,对学生充满爱,教师才能做到遇事不慌、处事不惊,从容地对待任何挑战,从他律走向自律,自觉地践行自己从教的初心梦想,从而走向职业幸福的彼岸。因此,民办高校教师要进一步加强职业道德修养,以练就平和的心态。

(三)主动地提高专业能力

教师的知识和能力是从事教育教学活动的根本前提。教师专业能力强,就容易取得成就,也容易获得职业幸福感。教师要想获得职业幸福感,就要练就过硬的专业能力。教师要做到主动学习、终身学习,通过不断学习完善自身知识体系,通过实践反思提高自身专业能力,不断增强专业胜任力,从而获得成就感和幸福感。

民办高校的工作资源有限,教师参加培训进修和提升专业能力面临较多挑战。除了前面论述的有关部门和学校应该更加重视推动教师发展之外,关键是教师本人要有进取心。拿破仑·希尔曾这样描述进取心:一种特别罕见的推动——不,是驱使——人们在别人没有告诉他的情况下去做一件事情的品质。也就是说,进取心是开展一切行动的力量,是让你坚持到最后的力量。个人的进取心就是把你的目标变成现实的推动力。[①] 从根本上讲,教师要具有永不满足、终身学习的意识。民办高校教师要有清晰的职业规划,尤其是要根据民办高校的实际情况制定自己的发展目标和行动方案,不能稀里糊涂混日子。此外,要找准切实可行的行动路径,包括到什么时间节点要完成哪些工作任务,需要哪些条件和资源,以及如何获取这些条件和资源。在这个过程中,教师个人要充分利用各种平台和发展机会,一步一个台阶,不断取得进步。虽然民办高校提供的条件和资源有限,但只要教师有进取心,做有心人,还是能够不断取得进步的。事实上,民办高校教师中勤奋努力、个人发展一帆风顺、在事业上取得不凡成就的并不少见。

当然,教师专业能力的提升除了靠教师个人努力之外,也需要学校进行引导和

---

① 冯建军.回归幸福的教师生活[M].北京:中国轻工业出版社,2009.

帮助。但成就动机理论表明,只有当人自身对成就有欲望、有动机时,外界的激励体系才能对其产生效果。所以,教师要增强自我发展意识,主动提高专业能力。

需要说明的是,本章是基于本研究发现的较为显著的影响因素提出的相应对策。提升民办高校教师职业幸福感的措施还有很多。应该说,所有有利于提高民办高校教师职业生活质量的措施都有助于提升其职业幸福感。

本章回答了第四个研究问题:民办高校教师职业幸福感如何提升,也就是"怎么办"的问题。

第八章 结论与讨论

本研究采用探索式研究设计、质性与量化相结合的研究方法,系统地探讨了民办高校教师职业幸福感的结构内涵、水平现状、影响机制和提升策略。下面对本研究的发现进行总结,并讨论贡献与不足。

一、研究结论

民办高校教师职业幸福感是由社会幸福感(职业认同感、育人成就感)、心理幸福感(自我实现感、人际和谐感)和主观幸福感(工作愉悦感)组成的一个完整系统,其中社会幸福感最高、心理幸福感其次、主观幸福感最低。精神性和内在性是其较鲜明的特征。可以将民办高校教师职业幸福感定义为:教师在教育工作中认同教师职业、获得一定育人成就并实现自我价值、感受到和谐人际关系和工作愉悦的一种积极心理体验。

民办高校教师职业幸福感整体水平不高,处于一般的水平,均值为5分制下的3.57。在"五维"结构中,职业认同感最高,育人成就感其次,自我实现感和人际和谐感居中,工作愉悦感最低。这表明,民办高校教师职业幸福感主要是社会幸福感和心理幸福感,主观幸福感较低。在教师的人口属性特征差异方面,不同年龄、不同教龄、不同职称、不同学历、不同年收入、不同年课时教师的整体职业幸福感存在统计学意义上的显著差异。年龄为41~50岁,或者教龄为21~25年,或者职称为副教授,或者年收入为1万~5万元,或者年课时为401~500的教师的整体职业幸福感较低。这些教师群体有的重叠,有的不重叠。同时符合这几个条件越多的教师,其职业幸福感就越低。

民办高校教师职业幸福感主要受到外部环境、工作资源、工作要求和个体特征四个方面的影响,其中外部环境起支撑作用、工作资源起保障作用、工作要求起制约作用、个体特征起调节作用。民办高校教师职业幸福感当前呈现出水平不高的原因主要有:①外部环境支撑力度不够,具体表现为社会观念对民办高校教师不公平、教育政策未能给予民办高校教师应有保障、民办高校办学目的未能顾及教师的长远发展利益;②学校工作资源保障不力,具体表现为民办高校薪酬福利降低了民办高校教师作为教师的待遇和地位、民办高校培训进修未能发挥提升教师专业能力的应有作用、民办高校管理模式忽视教师在高校应有的地位、民办高校教师工作自主权不足以使其发挥主观能动性;③学校工作要求求全责备,具体表现为民办高校过重工作任务占据教师过多时间和精力、民办高校学生较差的学习基础加剧了教师工作负担、民办高校考核评价加大了教师的心理压力；④教师能力和心理资本不强，具体表现为民办高校部分教师专业能力难以适应民办高校高质量发展的要求、民办高校部分教师个人心态难以摆脱不断的社会比较、民办高校部分教师的自我效能感偏低导致其对未来前途不够乐观，等等。

针对民办高校教师职业幸福感存在的主要问题，根据研究发现的主要影响因素，本研究提出如下提升策略：①政府管理思路从"区别对待"转向"一视同仁"，具体而言就是推动社会对民办高校教师形成正确认知、保障民办高校教师的福利待遇得到落实、促进民办高校教师的职业发展与时俱进；②民办高校发展从"经济逻辑"趋向"教育逻辑"，具体而言就是加大办学的经费投入、实行民主的内部治理、建设系统的培训机制、设置合理的工作要求；③教师幸福意识从"自轻迷茫"走向"乐观进取"，具体而言就是乐观地接纳民办高校、平和地面对工作环境、主动地提高专业能力。

二、贡献与不足

笔者将研究对象聚焦在民办高校教师这个具有一定独特性的群体，通过实证的方法回答了民办高校教师职业幸福感"是什么""怎么样""为什么"和"怎么办"四个问题，在理论上和实践上有一定的创新与贡献。

首先，本研究构建了民办高校教师职业幸福感结构内涵和影响机制的理论模型，具有一定的理论贡献和独创性。研究综述的分析表明，不同人群的职业幸福感的结构内涵和影响因素是存在差异的。也就是说，民办高校教师职业幸福感的结构内涵和影响因素与中小学教师和公办高校教师是有一定区别的。但是，学界对民办高校教师职业幸福感关注不多，对它的结构内涵和影响因素还知之甚少。本研究对于这两个方面，先通过访谈收集资料并对资料进行质性分析，生成理论假设，然后通过问卷调查和统计分析进行检验与修正，最后呈现民办高校教师职业幸福感的组成维度和影响机制，为学界关于教师职业幸福感的研究增添了新的例证，丰富了教师职业幸福感理论。与此同时，本研究还开发了民办高校教师职业幸福感测评量表，丰富了民办高校教师职业幸福感测量工具。这是本研究的理论贡献，具有一定的独创性。

其次，本研究在测量方法方面具有一定创新，较为准确地测量了民办高校教师职业幸福感的现状水平，提出了具有针对性和有效性的提升策略，对于提升民办高校教师职业幸福感、推动民办高校高质量发展具有一定实践贡献。已有研究对教师职业幸福感进行了很多测量，但结果不完全一致，甚至差异较大。测量教师职业幸福感是否准确关键在于测量量表是否合理，而测量量表的结构是根据幸福感的组成维度进行开发设计的，只有使用与职业幸福感组成维度相匹配的测量量表，其结果才是最准确的。这也是为什么使用不同测量量表测评同一教师群体的职业幸福感会出现不同结果的原因。本研究使用的测量量表是根据民办高校教师职业幸福感的结构开发的,并且在分析时把问卷数据与访谈资料相结合,因此可以说,本研究在测量方法方面具有一定创新性,测量的结果也具有客观性和准确性。另外,本研究采用探索式研究设计,通过访谈听取民办高校教师真实想法并收集资料,然后进行归纳总结并运用问卷调查数据进行验证分析。对于原因的分析是基于教师自述的一手资料,反映了教师内心的真实需求,因此最后根据这些原因和影响因素提出的提升策略是有一定针对性的,对于提升民办高校教师职业幸福感具有一定的实用性。这也是本研究主要的实践意义上的贡献。

但是,本研究由于受笔者学识、时间、精力等各方面的限制,还存在一些不足之处。

首先,本研究在分析民办高校教师职业幸福感的影响因素时主要侧重于教师的主观感知因素,未考虑学校的地理位置和当地的经济发展水平等客观因素,因此研究结果只反映民办高校教师职业幸福感的总体情况,未能反映出地域差异。我国地域辽阔,东部沿海地区和西部山区的经济社会发展水平存在较大差异。本研究访谈对象来自全国6个省(自治区、直辖市),问卷调查对象分布于全国12个省(自治区、直辖市),既有东部和南方地区,也有中西部和北方地区;有些学校位于大城市的市中心,有些学校位于中小城市或者郊区。对于不同地域、不同学校的教师的职业幸福感是否存在差异,本研究未进行深入探究。未来的研究可以进一步扩大样本量,兼顾全国不同地区,然后按照地区差异和学校位置开展更加细致的分析。

其次,本研究侧重于探索民办高校教师的职业幸福感,与公办高校教师职业幸福感的比较不够充分,未能深入揭示民办高校和公办高校教师职业幸福感的区别。正如文献综述中所分析的,民办高校与公办高校教师职业幸福感存在一定差异,组成维度和影响因素不完全相同,提升策略也应该有所区别。但本研究由于未对公办高校教师职业幸福感进行探索,与之相比较也只能与既有文献的研究成果进行比较,这样的比较不够充分和深入。未来可以集中于公办高校与民办高校教师职业幸福感的比较研究,以深入探究两者的区别,提出更加具有针对性的提升策略。

总之,民办高校教师职业幸福感是一个非常复杂的问题,还需要开展更多、更深入的研究。

参 考 文 献

一、中文文献

[1] 弗里德里希·包尔生.伦理学体系[M].何怀宏,廖申白,译.北京:商务印书馆,2021.

[2] 斯宾诺莎.伦理学[M].贺麟,译.北京:商务印书馆,2017.

[3] 马丁·塞利格曼.持续的幸福[M].赵昱鲲,译.杭州:浙江人民出版社,2012.

[4] 泰勒·本-沙哈尔.过你想过的生活[M].倪子君,刘骏杰,译.北京:中信出版社,2016.

[5] 布伦诺·S.弗雷,阿洛伊斯·斯塔特勒.幸福与经济学:经济和制度对人类福祉的影响[M].静也,译.北京:北京大学出版社,2006.

[6] 罗素.幸福之路[M].吴默朗,金剑,译.北京:中央编译出版社,2009.

[7] 陈金平.基于学生视角的独立学院大学英语教学改革研究[M].武汉:武汉大学出版社,2014.

[8] 陈向明.质的研究方法与社会科学研究[M].北京:教育科学出版社,2000.

[9] 范明林,吴军,马丹丹.质性研究方法[M].2版.上海:格致出版社,2018.

[10] 冯建军.回归幸福的教师生活[M].北京:中国轻工业出版社,2009.

[11] 金忠明,林炊利.走出教师职业倦怠的误区[M].上海:华东师范大学出版社,2006.

[12] 景安磊.民办高校教师权益实现研究[M].北京:社会科学文献出版社,2019.

[13] 李斑斑.高校英语教师职业幸福感研究[M].北京:中国社会科学出版社,2018.

[14] 李广,柳海民,梁红梅,等.中国教师发展报告2020—2021:中小学教师职业幸福感发展态势、面临挑战与提升举措[M].北京:科学出版社,2022.

[15] 刘次林.幸福教育论[M].北京:人民教育出版社,2003.

[16] 刘军强.写作是门手艺[M].桂林:广西师范大学出版社,2020.

[17] 刘美云.民办高校青年教师发展问题研究[M].武汉:武汉大学出版社,2019.

[18] 孙英.幸福论[M].北京:人民出版社,2004.

[19] 檀传宝,班建武.绿色教育师德修养:做一个配享幸福的教育家[M].北京:北京师范大学出版社,2014.

[20] 檀传宝.教师伦理学专题——教育伦理范畴研究[M].北京:北京师范大学出版社,2010.

[21] 上海大学"城市社会转型与幸福感变迁"课题组.城市社会转型与幸福感变迁(1978~2010)[M].北京:社会科学文献出版社,2013.

[22] 叶澜,白盖民,王枬,等.教师角色与教师发展新探[M].北京:教育科学出版社,2001.

[23] 白文昊.民办高校教师职业吸引力的贫乏与提升[J].黑龙江高教研究,2018,36(10):37-41.

[24] 班建武.教师媒体道德形象的影响及原因、对策分析[J].教师教育研究,2007(6):28-32.

[25] 蔡玲丽.高校教师职业幸福感的影响因素及增进策略[J].教育理论与实践,2010,30(36):39-41.

[26] 曹俊军.论教师幸福的追寻[J].教师教育研究,2006(5):35-39.

[27] 曹瑞,李芳,张海霞.从主观幸福感到心理幸福感、社会幸福感——积极心理学研究的新视角[J].天津市教科院学报,2013(5):68-70.

[28] 陈浩彬,苗元江.主观幸福感、心理幸福感与社会幸福感的关系研究[J].心理研究,2012,5(4):46-52.

[29] 陈艳华.谈教师的幸福[J].济南大学学报(社会科学版),2003(1):78-81.

[30] 崔云.教师主观幸福感影响因素的调查研究[J].上海教育科研,2016(7):56-60.

[31] 邓坚阳,程雯.教师主观幸福感的影响因素及其增进策略[J].教育科学研究,2009(4):70-72.

[32] 邓涛,李燕.专业发展空间对教师职业幸福感的影响:基于有调节的中介模型[J].现代教育管理,2021(9):81-89.

[33] 冯冬冬,陆昌勤,萧爱铃.工作不安全感与幸福感、绩效的关系:自我效能感的作用[J].心理学报,2008(4):448-455.

[34] 冯建军.教育幸福:教师专业发展的重要维度[J].人民教育,2008(6):23-26.

[35] 高良,郑雪,严标宾.幸福感的中西差异:自我建构的视角[J].心理科学进展,2010,18(7):1041-1045.

[36] 高延春.谈教师幸福的特点及其实现[J].教育与职业,2006(14):71-73.

[37] 葛喜平.职业幸福感的属性、价值与提升[J].学术交流,2010(2):30-34.

[38] 公丕民,博世杰,李建伟,等.高校教师主观幸福感研究[J].中国健康心理学杂志,2008(1):32-33.

[39] 关荞,勉小丽,王雪玲.资源贫乏地区中小学教师职业认同和工作幸福感的关系[J].教学与管理,2019(3):20-23.

[40] 郭顺峰.论教师个体化成长及其实现[J].当代教育科学,2022(6):73-81.

[41] 何根海.高校教师工作满意度问题的实证研究[J].国家教育行政学院学报，2013(4):3-9,1.

[42] 胡忠英.教师幸福感结构的实证研究[J].全球教育展望,2015,44(4):86-94.

[43] 黄羽新.新时代教师职业幸福感提升思考[J].中学政治教学参考,2021(3):82-84.

[44] 姜艳.教师职业幸福感研究[J].思想理论教育(上半月综合版),2008(5):75-78.

[45] 焦建利.马斯洛"自我实现"的实质[J].宝鸡文理学院学报(哲学社会科学版),1994(1):34-38,33.

[46] 靳娟.我国高校教师心理资本研究综述[J].中国政法大学学报,2021(5):65-73.

[47] 景安磊.民办高校教师权益实现的问题、思路和措施[J].国家教育行政学院学报,2014(12):63-67.

[48] 李广,盖阔.中小学教师职业幸福感调查[J].教育研究,2022,43(2):13-28.

[49] 李吉.群体参照与小学教师职业幸福感——基于深圳的实证调查[J].教育学术月刊,2014(12):58-65.

[50] 李茜,郑萱.教师情感研究方法述评与展望[J].外语界,2021(4):80-87.

[51] 李清,李瑜,张旭东.中小学教师工作压力对心理生活质量的影响:心理弹性、自尊的中介作用[J].中国健康心理学杂志,2021,29(2):217-230.

[52] 李雪松.高职教师工作-家庭冲突与主观幸福感的关系:工作-家庭支持的调节作用[J].职教论坛,2011(24):23-25.

[53] 李亚云.心理资本在高校教师职业幸福感与工作绩效间的中介作用[J].西北师大学报(社会科学版),2018,55(4):125-129.

[54] 连坤予,谢姗姗,林荣茂.中小学教师职业人格与主观幸福感的关系:工作投入的中介作用[J].心理发展与教育,2017,33(6):700-707.

[55] 梁红梅,高梦解.专业发展公平感对教师职业认知幸福感影响的实证研究[J].现代教育管理,2021(9):90-98.

[56] 梁文艳.工作要求、工作资源与教师的工作满意度——基于上海教师教学国际调查数据的实证研究[J].教育研究,2020,41(10):102-115.

[57] 刘芳.幸福感研究综述[J].甘肃高师学报,2009,14(1):79-82.

[58] 刘亮军,郭凤霞.高校教师主观幸福感与教学质量的关系——基于中部省域地方本科高校教师的实证研究[J].高教探索,2020(8):94-100.

[59] 刘美玲,李玮.民办高校高层次人才引进困境分析与对策研究[J].中国成人教育,2016(8):68-70.

[60] 刘世杰,马多秀.教师教育幸福感的提升路径[J].教育评论,2012(5):36-38.

[61] 刘文令,陈容,罗小漫,等.中小学教师情绪工作策略与职业幸福感:心理资本

的调节作用[J].西南师范大学学报(自然科学版),2013,38(12):152-157.

[62] 刘燕楠,李莉.教师幸福:当代教师发展的生命意蕴[J].教育研究与实验,2019(6):53-56.

[63] 柳海民,郑星媛.教师职业幸福感:基本构成、现实困境和提升策略[J].现代教育管理,2021(9):74-80.

[64] 卢威,李廷洲.走出体制吸纳的误区:增强非营利性民办高校教师职业吸引力的路径转换[J].中国高教研究,2020(10):62-68.

[65] 陆洛.华人的幸福观与幸福感[J].心理学应用探索,2007(1):19-30.

[66] 罗先锋,窦锦伟,黄延梅.普及化阶段我国民办高校的机遇、挑战与战略选择[J].中国高教研究,2020(9):43-48.

[67] 罗小兰,王静.近十年我国教师主观幸福感研究综述[J].教育学术月刊,2016(12):72-77.

[68] 马建省.浅析康德的幸福观[J].中共郑州市委党校学报,2010(4):21-23.

[69] 苗元江,冯骥,白苏妤.工作幸福感概观[J].经济管理,2009,31(10):179-186.

[70] 苗元江,朱晓红,赵姗,等.追寻卓越——教师幸福感探究[J].中小学心理健康教育,2011(18):4-7.

[71] 苗元江.幸福感,社会心理的"晴雨表"[J].社会,2002(8):40-43.

[72] 裴淼,李肖艳.国外教师幸福感研究进展[J].教师教育研究,2015,27(6):93-98,106.

[73] 卿素兰.用积极心理学破解教师职业倦怠[J].人民教育,2017(17):60-63.

[74] 沈又红,黎钰林.教师幸福:一种基于师德的心性能力[J].湖南师范大学教育科学学报,2008(3):66-69,120.

[75] 施文辉.论幸福[J].南昌大学学报(人文社会科学版),2014,45(3):20-25.

[76] 苏勇.基于日重现法的教师幸福感研究[J].教育研究,2014,35(11):113-118.

[77] 孙彬.高校教师职业幸福感缺失原因与路径探析[J].江苏高教,2018(2):43-46.

[78] 孙惠敏,王云儿.民办高校教师身份差异对幸福感的影响研究[J].黑龙江高教研究,2012,30(5):80-83.

[79] 谭贤政,卢家楣,张敏,等.教师职业活动幸福感的调查研究[J].心理科学,2009,32(2):288-292.

[80] 檀传宝.论教师的幸福[J].教育科学,2002(1):39-43.

[81] 唐海朋,曹晓君,郭成.自主对教师职业幸福感的影响:工作投入的中介作用[J].教师教育研究,2016,28(1):55-60.

[82] 唐科莉.增进全球教师职业幸福的政策建议[J].人民教育,2021(7):46-50.

[83] 田瑾,毛亚庆,田振华,等.变革型领导对教师幸福感的影响——社会情感能力与师生关系的中介作用[J].教育学报,2021,17(3):154-165.

[84] 王蓓,苗元江,黄海蓉,等.高校教师幸福感现状及影响因素[J].医学研究与教育,2011,28(3):49-54.

[85] 王传金.论教师职业幸福实现的要素[J].教师教育研究,2009,21(2):39-44.

[86] 王钢.幼儿教师职业幸福感的特点及其与职业承诺的关系[J].心理发展与教育,2013,29(6):616-624.

[87] 王海娟.内蒙古高校青年教师主观幸福感与人格特质、职业认同的关系研究[J].内蒙古师范大学学报(教育科学版),2018,31(11):43-46.

[88] 王鉴,王子君.新时代教师评价改革:从破"五唯"到立"四有"[J].中国教育学刊,2021(6):88-94.

[89] 王姣艳,万谊,王颖.特殊教育教师职业认同对职业幸福感的影响:一个有调节的中介作用机制[J].中国特殊教育,2020(3):35-41.

[90] 王玲.我国民办高校教师突破身份困境的制度阻碍与解决策略[J].济南大学学报(社会科学版),2019,29(3):150-156,160.

[91] 王铁征.积极心态对教师思想政治教育的促进意义[J].中国教育学刊,2021(S2):147-148.

[92] 王霞,张开利,张付芝,等.高校教师主观幸福感的实证分析[J].当代教育科学,2017(9):28-32.

[93] 王小梅,王者鹤,周光礼,等.2019年全国高校高等教育科研论文统计分析——基于14家教育类期刊的发文统计[J].中国高教研究,2020(4):92-97.

[94] 王雄.新建应用型本科院校师资队伍建设探讨[J].教育评论,2017(8):120-123.

[95] 王岩,张逸飞.积极心理学:引导师生积极健康发展[J].人民教育,2021(23):37-40.

[96] 韦春北.把握好课程思政改革创新的四个维度[J].中国高等教育,2020(9):22-23,56.

[97] 翁清雄,陈银龄.职业生涯幸福感概念介绍、理论框架构建与未来展望[J].外国经济与管理,2014,36(12):56-63.

[98] 吴亮,张迪,伍新春.工作特征对工作者的影响——要求-控制模型与工作要求-资源模型的比较[J].心理科学进展,2010,18(2):348-355.

[99] 吴萌.新时代广东省民办高校教师队伍建设刍议[J].辽宁教育行政学院学报,2021,38(2):38-42.

[100] 吴全华.教师教育生活幸福感的构成与满足方式[J].华南师范大学学报(社会科学版),2008(5):83-91,159-160.

[101] 吴伟炯,刘毅,路红,等.本土心理资本与职业幸福感的关系[J].心理学报,2012,44(10):1349-1370.

[102] 吴卫华.简述古希腊理性主义幸福观[J].河南教育学院学报(哲学社会科学

版),2003(4):137-138,141.

[103] 吴毅,吴刚,马颂歌.扎根理论的起源、流派与应用方法述评——基于工作场所学习的案例分析[J].远程教育杂志,2016,35(3):32-41.

[104] 伍麟,胡小丽,邢小莉,等.中学教师职业幸福感结构及其问卷编制[J].心理研究,2008,1(2):47-51.

[105] 伍新春,齐亚静,余蓉蓉,等.中小学教师职业倦怠问卷的进一步修订[J].中国临床心理学杂志,2016,24(5):856-860.

[106] 辛素飞,梁鑫,盛靓,等.我国内地教师主观幸福感的变迁(2002~2019):横断历史研究的视角[J].心理学报,2021,53(8):875-889.

[107] 幸玉芳.论霍布斯的幸福观[J].应用伦理研究,2016(1):202-211.

[108] 熊川武.教研是教师幸福之源[J].上海教育科研,2004(5):1.

[109] 熊少严.教师如何在专业成长中实现职业幸福——基于对广州市教师的调查[J].上海教育科研,2013(11):40-43.

[110] 熊苏春,涂心湄,曾宪瑛.影响高校女教师幸福感因素的探究[J].教育学术月刊,2022(3):104-112.

[111] 熊万曦,高文心,陈志文.优秀人才在县域普通高中何以能"招得进、教得好、留得住"——以国家公费师范生教师为例[J].教师教育研究,2022,34(2):61-68.

[112] 徐锦芬,李霞.国内外二语教师研究的方法回顾与反思(2000~2017)[J].解放军外国语学院学报,2018,41(4):87-95,160.

[113] 徐星星.提升民办高校教师组织支持感与工作幸福感的实证研究[J].当代教育论坛,2020(5):80-88.

[114] 许慧,黄亚梅,李福华,等.认知情绪调节对中学教师职业幸福感的影响:心理资本的中介作用[J].教育理论与实践,2020,40(29):25-27.

[115] 闫丽雯,周海涛.民办高校教师职业倦怠水平及影响因素分析[J].国家教育行政学院学报,2018(2):76-82.

[116] 闫守轩,朱宁波.教师教育中生命体验的缺失及回归[J].全球教育展望,2011,40(12):61-66.

[117] 闫晓丽,王北生.民办高校青年教师专业发展面临的主要矛盾与对策——基于利益相关者理论的分析[J].河南社会科学,2022,30(5):107-115.

[118] 杨程,周小舟.民办高校青年教师的困境及其破解[J].中国青年社会科学,2019,38(5):100-105.

[119] 杨程.分类管理背景下民办高校教师队伍建设的困境、归因与对策——基于利益相关者的访谈分析[J].黑龙江高教研究,2021,39(8):87-91.

[120] 杨帆,陈向明.中国教育质性研究合法性初建的回顾与反思[J].教育研究,2019,40(4):144-153.

[121] 杨柳.从民办高校教师流失看其权利保障之完善[J].江西社会科学,2017,37(11):251-256.

[122] 杨敏.民办学校教师主观幸福感的实证研究——以湖南省为例[J].湖南科技大学学报(社会科学版),2013,16(3):177-181.

[123] 姚春荣.民办高校教师幸福感的影响因素分析——以武汉晴川学院为例[J].才智,2018(15):159.

[124] 姚茹,孟万金.中国中小学教师综合幸福感量表的编制[J].教育研究与实验,2021(4):88-96.

[125] 姚茹.中国中小学教师幸福感现状调查与教育建议[J].中国特殊教育,2019(3):90-96.

[126] 叶映华,杨仙萍,罗芳.城市教师社会支持、幸福行为表现与主观幸福感的关系[J].中国临床心理学杂志,2010,18(2):235-237.

[127] 于毓蓝.高校青年教师职业发展的支持系统构建[J].人民论坛,2021(36):69-71.

[128] 余欣欣,李山.积极心理品质:教师职业幸福感的基石[J].广西师范大学学报(哲学社会科学版),2012,48(2):88-95.

[129] 俞国良.心理健康的新诠释:幸福感视角[J].北京师范大学学报(社会科学版),2022(1):72-81.

[130] 袁丽,郭璇,吴娱.我国教师教育研究发展的三十年重要历程——基于《教师教育研究》创刊以来的主题分析[J].教师教育研究,2021,33(1):121-128.

[131] 张聪.新时代中小学班主任的职业幸福感[J].教育科学研究,2021(12):81-88.

[132] 张道理,华杰,李晓燕.教师职业幸福感的缺失与重建[J].黑龙江高教研究,2010(12):108-111.

[133] 张继明.大学教师学术职业发展的现实境遇及其治理之困——基于H省的调查研究[J].湖北社会科学,2022(5):148-155.

[134] 张金.小学教师职业幸福感的影响因素及其提升策略[J].当代教育科学,2019(7):52-54,60.

[135] 张倩,王红,吴少平."主题引领的双微机制":让教师在专业成长中提升职业幸福感[J].中小学德育,2022(5):47-50.

[136] 张维维,夏菊萍.高校治理体系和治理能力现代化:内涵与途径[J].北京航空航天大学学报(社会科学版),2022,35(4):155-160.

[137] 张伟.高校教师学术动机:一个亟须深入探索的研究领域[J].中国人民大学教育学刊,2022(2):16-32.

[138] 张玉柱,金盛华.高校教师职业幸福感的结构与测量[J].心理与行为研究,2013,11(5):629-634.

[139] 赵汀阳.知识,命运和幸福[J].哲学研究,2001(8):36-41.

[140] 周浩波,李凌霄.高校教师工作满意度影响因素结构模型的构建——基于18位高校教师访谈的质性分析[J].教育科学,2019,35(4):64-70.

[141] 周慧梅,班建武,孙益,等.高校师德考核办法存在的问题及对策建议——基于BJ市59所高校考核办法的文本分析[J].教师教育研究,2020,32(6):40-46.

[142] 朱海,宋香,周云,等.职业压力对西部山区中小学教师主观幸福感的影响:有调节的中介模型[J].心理与行为研究,2022,20(1):115-121.

[143] 蔡清雅.民办高校教师职业幸福感影响因素及提升对策研究——以泉州市民办高校为例[D].泉州:华侨大学,2015.

[144] 曹众.中小学音乐教师职业幸福感研究[D].长沙:湖南师范大学,2011.

[145] 查欢欢.中小学教师主动性人格、职业使命感与幸福感的关系研究[D].西安:陕西师范大学,2017.

[146] 姬杨.高校教师主观幸福感及与人格特征的关系研究[D].长春:东北师范大学,2007.

[147] 兰晶.基于塞利格曼幸福理论的中小学教师幸福感提升研究[D].哈尔滨:哈尔滨师范大学,2020.

[148] 雷莹子.民办小学教师职业幸福感研究——以江西省宜春市为例[D].南昌:江西科技师范大学,2019.

[149] 李晶.公办中学与民办中学教师主观幸福感的比较研究——以昆明市为例[D].昆明:云南师范大学,2017.

[150] 苗元江.心理学视野中的幸福——幸福感理论与测评研究[D].南京:南京师范大学,2003.

[151] 施文辉.幸福的本质及其现实建构研究[D].南昌:南昌大学,2014.

[152] 孙小红.中学生学习幸福感的结构与测量[D].南京:南京师范大学,2016.

[153] 王传金.教师职业幸福研究——以C市的小学教师为例[D].上海:上海师范大学,2008.

[154] 肖杰.小学教师职业幸福感的调查与思考——以大庆小学教师为例[D].上海:华东师范大学,2004.

[155] 邢占军.中国城市居民主观幸福感量表的编制研究[D].上海:华东师范大学,2003.

[156] 陆小娅.与幸福相关的科学——读《心理学与生活》[N].中国青年报,2003-12-25(6).

[157] 王占伟.教师离幸福还有多远[N].中国教师报,2013-03-20(1).

二、英文文献

[1] Argyle M. The psychology of happiness[M]. London:Routledge,2001.

[2] Corbin J,Strauss A. Basics of qualitative research:techniques and procedures for developing grounded theory[M]. 4th ed. Thousands Oaks:Sage,2015.

[3] Creswell J W,Clark V P L. Designing and conducting mixed methods research [M]. 2nd ed. Washington D. C. :Sage Publications Inc. ,2010.

[4] Diener E,Suh E M. Culture and subjective well-being[M]. Cambridge:MIT Press,2000.

[5] Holmes E. Teacher well-being:looking after yourself and your career in the classroom[M]. London:Routledge Falmer,2005.

[6] Lichtman M. Qualitative research in education:a user's guide[M]. 3rd ed. Thousand Oaks:Sage,2013.

[7] Lovewell K. Every teacher matters:inspiring well-being through mindfulness [M]. St Albans,Herts:Ecademy Press,2012.

[8] Bakker A,Bal M. Weekly work engagement and performance:a study among starting teachers[J]. Journal of Occupational and Organizational Psychology, 2010(1):189-206.

[9] Bakker A B,Demerouti E. Job demands-resources theory:taking stock and looking forward[J]. Journal of Occupational Health Psychology,2017,22(3): 273-285.

[10] Bakker A B,Hakanen J J,Demerouti E,et al. Job resources boost work engagement, particularly when job demands are high [J]. Journal of Educational Psychology,2007(2):274-284.

[11] Bermejo-Toro L,Hernández-Franco V,Prieto-Ursúa M. Teacher well-being: personal and job resources and demands[J]. Procedia-Social and Behavioral Sciences,2013,84(2):1321-1325.

[12] Betoret F. Self-efficacy,school resources,job stressors and burnout among Spanish primary and secondary school teachers:a structural equation approach [J]. Educational Psychology,2009,29(1):45-68.

[13] Borman G,Dowling N. Teacher attrition and retention:a meta-analytic and narrative review of the research[J]. Review of Educational Research,2008,78 (3):367-409.

[14] Braun V,Clarke V. Using thematic analysis in psychology[J]. Qualitative Research in Psychology,2006(2):77-101.

[15] Burns R A,Machin M A. Employee and workplace well-being:a multi-level

analysis of teacher personality and organizational climate in Norwegian teachers from rural, urban and city schools[J]. Scandinavian Journal of Educational Research,2013,57(3):309-324.

[16] Butler J,Kern M L. The PERMA-profiler:a brief multidimensional measure of flourishing[J]. International Journal of Wellbeing,2016,6(3):1-48.

[17] Cameron K S, Bright D, Caza A. Exploring the relationships between organizational virtuousness and performance[J]. The American Behavioral Scientist,2004,47(6):766-790.

[18] Capone V, Petrillo G. Mental health in teachers: relationships with job satisfaction,efficacy beliefs,burnout and depression[J]. Current Psychology,2018,39(5):1757-1766.

[19] Caprara G V, Barbaranelli C, Borgogni L, et al. Efficacy beliefs as determinants of teachers' job satisfaction[J]. Journal of Educational Psychology,2003,95(4):821-832.

[20] Chen J P,Cheng H Y,Zhao D,et al. A quantitative study on the impact of working environment on the well-being of teachers in China's private colleges [J]. Scientific Report,2022(12):3417.

[21] Chuang A,Hsu R S,Wang A C,et al. Does West"fit"with East? in search of a Chinese model of person-environment fit[J]. Academy of Management Journal,2015,58(2):480-510.

[22] Cochran-Smith M. The politics of teacher education and the curse of complexity[J]. Journal of Teacher Education,2005,56(3):181-185.

[23] Collie R J,Shapka J D,Perry N E,et al. Teacher well-being:exploring its components and a practice-oriented scale[J]. Journal of Psychoeducational Assessment,2015,33(8):744-756.

[24] Collie R J,Shapka J D,Perry N E,et al. Teachers'psychological functioning in the workplace:exploring the roles of contextual beliefs, need satisfaction, and personal characteristics[J]. Journal of Educational Psychology,2016,108(6):788-799.

[25] Coulter M A,Abney P. A study of burnout in international and country of original teachers[J]. International Review of Education,2009(55):105-121.

[26] De Biagi N B,Celeri E H,Renshaw T L. Technical adequacy of the teacher subjective wellbeing questionnaire with Brazilian educators[J]. Journal of Psychoeducational Assessment,2017,36(8):850-855.

[27] Deci E L,Ryan R M. Hedonia, eudaimonia, and well-being:an introduction [J]. Journal of Happiness Studies,2008(9):1-11.

[28] Demerouti E, Bakker A B. The job demands-resources model: challenges for future research[J]. Journal of Industrial Psychology, 2011(2): 1-9.

[29] Demerouti E, Bakker A, Nachreiner F, et al. job demands-resources model of burnout[J]. Journal of Applied Psychology, 2001, 86(3): 499-512.

[30] Dewaele J M, Chen X, Padilla A M. et al. The flowering of positive psychology in foreign language teaching and acquisition research[J]. Frontiers in Psychology, 2019(10): 2128.

[31] Diener E, Wirtz D, Tov W, et al. New well-being measures: short scales to assess flourishing and positive and negative feelings[J]. Social Indicators Research, 2010, 97(2): 143-156.

[32] Dzuka J, Dalbert C. Student violence against teachers[J]. European Psychologist, 2007, 12(4): 253-260.

[33] Fisher C D, Noble C S. A within-person examination of correlates of performance and emotions while working[J]. Human Performance, 2004(17): 145-168.

[34] Ghanizadeh A, Jahedizadeh S. Teacher burnout: a review of sources and ramifications[J]. British Journal of Education, Society & Behavioural Science, 2015(6): 24-39.

[35] Gutiérrez J L G, Jiménez B M, Hernandez E G, et al. Personality and subjective well-being: big five correlates and demographic variables[J]. Personality and Individual differences, 2005(38): 1561-1769.

[36] Hakanen J, Bakker A, Schaufeli W. Burnout and work engagement among teachers[J]. Journal of School Psychology, 2006, 43(6): 495-513.

[37] Hiver P. Tracing the signature dynamics of language teacher immunity: a retrodictive qualitative modeling study[J]. The Modern Language Journal, 2017, 101(4): 669-690.

[38] Hobfoll S E. The influence of culture, community, and the nested-self in the stress process: advancing conservation of resources theory[J]. Journal of Applied Psychology, 2001(3): 337-421.

[39] Hong J Y. Pre-service and beginning teachers' professional identity and its relation to dropping out of the profession[J]. Teaching & Teacher Education, 2010, 26(8): 1530-1543.

[40] Huang S, Yin H. Teacher efficacy and affective well-being in Hong Kong: an examination of their relationships and individual differences[J]. ECNU Review of Education, 2018(2): 102-126.

[41] Imazeki J. Teacher salaries and teacher attrition[J]. Economics of Education

Review,2005,24(4):431-449.

[42] Jones L,Hohman M,Mathiesen S,et al. Furloughs and faculty management of time:maintaining quality in an economic crisis[J]. Journal of Social Work Education,2014,50(2):334-348.

[43] Joshanloo M,Sirgy M J,Park J. Directionality of the relationship between social well-being and subjective well-being: evidence from a 20-year longitudinal study[J]. Quality of Life Research,2018,27(8):2137-2145.

[44] Judge T A,Thoresen C J,Bono J E,et al. The job satisfaction-job performance relationship: a qualitative and quantitative review [J]. Psychological Bulletin,2001(127):376-407.

[45] Keyes C L M,Shmotkin D,Ryff C D. Optimizing well-being:the empirical encounter of two traditions[J]. Journal of Personality and Social Psychology,2000(6):1007-1022.

[46] Keyes C L M,Wissing M,Potgieter J P,et al. Evaluation of the mental health continuum[J]. Clinical Psychology & Psychotherapy,2008,15(3):181-192.

[47] Kidd J M. Exploring the components of career well-being and the emotions associated with significant career experience [J]. Journal of Career Development,2008,35(2):166-186.

[48] Konu A,Lintonen T. School wellbeing ingrades 4-12[J]. Health Education Research,2006,21(5):633-642.

[49] Kutsyuruba B,Godden L,Bosica J. The impact of mentoring on the Canadian early career teachers' well-being[J]. International Journal of Mentoring and Coaching in Education,2019(4):285-309.

[50] Liang J L,Peng L X,Zhao S J,et al. Relationship among workplace spirituality,meaning in life,and psychological well-being of teachers[J]. Universal Journal of Educational Research,2017(6):1008-1013.

[51] Luthans F. Theneed for and meaning of positive organizational behavior[J]. Journal of Organizational Behavior,2002(23):695-706.

[52] MacIntyre P D,Ross J,Talbot K,et al. Stressors,personality and wellbeing among language teachers[J]. System,2019(82):26-38.

[53] Mattern J,Bauer J. Does teachers' cognitive self-regulation increase their occupational well-being? the structure and role of self-regulation in the teaching context[J]. Teaching and Teacher Education,2014(43):58-68.

[54] Mehdinezhad V. Relationship between high school teachers' wellbeing and teachers' efficacy[J]. Acta Scientiarum Education,2012,34(2):233-241.

[55] Ohadomere O, Ogamba I K. Management-led interventions for workplace stress and mental health of academic staff in higher education: a systematic review[J]. Journal of Mental Health Training, Education and Practice, 2021, 16(1):67-82.

[56] Parker P D, Martin A J. Coping and buoyancy in the workplace: understanding their effects on teachers' work-related well-being and engagement[J]. Teaching and Teacher Education, 2009, 25(1):68-75.

[57] Rahm T, Heise E. Teaching happiness to teachers-development and evaluation of a training in subjective well-being[J]. Frontiers in Psychology, 2019(10):1-16.

[58] Ronfeldt M, Loeb S, Wyckoff J. How teacher turnover harms student achievement[J]. American Educational Research Journal, 2013, 50(1):4-36.

[59] Ryan R M, Deci E L. On happiness and human potentials: a review of research on hedonic and eudaimonic well-being[J]. Annual Review of Psychology, 2001, 52(1):141-166.

[60] Ryan R M, Deci E L. Self-determination theory and the facilitation of intrinsic motivation, social development, and well-being[J]. American Psychologist, 2000, 55(1):68-78.

[61] Schaufeli W B, Bakker A B. Job demands, job resources, and their relationship with burnout and engagement: a multi-sample study[J]. Journal of Organizational Behavior, 2004(25):293-315.

[62] Schulte P, Vainio H. Well-being at work-overview and perspective[J]. Scandinavian Journal of Health, Work and Environment, 2010(36):422-429.

[63] Seligman M E P, Csikszentmihalyi M. Positive psychology: an introduction[J]. American Psychologist, 2000(55):5-14.

[64] Shoshani A, Eldor L. The informal learning of teachers: learning climate, job satisfaction and teachers' and students' motivation and well-being[J]. International Journal of Educational Research, 2016(79):52-63.

[65] Skaalvik E, Skaalvik S. Does school context matter? relations with teacher burnout and job satisfaction[J]. Teaching and Teacher Education, 2009, 25(3):518-524.

[66] Skaalvik E, Skaalvik S. Job demands and job resources as predictors of teacher motivation and well-being[J]. Social Psychology of Education, 2018, 21(5):1251-1275.

[67] Soykan A, Gardner D, Edwards T. Subjective wellbeing in New Zealand teachers: an examination of the role of psychological capital[J]. Journal of

Psychologists and Counselors in Schools,2019,29(2):130-138.

[68] Stokols D,Misra S,Runnerstrom M G,et al. Psychology in an age of ecological crisis:from personal angst to collective action[J]. American Psychologist,2009,64(3):181-193.

[69] Tamilselvi B,Thangarajathi S. Subjective well-being of school teachers after yoga—an experimental study[J]. Journal of Educational Psychology,2016(4):27-37.

[70] Wright T A,Cropanzano R. The role of psychological well-being in job performance:a fresh look at an age-old quest[J]. Organizational Dynamics,2004,33(4):338-351.

[71] Zee M,Koomen H M Y. Teacher self-efficacy and its effects on classroom processes,student academic adjustment,and teacher well-being:a synthesis of 40 years of research[J]. Review of Educational Research,2016,86(4):981-1015.

[72] Borja A P. Phenomenology of education stakeholders about teacher competencies in New Orleans and Sri Lanka:implications for teacher well-being[D]. New Orleans:Tulane University,2013.

[73] Collie R J. Understanding teacher well-being and motivation:measurement, theory, and change over time[D]. Vancouver:University of British Columbia,2014.

[74] Fox H B. A Mixed methods item response theory investigation of teacher well-being[D]. Washington D. C. :The George Washington University,2021.